Yüksel Pazarkaya   Rosen im Frost

Yüksel Pazarkaya

Rosen im Frost

Einblicke in die türkische Kultur

Unionsverlag

© by Unionsverlag 1982
Zollikerstr. 138, CH-8008 Zürich
Umschlaggestaltung: Alex Wick
Umschlagfoto: Gültekin Çizgen
Gesamtherstellung: Clausen & Bosse, Leck
Alle Rechte vorbehalten
ISBN 3 293 00032 0

Inhalt

Was hat denn dieses Leben mit mir im Sinn
Überall will es die Liebste von mir
Als hätt' ich Weingärten mit Hyazinthen
Im Frostmonat Rosen – herrje – verlangt sie von mir.

Müde setze ich mich am Wegesrand hin
Damit mich die Schönen allseits umringen
Des Sultans Erlaß holt' ich ein mit dem Sinn
Damit alle Liebsten – herrje – sich fest umschlingen.

Und vor ihrem Haus steht ein alter Ölbaum
Blätter fielen und nackt steh'n Krone und Saum
Wenn du noch keine Neigung zu mir spürst
Dann nenne mich Bruder – herrje – ich nenn' dich Schwester.

Traditionelles türkisches Volkslied

Vorwort

Über einen inoffiziellen, dafür von Lesern und Freunden um so ehrlicher
gemeinten Ehrentitel habe ich mich immer gefreut. »Botschafter der türkischen Kultur« beziehungsweise »Vermittler zwischen der deutschsprachigen und der türkischen Kultur« zu sein, erwuchs in mir während meines
langen Aufenthalts in der Bundesrepublik Deutschland zu einer Lebens-
aufgabe. Seit nunmehr zwanzig Jahren habe ich zahlreiche Übersetzungen
aus der einen in die jeweils andere Sprache gemacht, viele deutsch- oder
türkischsprachige Autoren zum erstenmal im jeweils anderen Sprachraum
vorgestellt, vor allem über die Literatur und das Theater dieser Kultursprachen in Zeitungen, Zeitschriften, bei Verlagen und Rundfunkanstalten
publiziert, mit Berichten und Vorträgen an Seminaren und Tagungen in
mehreren Ländern teilgenommen.

Eine kleine Auswahl dieser verstreuten Arbeiten und Aufsätze über die
türkische Kunst und Kultur soll »Einblick auf einen Blick« ermöglichen.
Damit ist auch der Anspruch dieses Buches genannt: es soll nicht mehr und
nicht weniger als Einblicke in manche Aspekte der türkischen Kultur bieten und damit vielleicht Anreiz zur weiteren, vertiefenden Beschäftigung
geben. Sehr bald wird der interessierte Leser dann auf Unzulängliches und
Unübersetztes stoßen. Es ist eine Tatsache, daß dieses Gebiet gerade im
deutschen Sprachbereich sehr dünn besät ist. Dieses Buch entstand nicht
zuletzt aus dieser Herausforderung. So sind auch die Literaturhinweise am
Ende eines jeden Kapitels als eine weiterführende Hilfe zu verstehen. Sie
erheben keinen Anspruch auf Vollständigkeit und beschränken sich auf
eine Auswahl deutschsprachiger Titel.

Die hier zusammengestellten Texte sind zum Teil zu verschiedenen Zei-
ten und an verschiedenen Orten einzeln erschienen. Sie wurden für dieses
Buch überarbeitet und ergänzt. Einige Kapitel sind zur konzeptionellen
Abrundung neu verfaßt worden und erscheinen hier zum ersten Mal.

Ich verstehe dieses Buch als Dank an den schöpferischen Genius des türkischen Volkes und als einen bescheidenen Beitrag zur Völkerverständi-
gung.

Stuttgart, im April 1982   Yüksel Pazarkaya

Einführung

Die Kulturbeziehungen zwischen Europa und der Türkei sind – selbst in den Zeiten intensivster Berührung – bis in unsere Tage hinein gekennzeichnet durch den Verdrängungstrieb Westeuropas. So war es, als das Territorium der Osmanen sich bis vor die Tore Wiens erstreckte, die europäische Geschichte gleichsam die der Auseinandersetzungen mit dem Osmanischen Reich bedeutete. So ist es auch heute, wo rund zwei Millionen Türken, inzwischen – mit Ausnahme der DDR – seit mehr als zwei Jahrzehnten, Nachbarn und Kollegen der einheimischen Bevölkerung sind. Diese Paradoxie, die im Bild »Weit hinten in der Türkei...« aus Goethes Faust zum stehenden Begriff kulminiert, führt in der Tradition der Deutschen letztlich zu einer unvorstellbaren Ignorierung der türkischen Kultur, die inzwischen zugleich die Kultur der größten Minderheit hierzulande geworden ist. Diese Ignorierung entrückte eine der größten, auch europäischen Mächte der Weltgeschichte, das Osmanische Reich, über die Grenzen des geografischen Vorstellungsvermögens, »weit hinten in die Türkei«. Diese Macht existierte kulturell nicht einmal als Phantom, obgleich sich nicht nur die Kreuzzügler dort mit den Türken und die Türken sich hier mit den Europäern schlugen, sondern, trotz aller Abwehr, die Protagonisten sich gegenseitig, ständig und in allen Bereichen beeinflußten, so daß davon weit mehr als nur der Wiener Kaffee übrigblieb.

Schon im Mittelalter waren für die »Zeitungen« die Türken ein Hauptthema. Im 17. und 18. Jahrhundert dienten die gleichen Türken vielen Dramen und Opernstücken als Stoff, heute füllen die Nachrichten, Berichte, Untersuchungen, Diplomarbeiten und Dissertationen über die Türken in der Migration Bibliotheken und sind trotz EDV-Möglichkeiten kaum überschaubar und systematisierbar. Dennoch ist das Ergebnis mehr als paradox, es zeugt von einer Bewußtseinsspaltung. Die Türken werden als Kulturvolk aus dem Bewußtsein verdrängt, als ob sie überhaupt nicht existierten, nicht einmal »weit hinten in der Türkei«. Sie sind ein beliebiges Objekt, aber niemals ein Subjekt.

Es kann vielerlei Gründe dafür geben. Vielleicht untersuchen deutsche Wissenschaftler und Künstler eines Tages dieses Phänomen, um ihr eigenes Wesen auch in diesem Punkt besser zu ergründen. Man kann vermuten, daß die Wurzeln solchen Bewußtseinsverhaltens im Christentum des Mittelalters liegen, aber auch im Auftreten des Islam in Spanien und insbesondere der Türken in Europa. Die Unfähigkeit zur Toleranz konnte jedoch weder in der deutschen Renaissance noch in der Aufklärung wesentlich abgebaut werden. Auch die Folgen der Französischen Revolution beschränkten sich in der deutschen Kleinstaaterei bestenfalls auf die Bismarcksche Zusammenfassung zur nationalen Einheit, eine historische Beschränkung, die durch Verstärkung des Obrigkeitsgedankens, des Untertanentums und durch zunehmenden Fremdenhaß kompensiert wurde. Die Fähigkeit, den verhaßten »Fremden« bzw. »Anderen« zu erfinden – ob aus der eigenen Mitte wie in Frischs »Andorra« oder bei den Zugereisten, bei den Migranten unserer Zeit –, entwickelte sich schnell zu einem »Mentalitätsmerkmal«.

Gerechterweise muß erwähnt werden, daß gleichzeitig eine Gegenbewegung entstand, die zwar bis heute als die einer Minderheit den Staat kaum lenken konnte, aber sich immer furchtlos der Intoleranz stellte. So konnte die deutsche Aufklärung mit hervorragenden Vertretern wie Lessing nicht nur global wirken, sondern sie blieb gegenüber der Macht des Ungeistes von Dünkel und Intoleranz bis heute aktuell. Der doch noch sehr junge Versuch Deutschlands, die Demokratie zu praktizieren, erschöpft sich vielfach darin, anderen Ländern gegenüber überheblich den Demokratieapostel zu spielen, während im Umgang mit eigenen oppositionellen Gruppen und Minderheiten die Prinzipien Toleranz und gleichberechtigte Pluralität schöne Worte bleiben. Sonst wären Ausländerfeindlichkeit, Berufsverbote, Ungleichheit vor dem Gesetz und anderes nicht möglich. Dies in einer postindustriellen Gesellschaft konstatieren zu müssen, die für sich die höchste Kultur- und Zivilisationsstufe beansprucht, ist ungleich bedenklicher als in einer wie auch immer gearteten Diktatur in Ländern mit vor- bzw. kaum industriellen Strukturen. Denn auch die Unterdrückung und Ausbeutung dieser Länder durch Europa hat selbst im nachkolonialen Zeitalter nicht aufgehört, sondern nur politisch, militärisch, ökonomisch und kulturell subtilere Formen angenommen.

Seit der technisch-industriellen Revolution mißbraucht die ökonomisch-politische Macht immanent die philosophisch-wissenschaftlichen Voraussetzungen dieser Entwicklung; je weiter die Entwicklung, desto größer der Mißbrauch des menschlichen Geistes und Intellekts, so daß die postindustriellen Gesellschaften sich die ganze Erde, die ganze Menschheit unterwerfen. Die eigenen Bevölkerungen sind davon nicht ausgeschlossen.

Nur der menschliche Geist und Intellekt kann sich wiederum aus diesem Joch befreien, sowohl global als auch in der eigenen Gesellschaft.

Die immer wieder durchschlagende Fremdenfeindlichkeit, die sich in unseren Tagen als Türkenfeindlichkeit zeigt und zur Verfolgung auszuarten droht, ist im Grunde nichts anderes als eine Ausgeburt der eigenen Unterdrücktheit und des Mißbrauchs der Wissenschaften durch die Herrschaftsstrukturen. Wie schon der türkische Denker Scheich Bedreddin (1364–1420) feststellte, kann das Volk an gesellschaftlichen Mißständen keine Schuld treffen, sondern nur die Herrschenden und Regierenden, die das Volk bewußt oder als Folge ihrer Herrschaft zum Fehlverhalten verleiten.

Gerade auf den gegebenen Herrschaftsstrukturen und ihren ökonomischen Rahmenbedingungen beruht die heutige Fremden- bzw. Türkenfeindlichkeit. Eine Folge dieser Bedingungen ist, daß die Türken, wie andere ausländische Arbeiter auch, als industrielle Reservearmee ins Land geholt und als solche behandelt wurden, völlig abstrahiert und isoliert von ihrem individuell menschlichen und sozio-kulturellen Hintergrund.

Wäre die deutsche Bevölkerung beispielsweise über die Kultur und Geistesgeschichte, über die türkische Gesellschaft ausreichend informiert worden, hätte die Türkenfeindlichkeit einen weniger ergiebigen Nährboden. Toleranz dem Andersartigen gegenüber, gegenseitige Achtung und Befruchtung wären dann auch eher möglich gewesen. Aber wenn sich selbst ein sozialdemokratischer Bundeskanzler, Helmut Schmidt, den Fehltritt leistet, den Türken zuzurufen: »Werdet entweder zu Deutschen oder kehrt zurück!« und damit das Deutschtum, damit die Assimilation als großzügiges Geschenk anbietet, kann niemand von der deutschen Bevölkerung die Integration im Sinne gleichberechtigten, friedlichen Nebeneinanders von unterschiedlichen kulturellen Identitäten erwarten. Das sollte aber das Ziel aller sein, in der Welt und in einzelnen Ländern.

Die Türken sind eines der ältesten Kulturvölker. Ursprünglich aus den weiten Steppengebieten zwischen den Ural-Ketten und dem Kaspischen Meer im Westen und dem Altay-Gebirge im Osten stammend, sind die Turkstämme in verschiedenen Jahrhunderten teils in großen Völkerwanderungen, teils in kleineren Zügen in alle Himmelsrichtungen ausgeströmt; sie haben mehrere Turkstaaten gegründet, blühende Kulturen hervorgebracht. Gleichgültig ob sie einen eigenen Staat gründen konnten oder auch nicht, vermischten sie sich überall, wo sie hingekommen waren, bereitwillig mit den einheimischen Bevölkerungen.

In den ursprünglichen zentralasiatischen Gebieten leben noch heute verschiedene Völker der Turkstämme mit anderen meist ihrerseits zugewanderten Volksgruppen zusammen. Den Namen »Türken«, der in frühen Epen und in Inschriften schon aus dem siebten Jahrhundert vorkommt, tragen heute (einmal abgesehen von den Turkmenen in der zentralasiatischen Sowjetrepublik Turkmenistan) die Bewohner der heutigen Republik Türkei, gegründet 1923 durch Mustafa Kemal Atatürk. Rund zwei Millionen Menschen aus der Türkei leben und arbeiten heute in den westeuropäischen Ländern, vornehmlich in der Bundesrepublik Deutschland.

Turkstämme waren schon früh nach Anatolien gekommen, in das Gebiet der heutigen Türkei; ihren ersten Staat gründeten sie jedoch erst im elften Jahrhundert: das Reich der Seldschuken. Dem ersten folgte der zweite Seldschukenstaat, nach dessen Zerfall im Jahre 1299 rund fünfzehn türkische Fürstentümer entstanden und vereinzelt bis in die zweite Hälfte des 15. Jahrhunderts existierten. Eines dieser Fürstentümer war das des Fürsten Osman. Es entwickelte sich zu einem der größten Staaten der Weltgeschichte, dem Osmanischen Reich. Anfangs unterwarf es sich nach und nach die anderen anatolisch-türkischen Fürstentümer, es drang auf der anderen Seite nach dem Westen vor, nicht nur ins Byzantinische Reich, sondern auch in den Balkan und von dort in das Innere Europas.

Nach 620jähriger Existenz wurde das Osmanische Reich, im 15. und 16. Jahrhundert das mächtigste der Welt, vom heutigen türkischen Staat abgelöst. Das von den alliierten Siegermächten diktierte Waffenstillstandsabkommen von Mudros am Ende des verlorenen Ersten Weltkriegs bedeutete auch das Ende des Osmanischen Reiches. Bedeutender als dieses historische Ereignis, weil zukunftsweisend in der Welt, ist der »antiimperialistische Befreiungskampf« des türkischen Volkes, der, von Mustafa Kemal Atatürk angeführt, die Volksbefreiungskämpfe in unserem Jahrhundert beispielhaft einleitete.

Die Türken traten im neunten und zehnten Jahrhundert freiwillig zum Islam über. Sie blühten auf im Islam. Genauso wie zur europäischen Identität wesentlich und untrennbar das Christentum gehört, so gehört, wenn auch unterschieden von der Identität der Araber, der Islam auch zur türkischen Identität. Auf Oberflächlichkeiten, äußere Riten und Praktiken bezogen wird zwar viel von der tiefen Kluft zwischen diesen beiden Identitäten, der christlichen und islamischen, gesprochen, aber es muß genauso auch auf die gleichen Wesenszüge des Judentums, Christentums und Islam hingewiesen werden, insbesondere in der Mystik. Das Kapitel »Religion und Geistesgeschichte« wird das deutlicher zutage treten lassen.

Alle türkischen Staaten in Anatolien waren zugleich islamische Staaten, bis 1923 die Republik ausgerufen wurde, die eine laizistische Verfassung hat und keine offizielle Staatsreligion kennt. Der Islam der Türken, deren gesamte Geschichte ihr Integrations- und Anpassungsvermögen sowie ihre Fähigkeit zur Toleranz immer wieder aufs neue belegt, wies stets besondere Eigenheiten auf, die aus der Symbiose mit ihrem früheren Glauben, den verschiedenen Erscheinungsformen des Schamanismus und ihren sozialen, kulturellen Traditionen, ihrer Welt- und Lebenseinstellung hervorgingen. Daß gerade das Sufitum beziehungsweise die spezifisch türkischen Erscheinungsformen der Tasavvuf-Mystik, die eigentümliche Entwicklung der schiitischen Orden in Anatolien, die unaufhörliche Auseinandersetzung mit dem Dogma, oft als Widerstand gegen die sunnitisch-orthodoxe Herrschaft, die türkische Sozial- und Geistesgeschichte bis in unsere Tage prägten, zeigt den fortschrittlichen Drang, die veränderliche und verändernde Dynamik der Türken. Kraft dieser Dynamik vermischten und verschmolzen sich die Türken mit unzähligen anderen Völkern und Stämmen gerade im Gebiet der heutigen Türkei, diesem Schmelztiegel der Völker und Kulturen. Sumerer, Hethiter, Urartus, Ionier, Lykier, Byzantiner, Römer, Perser, Araber und Kurden bilden nur einige wenige Volksgruppen, mit welchen in Anatolien eine völlige Verschmelzung der Turkstämme stattfand. Aber eigentlich war kaum eine Volksgruppe Europas und des Mittleren Ostens von diesem Verschmelzungsprozeß ausgeschlossen, gleichgültig ob sie durch Völkerwanderungen, Kreuz- beziehungsweise Kriegszüge in dieses Land gekommen waren.

Daß aus dieser großen Verschmelzung und Symbiose der »Anatolien-Türke« als Ergebnis hervorgegangen ist, muß nicht zuletzt der höchst logischen Struktur der türkischen Sprache zugeschrieben werden. Andererseits hat dabei auch die Offenheit und Bereitschaft der Türken zur Integration mit den anderen und Andersartigen nicht minder eine Rolle gespielt.

Das Türkische gehörte zur Ural-Altaischen Sprachgruppe, zusammen mit dem Mongolischen, Koreanischen u. a. auf der einen, dem Ungarischen und Finnischen auf der anderen Seite. Sie alle sind agglutinierende Sprachen. Große Ähnlichkeiten weisen auch die Lautstrukturen beispielsweise von Türkisch und Ungarisch auf. Neben der logischen Klarheit der Strukturen, die kaum Ausnahmen kennen, zeichnet sich Türkisch auch durch höchste Harmonie aus. Harmoniegesetze bilden überhaupt das Fundament der türkischen Sprache. Verschiedene Turkdialekte werden von Jugoslawien bis nach Sinkiang heute von über hundert Millionen Menschen gesprochen. Linguisten vermuten heute auch eine strukturelle Verwandtschaft zwischen den Turksprachen und Indianersprachen in Amerika. Es wird heute nicht ausgeschlossen, daß die Indianerstämme über die (zugefrorene?) Bering-Straße aus Zentralasien nach Amerika ausgewandert sind.

Nicht nur das Türkei-Türkische, sondern auch viele innerasiatische Turksprachen, wie Aserbaidschanisch, Turkmenisch, Usbekisch, vermischten sich nach der Islamisierung zusehends mit Arabisch und Persisch, obwohl sie zu diesen beiden Sprachen keinerlei verwandtschaftliche Beziehungen haben. Ganz im Gegenteil: ihre Strukturen sind einander teilweise diametral entgegengesetzt, vor allem auch die Lautstrukturen. Diese Vermischung ging im Osmanischen Reich am weitesten, so daß eine neue künstliche Mischsprache »Osmanisch« entstanden ist, die als Kanzlei- und Dichtungssprache am Hof jahrhundertelang abseits vom gesprochenen Türkisch des Volkes ein Eigenleben führte. Mit den Tendenzen zu einem

Nationalstaat, vor allem nach dessen Gründung durch Atatürk, wurde auch eine Schrift- und Sprachreform durchgeführt, die an die Stelle des Osmanischen wieder die türkische Sprache setzte.

Die Türken entwickelten nicht nur eine der großartigsten Nomadenkulturen der Menschheitsgeschichte (siehe dazu auch Yaşar Kemals Roman »Das Lied der Tausend Stiere«), nicht nur eine schöpferische und vielseitige Kochkunst, sondern parallel zu ihrem Nomadentum, dessen Reminiszenzen heute noch anzutreffen sind, von Anfang an in den Staaten, die sie gründeten, eine selbständige urbane Kultur mit eigenen Schriften, mit eigener Architektur, Musik und anderen Kunstarten. Insbesondere die Volkskunstarten standen in höchster Blüte, wovon die jahrtausendealte, einzigartige Kelimknüpfkunst, die heute noch begeistert, ein Zeugnis ablegt.

Die Zeugnisse der Turkkulturen beschränken sich nicht nur auf das letzte Jahrtausend, auf die Periode der türkischen Geschichte Anatoliens, sondern sie reichen in den Gebieten zwischen dem Kaspischen Meer und Sinkiang und von Sibirien bis Indien in zahlreichen Städten viel weiter zurück. Die Yenisey-Inschriften (6. Jahrhundert), die Orhun-Inschriften (7. Jahrhundert) und die uygurischen Turfan-Texte sind zwar die ältesten überlieferten Zeugnisse dafür, aber aus chinesischen Quellen, so z. B. auch aus Übersetzungen, wissen wir, daß es noch unentdeckte oder nicht überlieferte Zeugnisse geben muß, die noch älter zu datieren sind.

In der anatolischen Symbiose machten die türkische Sprache und Kultur im letzten Jahrtausend eine besondere Entwicklung durch. Aus der gegenseitigen Befruchtung der türkischen und der in Anatolien bereits vorhandenen, hochentwickelten Kulturelemente entstanden die großen geistigen und zivilisatorischen Leistungen der beiden Seldschukenstaaten, dann des Osmanischen Reiches und schließlich der jungen türkischen Republik, obgleich gerade in den letzten beiden Jahrhunderten die technisch-industriellen und politisch-ökonomischen Bedingungen denkbar widrig waren. Dies zeigt hinwiederum, daß bei den großen, alten Kulturvölkern die wirtschaftliche und die kulturelle Entwicklung nicht unbedingt kongruent verlaufen müssen.

Die Türkei – obgleich eines jener kaum zehn Länder der Erde, die sich im Bereich der Ernährung und Bekleidung selbst genügen – zählt heute zu den industriell nicht entwickelten Staaten. Doch nicht nur ihre zeitgenössische Literatur mit ihrer großen Tradition, sondern auch ihre zeitgenössische Malerei und Musik sind der wirtschaftlichen und industriellen Entwicklung weit voraus. Bedeutende Theater- und Filmwerke entstehen trotz kaum nennenswerter staatlicher Förderung und strenger Zensurpraktiken.

Eindrücklich ist nicht nur die Verbreitung der Teppich- und Kelim-knüpfkunst durch die Türken, nicht nur die schöpferische Übermittlung des Schattentheaters, nicht nur die an Reichtum und Originalität einmalige Küche, sondern auch die unverkennbar türkische Synthese in der seld-schukischen Architektur aus innerasiatischen, persischen und arabischen Elementen; ebenso eindrücklich ist die geniale Dichtung eines Yunus Em-re, welche über mehrere große Namen durch die Jahrhunderte bis in unsere Tage wirkte. Genial ist aber auch die synthetisierende Wandlung der byzantinischen Architektur zur unverkennbar osmanischen, ebenso die großartige Hofmusik, die nicht nur türkische, byzantinische und arabische Elemente zu vollkommen neuen Klängen formte. Die osmanische Innenarchitektur zählt zu den eigentümlichsten, ästhetisch wie funktional höchstentwickelten und kultiviertesten in der Welt.

Diese Aufzählung ließe sich leicht auch in anderen Bereichen fortsetzen. Eine – aus welchem Grund auch immer – ängstliche oder selbstherrliche Verdrängung anderer Kulturen und ihrer Errungenschaften, ihres Beitrags zur Kultur der Menschheit, ist heute, in einer von Kommunikation gekennzeichneten Welt, nicht nur unzeitgemäß, sondern zugleich absurd. Und eine Kommunikation, die kein gegenseitiges Verständnis, keine gegenseitige Achtung und Befruchtung zur Folge hat, ist ebenfalls unzeitgemäß und sinnentleert. Eine sinnvolle, aktuelle Kommunikation kann aber nur über Kenntnis und Anerkennung anderer zustande kommen. Nur eine solche, aus der Kenntnis der Kulturen wachsende Kommunikation kann gegen das Auseinanderdividieren von Völkern, gegen Haß und Feindschaft, gegen Krieg und Zerstörung wirksam werden. Wenn Völker oder Volksgruppen es zulassen, daß andere Völker oder Volksgruppen zu Kompensationselementen der eigenen Verachtung und Unterdrückung verdinglicht werden, so werden sie selber zu Instrumenten des Machtmißbrauchs und der Gewalt. So vergeuden sie ihre kreativen Kräfte und versäumen die Möglichkeit eines friedlichen und menschenwürdigen Lebens.

In diesem Sinne, nämlich als ein erstes Vorstellen, werden im folgenden einige Aspekte der türkischen Kultur in Abrissen dargestellt. Aus den bisherigen Erläuterungen ist schon hervorgegangen, daß die türkische Kultur aus vielfältiger Verschmelzung, gleichsam generativ, erwachsen ist. Schon Lessing und Goethe hatten festgestellt, daß Bedeutsames aus der Enge eines einzigen Kopfes nicht erwachsen kann, hingegen ein Kopf, der sich tausend andere aneignet, Geniales hervorbringen kann; daß große Dinge nur durch Aneignung fremder Schätze möglich sind.

Auch in der modernen Migrationsbewegung werden die Türken, allen Unkenrufen zum Trotz, durch neue Synthesen zu neuen, originären, durchaus globalen Ergebnissen gelangen. Trotz aller widrigen Umstände und obwohl die äußeren Erscheinungen sehr widersprüchlich sind, haben sie bereits binnen zweier Jahrzehnte zahlreiche imponierende Beweise dafür erbracht. Türkische Dichter, Maler, Musiker, türkische Theater, Buchhandlungen, die sich – nach dem anatolischen Sprichwort – »selbst abgenabelt haben« und selbsttätig entstanden sind, machen schon von sich reden.

Tips zum Weiterlesen

Aslanapa, O.: *Die osmanischen Beiträge zur islamischen Baukunst.* Diss., Wien 1943.
Egli, Ernst: *Sinan, der Baumeister osmanischer Glanzzeit.* Zürich 1954.
v. Hammer-Purgstall, J.: *Geschichte des Osmanischen Reiches bis 1774.* 10 Bde. Pest 1827–1835. Neudruck 1964.
Incirci, Tahsin: *Musik der Türkei.* Berlin 1981.
Keskin, Hakki: *Die Türkei. Vom Osmanischen Reich zum Nationalstaat – Werdegang einer Unterentwicklung.* Berlin 1978.
Klengel, Horst: *Zwischen Zelt und Palast.* Die Begegnung von Nomanden und Seßhaften im alten Vorderasien. Wien 1972.
Kornrumpf. H.-J.: *Osmanische Bibliographie mit besonderer Berücksichtigung der Türkei in Europa,* in: Handbuch der Orientalistik, Erg.-Bd. 8. Leiden-Köln 1973.
Kündig-Steiner, Werner (Hg.): *Die Türkei – Raum und Mensch, Kultur und Wirtschaft in Gegenwart und Vergangenheit.* Tubingen und Basel 1974.
Mantran, Robert: *Die Türkei – Schatzkammer zwischen Orient und Okzident.* München-Zürich 1960.
Peters, Richard: *Die Geschichte der Türken.* Stuttgart 1966.
Spuler, B. und Forrer, L.: *Der Vordere Orient in islamischer Zeit.* Wiss. Forschungsbericht 1954, Bd. 21, Bern 1954.
Steinhaus, Kurt: *Soziologie der türkischen Revolution* – Zum Problem der Entfaltung der bürgerlichen Gesellschaft in sozioökonomisch schwach entwickelten Ländern. Frankfurt am Main 1969.
Stüwe, Magdalene: *Türkei heute.* Wien und Düsseldorf 1973.
Zeitschrift für Kulturaustausch: *Die Türkei.* Institut für Auslandsbeziehungen Stuttgart, Jg. 12 / Heft 2-3. S. 91–292. Stuttgart 1962. Ferner: *Türken in Deutschland – Aspekte einer Völkerwanderung.* Jg. 31 / Heft 3. Stuttgart 1981.

Religion und Geistesgeschichte

Religion und Geistesgeschichte waren auch bei den Türken lange Zeit gleichbedeutend. – Bis ins dritte Jahrtausend vor Christus läßt sich die türkische Geschichte zurückverfolgen. In Innerasien, ihrer ursprünglichen Heimat, auf den weiten Gebieten zwischen dem Kaspischen Meer und China, zwischen Sibirien und Himalaja, war der Schamanismus ihre erste Religion, die sich auf die Kraft der Magie und der Geister stützte. Der Schamane wurde bei den Türken Kam genannt, der sich aufgrund seiner magischen Kraft mit Geistern in Verbindung setzen konnte. Nach schamanistischem Glauben besteht die Welt zwischen dem himmlischen Licht und der unterirdischen Finsternis. Ihr Schöpfer ist der Himmel-Gott Ülgen, der vom »höchsten Himmel aus« alles Geschehen in der Welt beobachtet. Für die Guten ist der paradiesische Himmel, für die Bösen die Hölle in den Tiefen der Erde vorgesehen. Auf der Erde leben die Menschen zusammen mit einem guten Geist, genannt »Erdwasser«. Es wird angenommen, daß diese auf den Monotheismus weisende Form des Schamanismus von den Türken entwickelt wurde, während er ursprünglich auf der Totembasis entstand und wirkte.

Der Schamanismus war jedoch nicht die einzige Religion der Turkstämme in der innerasiatischen Frühzeit. Sie bekannten sich im Verlauf ihrer Geschichte auch zu anderen Glaubensformen und Religionen, nicht zuletzt zum Buddhismus, jüdischen Glauben und Christentum, um vom 10. Jh. an massenweise und freiwillig zum Islam überzutreten, der sich zu dieser Zeit bis nach Innerasien und Indien ausgebreitet hatte. Die nichtislamisch gebliebenen Turkstämme haben im geschichtlichen Verlauf ihre Eigenheit nicht bewahren können und sind in anderen Volksgruppen aufgelöst, während der Islam als eine Art Schutz für die nationale Eigenart wirkte.

Nach dem Übertritt zum Islam trat dieser im Geistesleben der Türken zunehmend in den Vordergrund und prägte die neuen Denkformen. Der Islam verschmolz aber zugleich die vorislamischen Formen des Denkens in sich.

Der Islam ist die letzte Religion, die sich auf ein heiliges Buch stützt. Vom Propheten Mohammed verkündet, verbreitete er sich in Windeseile auf drei Erdteile. Der Islam anerkennt die beiden vorangegangenen Buch-Religionen und baut auf der Grundlage des Alten (Tevrat) sowie des Neuen (Incil) Testaments seine der neuen Zeit entsprechende Synthese auf. Er versteht sich als die letzte Religion, die Gott (Allah) durch seinen ebenso letzten Gesandten Mohammed der Menschheit offenbaren ließ. Der gläubige Muslim ist daher durch seine Religion angehalten, auch die früheren Propheten Noah, Abraham, Mose und Christus als Gesandte Allahs zu verehren. Die Maxime »Allah ist groß, außer Allah gibt es keinen Gott« verdeutlicht nicht nur die letzte Konsequenz im Monotheismus, sondern zugleich den wesentlichsten Unterschied zwischen Islam und Christentum. Die absolute Einheit Allahs steht im krassen Widerspruch zu dem Dreieinigkeitsgedanken im Christentum. Allah ist der Schöpfer der Welt und des Kosmos, er ist der Schöpfer aller Wesen. Er ist übernatürlich, hat keine äußere physikalische oder sonstige Gestalt.

Die Beschäftigung mit den Wissenschaften, die vom Islam geradezu gefordert wird, bestätigt die inneren Gesetze, die Regelmäßigkeiten im Werden und Sein der Dinge und dadurch gleichsam die absolute Größe Allahs. Dies führte jedoch nach der aufstrebenden Anfangsphase zu einem fatalistischen Schicksalsglauben, zu einem Glauben an die absolute Determiniertheit aller Vorgänge durch Allah. Die Vorbestimmtheit wird heute noch vielerorts als Unfähigkeit des Menschen, das eigene Schicksal selbst gestalten und verändern zu können, ausgelegt. Schließlich sei alles vorgezeichnet. Diese von konservativen Kreisen immer wieder mit Nachdruck durchgespielte Interpretation der Determiniertheit aller Dinge und Vorgänge verlagerte das Schwergewicht des Glaubens von der Hingabe zur Hinnahme alles Gegebenen durch geistige Abkehr vom Irdischen und Hinwendung zum Jenseitigen. Die Negation gerade dieses innerhalb der orthodox-dogmatischen Ausrichtung aufgekommenen fatalistischen Zuges führte zu feindlichen Auseinandersetzungen und zur Entstehung manch eines weltoffenen islamisch-türkischen Ordens und fortschrittlicher geistiger Bewegungen.

Während des christlich-europäischen Mittelalters erlebte die islamische Welt eine Hochblüte in Wissenschaften, Kultur und Philosophie. Die arabischen Übersetzungen der hellenistischen Philosophie stellten dabei die Grundlage für diese Entwicklung. Denker wie Ibni Rüscht (Averrhoes) und Ibni Sina vermittelten in dieser Epoche die philosophischen und wissenschaftlichen Errungenschaften der alten Griechen an Europa und bereiteten dadurch die Renaissance sowie die Entwicklung empirischer Wissenschaften mit vor. Doch mit der europäischen Renaissance schwächten sich die Auswirkungen Platos und Aristoteles' auf das islamische Denken, vor allem auf die Naturphilosophie, so sehr ab, daß zuletzt nur noch das Dogma herrschte. Das islamische Mittelalter brach an und währte bis in unsere Tage hinein. Der erkennende, kritische Geist versank in ihm in einen tiefen Schlummer, aus dem er – von der laizistischen Reform Atatürks einmal abgesehen – bis heute nicht ganz aufgewacht ist.

Der Koran (Kuran-i Kerim) ist das heilige Buch des Islam. Er enthält Gottes Worte in 114 Suren, die durch den Propheten Mohammed geoffenbart wurden. Er wurde durch die nachfolgenden Kalifen, die jüngere Zeitgenossen des Propheten waren, im authentischen Wortlaut schriftlich fixiert.

Der sozialgesetzliche Charakter des Korans unterscheidet den Islam in einem weiteren einschneidenden Punkt vom Christentum. Er regelt bis in die Alltagshandlungen das Leben seiner Gläubigen. So entstand in der Folgezeit die Notwendigkeit, die Lücken im Koran zur Regelung des gesellschaftlichen Lebens bzw. die Differenzierung der Gesetze im Hinblick auf die Details im sozialen Leben durch Worte und Verhaltensweisen des Propheten zu ergänzen. So entstanden die Haddith-Sammlungen, die zusammen mit den Koran-Suren die Verhaltensformen in der islamischen Gesellschaft normiert haben. Der Islam regelt aber nicht nur das tägliche Leben, sondern auch die Staatsordnung durch die Gestaltung und Führung der Gesellschaft. Rechtsprechung, Handel und Wirtschaft sowie zwischenmenschliche Beziehungen jedweder Art werden durch die islamischen Gesetze auf der Grundlage des Korans normiert. Der Islam versteht sich gleichsam als die verfassungsmäßige Grundlage des islamischen Staates.

Mit wachsendem zeitlichem Abstand vom Ursprung des Islam kam im Hinblick auf die veränderten gesellschaftlichen Formen und Bedürfnisse auch die Notwendigkeit auf, die islamischen Gesetze zeitadäquat zu wandeln. Da sich jedoch das Dogma einer Wandlung bzw. Reformen im Wortlaut des Korans – weil unveränderliches Gotteswort – sowie der Haddith-Sammlungen – weil Prophetenwort – heute noch mit aller Konsequenz widersetzt, bleibt lediglich der Weg der Auslegung für zeitgemäße Veränderungen. Doch davon, von der Auslegung, macht seit Jahrhunderten, ob kompetent oder nicht, jeder, der sich berufen fühlt, nach eigenem Gutdünken bzw. Interesse emsig Gebrauch. Eine Befreiung von den Verwirrungen und Verirrungen, die durch unkontrollierbare, oftmals unsachliche, vom täglichen Interesse beeinflußte Auslegung gestiftet wurden, ist heute schwieriger als je zuvor. Interpretationen solcher Art lassen die Modalitäten undurchsichtig werden und zielen somit auf eine Unterhöhlung des ursprünglichen kritisch-rationalen Grundgedankens im Islam ab. Die Ausübung religiöser Pflichten wird zu einer bloßen Formsache degradiert. Der Schein überwiegt, obgleich die Glaubensfrage im Islam eine Angelegenheit des einzelnen, folglich seiner unmittelbaren Beziehung zu Gott ist. Diese Unmittelbarkeit, die den Priesterstand als Mittler zwischen Gott und Mensch sowie die institutionalisierte Kirche nicht zuläßt, stellt einen weiteren wesentlichen Unterschied zum Christentum dar. Doch in der Praxis wird dieser Unterschied weitgehend aufgehoben. Auch die fünf islamischen Gebote werden in erster Linie zur Institutionalisierung und

Dogmatisierung der Religion entstellt: das Glaubensbekenntnis zum Islam, die Ausübung der Gebete, die Armensteuer, das Fasten im Ramadanmonat und die Wallfahrt nach Mekka. Kraft des Rationalitätsprinzips müssen diese Gebote jedoch nicht von jedem eingehalten werden, wenn Vermögensverhältnisse und Gesundheitszustand dies nicht erlauben. Arme Leute können und sollen beispielsweise weder Armensteuer entrichten noch die Wallfahrt machen. Kinder, Kranke, Schwangere, Reisende sind für die Dauer der Hinderungsgründe von den Geboten Beten und Fasten entbunden. Doch das Dogma entwickelte auch hier Zwänge, die eine Art Eigengesetzlichkeit und eine eigene Gerichtsbarkeit hervorbrachten.

Gerade in der Türkei erschweren die Dogmatiker, die sogenannten Muslim-Politiker, die Integration der Religion in den Prozeß der Säkularisation. Die laizistische Reform Atatürks wurde aus der Notwendigkeit einer modernen Staatsstruktur heraus durchgeführt. Jene, die diese Notwendigkeit nicht einsehen und nach wie vor für eine theokratische Staatsordnung eintreten, gefährden durch ihre Herausforderung an den neuen kemalistischen Staat, der in keiner Weise religionsfeindlich ist und nur die Trennung der Religion vom Staat will, lediglich die Stellung der Religion und erreichen das Gegenteil ihrer vermeintlichen Zielsetzungen. Solche Versuche, die Staats- und Gesellschaftsordnung zu re-islamisieren, führen zu schweren sozialen Konflikten, denn 99 % der türkischen Bevölkerung ist heute islamischen Glaubens.

Erst im säkularisierten Staat Atatürks wurden alle Religionen und Konfessionen in der Türkei zumindest de jure gleichgestellt. Eine »Staatsreligion« gibt es seit dem 9. April 1928 nicht mehr. Der Institutionalisierung des Islam in der Türkei wurde damit ein Ende gesetzt, die Orden wurden geschlossen. Religionsfragen werden seither von einem Amt für Religionsangelegenheiten betreut, das einem Staatssekretariat gleichkommt und dem Ministerpräsidenten unterstellt ist. Dennoch wird dieses Amt in der Regel mit einem sunnitischen Geistlichen besetzt. Zu den Reformen Atatürks zählt im Rahmen des laizistischen Prinzips auch die Ablösung der arabischen Gebetssprache durch die türkische. Denn schon Goethe hatte festgestellt: »Es ist wahr, was Gott im Koran sagt: Wir haben keinem Volk einen Propheten geschickt als in seiner Sprache!«

Die sogenannten Koranschulen, die durch die Anwesenheit der Türken in europäischen Ländern von sich reden machen, sind in der laizistischen Türkei offiziell genehmigungspflichtig und können, von Ausnahmen abgesehen, nur während der Schulferien eingerichtet werden, damit die Kinder nicht einer Doppelbelastung ausgesetzt sind.

In der Migration gewinnen Einrichtungen wie Koranschulen größere Bedeutung, als sie in der Türkei haben. Das ist leicht zu erklären: einmal durch die Identitätsangst der Menschen, wobei sich die Identität in der breiten Masse auf Muttersprache und Glauben reduziert. Andererseits werden diese Institutionen von bestimmten politischen Kräften gefördert und mißbraucht. Nicht zuletzt werden sie gefördert durch die Gleichgültigkeit der Ausländer beschäftigenden Länder gegenüber den dadurch entstandenen sozialen und kulturellen Problemen. Durch eine schulische Integration der türkischen Sprache als Fremdsprache und des Islam in den Religionsunterricht für Muslimkinder würden auch die unkontrollierten Koranschulen ihre Anziehungskraft auf die Mehrheit der Türken verlieren. Darüber hinaus wäre es ratsam, die Religionsangelegenheiten der Türken im europäischen Ausland in Zusammenarbeit mit dem Amt für Religionsangelegenheiten in Ankara anzugehen. Dies würde dem Mißbrauch durch die Koranschulen in gewisser Weise vorbeugen.

Mystik und Tasavvuf-Metaphysik

Von Machtkämpfen um die Nachfolge des Propheten bzw. um das höchste Amt in der Religion blieb auch der Islam nicht verschont. Sekten und Konfessionen waren die Folge. Die Hauptrichtungen, die sich bis heute gehalten haben, sind die sunnitische und die schiitische Konfession, die in sich wiederum in eine Vielzahl von örtlichen Varianten gespalten sind. Der sunnitischen eignet dabei die Orthodoxie, während die schiitische als die weltoffenere Richtung genannt werden kann, vor allem wiederum deren spezielle Ausrichtungen, die sich auch im islamisch-türkischen Kulturraum haben entfalten und entwickeln können.

Die islamische Mystik geht von der Einheit des Weltganzen aus. Es gibt nur ein Sein (*vahdet-i vücud*), ob lebendig oder nicht, alle Seienden sind nur die verschiedenen Erscheinungsformen des einen Seins. Nichts ist in der Welt ein eigenständiges Wesen. Das eine Sein, als Sein aller Dinge, ist gleichsam die einzige Wahrheit. Die Erscheinungen sind nicht das wahre Wesen. Man muß über die Erscheinungsformen hinaus nach dem wahren Sein der Dinge fragen. Da die Wahrheit dem weitverbreiteten Dogma widerspricht, wird sie nicht veräußert, sondern innegehalten, nicht jeder kann in den Besitz der Wahrheit in gleicher Weise gelangen. Auf dem Weg zur Wahrheit sind verschiedene Prüfungen, Hindernisstufen, zu überwinden und zu bewältigen. Jedem steht dieser Weg zwar offen, doch jeder erkennt die Wahrheit anders, auf seine Weise.

Ihre soziale Quintessenz erhält die Tasavvuf-Mystik von der Negation der bestehenden Ordnung voller Unzulänglichkeiten. Durch die Einheit des Weltganzen hebt Tasavvuf (das Sufitum) alle Unterschiede in Religion, Rasse und Anschauung auf. Solche Unterschiede widersprechen dem einen Sein. Alle Seienden gehören dem einen Sein; alle Seienden sind füreinander da. Der islamische Mystiker Hallac Mansur (858–922) hat als erster diese Erkenntnis offen verkündet, indem er die Maxime der Tasavvuf-Mystik formulierte: *Enel hak* (Ich bin Gott). (Vgl. Meister Eckhart, Jakob Böhme u. a. in der christlich-deutschen Mystik.)

Durch die türkischen Denker und Dichter wie Mevlana Celalettin (1207–1273) und Yunus Emre (13. Jh.) erhielt die Tasavvuf-Mystik ein primär weltgewandtes, humanes Gepräge. Mevlana Celalettin und dessen Sohn Sultan Velet gründeten den Derwisch-Orden der Mevlevis, eine besondere Ausrichtung innerhalb von Tasavvuf. Mevlana zufolge sind zwar alle Seienden in der Welt Erscheinungsformen des gleichen Wesens, doch der Intellekt, das Wissen, erhebt den Menschen über alle anderen Seienden. Unter den Menschen dagegen gibt es keine Unterschiede: »Ob Christ, ob Muslim, ob Jude, ob Heide, jedem ist unsere Tür offen, der zu uns will.« Mevlanas Denken stützt sich dabei nicht auf den reinen Platonismus; ihm eignet gleichzeitig eine Welt- bzw. Realbezogenheit: »Unser Weg ist der des Lebens in dieser schönen Welt.«

Als die Metaphysik der Liebe gewinnt die Tasavvuf-Mystik in der Dichtung Yunus Emres Gestalt. In der Gleichheit von Gott und Mensch erfährt der Mensch die gleiche Liebe wie zu Gott. Kraft dieses intellektuellen Ansatzes erwächst aus der Dichtung Emres der unversiegbare türkische Humanismus. »Wir lieben den Schöpfer im Erschaffenen.« Yunus Emre verlagert in seinen Gedichten den platonischen Ansatz im Tasavvuf derart in einen konkreten Realismus, daß die Wahrheitssuche im Menschen selbst erfolgreich endet: »Lange sehnsüchtig gesucht / im Himmel und auf Erden, / fand ich ihn endlich im Menschen.« Ebenso wendet er sich gegen das Dogma, das aus dem Glauben durch den Heiligenstättenkult wieder eine Art Götzenverehrung macht: »Wer eine Spur von Liebe fühlt, trägt Gott im Herzen. / Suche Gott in deinem Herzen, / nicht in Jerusalem und Mekka!«

Die bis heute andauernde Volksnähe Yunus Emres im Gegensatz zu Mevlana Celalettin, dessen Derwisch-Orden entgegen seiner Lehre einen auserwählten und aristokratischen Charakter angenommen hat, ist auf seine Provenienz, den Derwisch-Orden der *Bektaschis*, zurückzuführen. Der Gründer des Ordens, Haci Bektaş Veli (1247–1337), stammt aus Horasan und fand in Anatolien Zuflucht vor den Mongolen. Der Bektaschi-Orden ist der verbreiteteste unter den türkischen Derwisch-Orden und versteht sich als eine militante Opposition gegen die islamische Orthodoxie und gegen deren Schriftgelehrtentum. Haci Bektaş Veli und seine Jünger wirkten von Anfang an unter den Janitscharen, die Geschichte des Ordens ist mit der des Janitscharentums stark verflochten.

Der Bektaschi-Orden hat einen hierarchischen Aufbau, an dessen Spitze *Kutub-al-aktab* (Pol der Pole) steht, d. h. der mit dem höchsten Wissen.

Denn der Lehre Haci Bektaş Velis zufolge ist nicht jeder Mensch mit der ausreichenden Erkenntnis ausgestattet. Pole bzw . Achsen, um die sich die Welt dreht, heißen die Menschen, die über die nötige Erkenntnis verfügen, die das Geheimnis *(sir)* der Wahrheit ist, der die Suche gilt.

All die türkischen Derwisch-Orden werden zusammen mit den anderen sozial orientierten Sekten in den islamischen Ländern unter dem Oberbegriff *Batini* zusammengefaßt. Der türkische Frühmaterialist Scheich Bedreddin (1364–1420) führte durch seine Lehre den *Batinismus* zu einer letzten Konsequenz. Thronkämpfe, Unterdrückung und Ausbeutung hatten in Anatolien im 14. Jahrhundert soziale Unsicherheit der Bevölkerung zur Folge, aber auch Solidarität unter den Armen und in den Zünften. Einerseits verbreitete sich *Tasavvuf* in dieser Zeit, andererseits wurden nichtkonfessionelle Vereinigungen sozialer Solidarität gegründet. Die bekannteste Organisation nannte sich *Fütüvvet*, später *Ahilik*. Folgende vier Prinzipien der *Fütüvvet* werden überliefert: Bescheidenheit; Toleranz; Opferbereitschaft; Schmerzen und Mühseligkeiten mit Geduld ertragen. Diese »gute Charaktere« genannten Prinzipien sollen manchen Autoren zufolge dem europäischen Freimaurertum als Beispiel gedient haben.

Scheich Bedreddin und sein früher » Materialismus «

Als Alternative zur bestehenden, dekadenten und ungerechten sozialen Ordnung verkündete Scheich Bedreddin eine soziale Ordnung auf der Grundlage der Gleichheit und Gleichberechtigung aller, ohne Unterschied von Religion, Rasse und Beruf. Er gewann in kurzer Zeit unter der islamischen, christlichen und jüdischen Bevölkerung Westanatoliens, Thrakiens und des Balkans scharenweise Anhänger. Er griff mit seinen Zehntausende zählenden Anhängern auf der Seite von Musa Çelebi in die Thronkämpfe der osmanischen Prinzen ein, weil dieser ihm die Herstellung der von Scheich Bedreddin propagierten sozialen Ordnung versprochen und sich als sein Jünger bekannt hatte. Sie haben den Kampf gegen den Sultan Mehmet verloren. Scheich Bedreddin wurde in der thrakischen Stadt Serez an einem Baum nackt erhängt.

Das bedeutendste unter den vier erhaltenen Werken Scheich Bedreddins ist *Varidat* – das bedeutet soviel wie *Göttliche Eingebungen*. Hier wird zum ersten Mal in der türkischen wie islamischen Philosophie die Dualität von Seele und Materie negiert. Die Seele habe keine andere Seinsweise als die der Materie.

Diese Schrift hat den Charakter einer Sammlung der Äußerungen und Reden Bedreddins über verschiedene Themen und Fragen. Der Schwerpunkt dieser Themen liegt in der Sentenz der Mystik des *Tasavvuf*, welche alle Wesen in der Welt und im Kosmos als Widerspiegelungen des absoluten Seins, Gottes, sieht. Folglich beginnt Bedreddin sein Werk mit der Feststellung, daß es weder ein Paradies noch eine Hölle gibt:

»Wisse und zweifle nicht daran: das Paradies, die Huris, die Schlösser, die Bäume, die Früchte, die Flüsse, die Qual, das Fegefeuer und ähnliches, welches in den Büchern geschrieben steht und von Mund zu Mund geht, hat eine andere Bedeutung als die offenkundige.«

Dies alles verwirkliche sich nur in der Vorstellung, nicht jedoch durch die Sinne. Alle guten Umstände im Leben seien Paradies, alle schlechten Hölle. Dabei entwirft Bedreddin einen Gottesbegriff, der dem Dogma ketzerisch erscheinen muß. Er enthebt Gott der Bürde, das Böse und das Häßliche genauso zu schaffen wie das Gute und das Schöne. Dies alles entsteht und wirkt selbsttätig. Gott schafft nur das Sein, dem er das Werden zueignet. Gerade darum ist der erkenntnisfähige Mensch als das höchstentwikkelte Sein selber verantwortlich für sein Tun und Handeln, für seine Entwicklung. Im Gegensatz zum Dogma, demzufolge alles Leben genauestens vor- und festgeschrieben ist, schafft der Mensch bei Bedreddin das Gute und das Böse, das Schöne und das Häßliche selber. Das Dogma ist, so Bedreddin, nichts anderes als Unwissenheit. Es spricht den Wesen Fähigkeiten und Tendenzen zu; in diesen offenbart sich der Wille Gottes, jedoch nicht in der individuellen Entwicklung dieser Tendenz:»Der Wille Gottes kann auch nur diesen Fähigkeiten und Tendenzen entsprechen, ihnen nicht widersprechen.«

Der Wille im Menschen bedeutet dann weniger, zu tun oder zu lassen, was man gerade wünscht, sondern die Ursachen zu kennen, die zu den Handlungen führen. Etwas tun zu wollen ist daher lediglich Ausdruck einer Notwendigkeit, die aus inneren und äußeren Bedingungen entsteht: »Wenn dafür die Bedingungen gegeben sind, wird es unausweichlich, daß sich der Wille zeigt; und das macht wiederum die Handlungen unausweichlich.« Dies korrespondiert mit dem modernen Revolutionsbegriff. Die inneren und äußeren, das heißt die subjektiven und objektiven Bedingungen lassen eine Handlung reifen und zur Notwendigkeit werden. In solcher Situation reicht die Kraft der Handelnden zur Unterlassung der Handlung nicht mehr aus.

In seinen *Eingebungen* widerspricht Bedreddin in einem anderen Punkt offen der Schrift. Jesus ist nach seiner Meinung wie jeder andere Mensch auch gestorben. Er ist weder Gott geworden, noch von Gott als Heiliger Geist wieder zu sich geholt worden.

Aus der Absolutheit Gottes begründet Bedreddin auch die Seele mit materialistisch anmutendem Gestus. Außer dem absoluten Sein Gottes existiert im Grunde nichts. Alles, auch einander Widersprüchliches, Widerstrebendes vereinigt sich in ihm. Der Begriff »Sein« beinhaltet alles. Widersprüchlichkeit bedeutet lediglich den Grad der Entfernung zu Gott. Und die Seinsstufen, die dem Gottsein entfernt sind, umfassen nur die Welt der physikalischen Körper. Wenn der Körper nicht mehr ist, bleibt weder Seele noch sonst ein abstraktes Wesen außerhalb des Gottwesens. Bedreddin schreibt: »Die Seele im Körper ist eine Folge seiner besonderen Zusammensetzung. Sprechen und Lachen desgleichen. Der Unterschied zwischen Mensch und Tier liegt ebenfalls in ihrer Zusammensetzung; beider Ursprung ist gleich.«

Die Seele ist demnach nichts anderes als das Zusammenwirken der Kräfte, aus denen sich der materielle Körper zusammensetzt. Diese Kräfte wohnen aller Materie inne. Die Unterschiede sind eine Folge der unterschiedlichen materiellen Zusammensetzung.

Im Grunde sind alle Wesen gleich: »Wenn jedes einzelne von ihnen sagte: ›Ich bin Gott‹, entspräche das der Wahrheit, da alle Wesen von Gott kommen.«

Nach Bedreddin kann das Volk nicht schlecht, verdorben oder unfähig sein. Dafür sind lediglich die Führer, Herrscher und Regierenden verantwortlich. Daraus läßt sich seine Vorstellung von einer guten, gerechten Welt ableiten. Dies müßte eine Welt sein, in der die Führer, Herrscher und Regierenden mit den Interessen des Volkes identisch handeln. In letzter Konsequenz heißt das Selbstherrschaft, Machtergreifung des Volkes. Dies entsprach nicht den herrschenden Vorstellungen von damals – eigentlich genausowenig wie denen von heute. Die Vorstellungen Bedreddins von einer guten, gerechten Welt widersprachen nicht nur den Vorstellungen der Herrscher, sondern in mancher Hinsicht auch den religiös begründeten Sitten und Bräuchen. Da sie ihm aber, wie er offen bekannte, den Kopf kosten konnten, war er bemüht, sich in seinen Gedankengängen stets auf die Religion zu stützen.

Ferner stützt sich Bedreddin auf die Annahme, daß die Eingebungen und Offenbarungen, die Gott Mohammed sandte, geheime Bedeutungen haben. Sie werden immer dann bekannt, wenn die Zeit dafür gekommen ist. So dürfen also diese göttlichen Eingebungen auch zu jeder Zeit zeitgemäß gedeutet werden. Bedreddin darf sie somit auch für seine Zeit deuten. Daß diese Deutungen dann vom Dogma abwichen und dadurch von der herrschenden Orthodoxie abgelehnt und verfolgt wurden, konnte Bedreddin dennoch nicht abwenden. Frappant ist jedoch sein Versuch, die Veränderlichkeit und Veränderbarkeit der Welt im 14. und 15. Jahrhundert mit den nur zeitgemäß, daher auch immer wieder neu deutbaren geheimen Bedeutungen von Gottes Wort und Schrift zu begründen.

Bedreddin fand auch für die von ihm proklamierte Gleichstellung der Religionen Stützen in mehreren Koran-Versen, welche allen gutmeinenden Menschen, die an eine Schrift-Religion glauben und Allah anerkennen, das Paradies verheißen, sowie in anderen, die gebieten, zwischen den Propheten Allahs keine prinzipiellen Unterschiede zu machen. Doch diese Koran-Stellen sind in ihrer Ausdeutung immer schon umstritten gewesen; vor allem die sunnitische Islam-Orthodoxie hat in ihrer Deutung den Islam und Mohammed immer höher gestellt und sogar als die letzte Religion und als den letzten Propheten einzig anerkannt. Trotz der Abstützung auf den Koran befand sich Bedreddin also auch mit seiner Gleichheitsthese von Religionen, Propheten und allen Menschen in tiefem Widerspruch zu der herrschenden Geistlichkeit.

Bedreddin spricht in den *Eingebungen* von einer Zeit, in der sich die Welt von Grund auf verändern und eine neue Welt entstehen wird. In dieser Welt werde es keine Mißstände mehr geben und es werde sich darin die Eigenschaft Gottes als »Allbarmherziger« verwirklichen. Bei oberflächlicher Lektüre kann die Beseitigung der Mißstände einfach als die erwartete Ordnung Gottes nach dem Tod, als die Einheit aller Wesen im Gottsein verstanden werden. Dahinter steckt jedoch auch der konkretere Aspekt, daß feindliche Widersprüche in der Welt, so zum Beispiel zwischen Reich und Arm, Muslim und Christ, durch die vorausgesagte Weltveränderung beseitigt werden.

Für Bedreddin ist eine revolutionäre Veränderung der Welt notwendig und unumgänglich; wie immer religiös verbrämt – realistisch wie er ist –, warnt er die möglichen Revolutionäre vor den Schwierigkeiten, die dabei entstehen können. Es sind nämlich die Schwierigkeiten, die auch ein weltverändernder Prophet hat:

»Erstens, die Neidischen widersetzen sich ihm, sie schwärzen ihn an und halten so von den Herzen eine Zuneigung zu ihm fern; sie schwächen den Glauben an ihn. Wenn der Körper stirbt, vergeht auch der Neid, seine guten Eigenschaften bleiben übrig; er wird geliebt und geachtet. Zweitens, unter ihnen (den Menschen) zu sein, gesehen zu werden, ansprechbar zu sein, mindert die Liebe und den Glauben. Drittens, die Wahrheit zeigt sich nur langsam. Viertens, der wichtigste dieser Gründe: Die Menschen bilden sich ein, daß ein Prophet oder ein würdiger Führer unmögliche Dinge vermag.«

Bedreddin interpretiert in *Eingebungen* Glaubensinhalte wie Engel, Teufel und böse Geister mit naturwissenschaftlich anmutender Modernität. All dies ist, Bedreddin zufolge, nichts anderes als Aberglauben. Engel seien die eigenen Kräfte der Wesen, die zum Guten leiten. Ebenso sind Teufel die den Wesen innewohnenden Kräfte, die zum Bösen leiten. Die Kräfte wohnen nicht nur den Menschen, sondern allen Wesen, ja sogar allen Dingen inne. Diese Kräfte verursachen alle Ereignisse in der Natur, und sie leiten auch den Menschen. Jede Veränderung in der Materie ist eine Folge der ihr eigenen Merkmale und Kräfte und damit selbsttätig. Wie schon gesagt: auch die Seele ist nur eine Folge dieser Kräfte. Wenn die Zusammensetzung der Materie, welche die Seele hervorruft, sich verändert, verschwindet auch die Seele. Denn sie existiert nicht außerhalb der Materie. Bedreddin leugnet damit auch den Auferstehungsglauben:

»Die Anzeichen des Jüngsten Tages sind seit Jahrhunderten vergeblich erwartet und beschworen worden; es ist unmöglich, daß die zerfallenen Zellen des Körpers sich wieder zusammensetzen und daß der Mensch wieder aufersteht.«

Ebenso finden die Phänomene des Träumens und der Sinnestäuschung Erklärungen, welche der modernen Wissenschaft nahekommen. So sind auch die Seinsbedingungen der Erde abhängig von den kosmischen Abständen und Beziehungen im Sonnensystem. Die gegebenen Bedingungen basieren auf einem Gleichgewicht dieser Abstände, deren geringste Abweichung Veränderungen in der kosmischen Ordnung zur Folge hat.

In der neueren Diskussion in der Türkei wurde das Materialismus-Verständnis des Tasavvuf-Mystikers Bedreddin mit marxistischen Kriterien geprüft und dagegen polemisiert. Historisch kritische Marxisten wie Nazim Hikmet hatten jedoch keine Schwierigkeiten, Bedreddin in der nationalen Tradition des »steten Gegensatzes« zwischen Unterdrückern und Unterdrückten richtig einzuordnen. Bedreddin stand in diesem Kampf auf der richtigen Seite, mit Vorstellungen wie der folgenden, die heute noch von ihrer Aktualität und Frische kaum etwas eingebüßt hat:

»Gott erschuf die Welt für die Menschen. Die Erde und die Früchte, die Erzeugnisse der Erde gehören den Menschen gemeinschaftlich. Die Menschen sind gleich, und sie sind Brüder. Es ist nicht die Absicht Gottes gewesen, daß sich die einen ständig bereichern und die anderen Hunger leiden. Ich muß in deinem Haus wie in meinem wohnen können; du mußt meine Sachen wie deine eigenen gebrauchen können. Denn das alles ist für uns alle da und gehört uns allen. Gott gab den Menschen Vernunft. Jeder begreift Gott im Rahmen seiner eigenen Vernunft. Weil das Gottbegreifen des einen von dem des anderen abweicht, darf man ihn nicht tadeln und verurteilen. Die Freiheit des Denkens und des Glaubens ist eine Folge der natürlichen Ordnung. Unterschiede entstanden durch unwissende, ungebildete Geistliche; ohne sie wären die Religionen gleich und eins. Die Ablehnung dessen, wie die Christen Gott begreifen, ist Sache der Ungläubigen, auch sie, die Christen, glauben an den gleichen Gott. Muslime, Christen, Juden und andere sind alle Geschöpfe desselben Gottes. Sie sind alle Brüder. Zwischen ihnen muß Liebe und Achtung sein. Ihre Liebe und ihre gegenseitige Achtung wird die Wahrheit über die Unwahrheit siegen lassen.«

In *Varidat* wird eine soziale Ordnung beschrieben und gefordert, in der es keinen Privatbesitz gibt und die irdischen Güter allen gemeinsam gehören. Dies und die Gleichheit aller Religionen, die Scheich Bedreddin propagiert hatte, reichten denn auch als Begründung für sein Todesurteil aus.

Die Niederschlagung und Niedermetzelung der Volksarmee Scheich Bedreddins durch die Armee von Sultan Mehmet bedeutete auch das Ende der Bedreddin-Bewegung in Anatolien. Zwar hat er heute noch Anhänger in Thrakien. Doch sie verehren ihn als einen Heiligen ohne eine Ahnung von seinen sozialen Ideen und seiner materialistischen Philosophie. Erst in jüngster Zeit haben türkische Sozialisten seine Ideen neu aufgegriffen. In Scheich Bedreddin fanden sie eine authentische Quelle des Sozialismus in der eigenen Geschichte. Die Rezeption des Bedreddinismus wurde durch moderne türkische Dichter begünstigt, die das Leben und Wirken des materialistischen Scheichs in ihren Werken aufgearbeitet haben.

Gökalps Nationalismus und kemalistischer Rationalismus

Die geistige Begegnung des Osmanischen Reiches mit Europa begann im 18. Jahrhundert. Dabei wurden Ideen ins Land getragen, die bis dahin völlig unbekannt waren. Zu ihnen gehörte in der Folge der Französischen Revolution auch der nationale Gedanke, der mit dem Universalitätsanspruch des islamischen Gedankens unvereinbar war. Daher bilden die »Prinzipien des türkischen Nationalismus« (1923) von Ziya Gökalp (1876–1924), dem bedeutenden türkischen Soziologen, eine Wende in der türkischen Geistesgeschichte. Er verläßt zum ersten Mal den islamischen Rahmen, obgleich die Maxime seiner Gedanken in der Formulierung »Ich bin türkischer Nationalität, islamischer Glaubensgemeinschaft und westlicher Zivilisation« das Bestreben verrät, aus mehreren Lehrmeinungen eine neue zu schaffen. Doch sie bleibt nicht nur eklektisch, sondern sie ist auch in sich widersprüchlich.

Dennoch lieferte Gökalp gewisse theoretische Grundlagen zu den Reformen Kemal Atatürks, und auf sie konnte sich der Kemalismus stützen, der noch heute als die philosophische Grundlage des neuen türkischen Staates entwickelt wird.

Der nationale Gedanke Gökalps wird allein von der gemeinsamen Sprache und Kultur bestimmt und beschränkt sich im Gegensatz zum Panturanismus auf das Türkentum in der heutigen Türkei. Der Panturanismus hat als Ziel ein großtürkisches Reich, das durch Eroberung alle von Turkstämmen bewohnten Gebiete zwischen der heutigen Türkei und Sinkiang zusammenfassen soll. Zuerst wurde der Panturanismus durch den Imperialismus des Deutschen Kaiserreichs während des Ersten Weltkrieges aktualisiert. Gewisse Kreise der osmanischen Türken, die ihre europäischen Gebiete fast völlig verloren hatten, hingen dieser fremdbestimmten Ideologie an, um das Großreich, nach Innerasien verlagert, neu zu gründen, während es Deutschland um die ergiebigen Erdölfelder Bakus ging. Enver Paschas Feldzug nach Baku, während die eigentliche Bevölkerung unter den Folgen des Ersten Weltkriegs litt, konnte keinen Erfolg haben. Mustafa Kemal wußte dies, distanzierte sich schon sehr früh von der panturanischen Bewegung und konzentrierte die Kräfte des Landes auf die Verteidigung der nationalen Unabhängigkeit im eigenen Land. Parallel zum Hitlerfaschismus bekam der Panturanismus in den vierziger Jahren erneut Auftrieb in der Türkei, sein bekanntester Führer wurde Alparslan Türkeş, Vorsitzender der faschistischen Nationalistischen Bewegungspartei (M. H. P.).

Der Nationalismus Gökalps dagegen war zunächst für die Emanzipation des türkischen Elements im kosmopolitischen Osmanischen Reich notwendig geworden und nicht zuletzt für die Erlangung der türkischen Unabhängigkeit. Gökalps »Prinzipien des türkischen Nationalismus« schließen die kulturelle, politische und wirtschaftliche Hinwendung zum Volk, die Säkularisierung des Staates, die Emanzipation der Frau ein. Unter dem Begriff »Türkismus« verstand er die fortschrittliche Entwicklung der Bevölkerung in der heutigen Türkei, wobei die Kriterien dieser Entwicklung ausschließlich die seit der Renaissance im Westen entwickelten Wissenschaften liefern sollten. Doch dies bedeutet nicht die Annahme und Übernahme westlicher Lebens- und Produktionsformen, weil jede nationale Gesellschaft ihre eigenen, von denen anderer Nationen abweichenden objektiven und subjektiven Voraussetzungen hat. Beispielsweise sei die offene Marktwirtschaft (ohne Zollschranken) für ein hochindustrialisiertes Land wie England die einzig nützliche Wirtschaftsform. Doch »wenn das Prinzip der freien Marktwirtschaft auch von Ländern, die keine große Industrie besitzen, übernommen wird, so muß die Folge davon die ewige wirtschaftliche Abhängigkeit dieser Länder von den Industrienationen wie England sein.« Gökalp formuliert die der Türkei angemessene Wirtschaftsform so: »Das heißt also: das soziale Ideal der Türken ist, die gesellschaftlichen Reichtümer für den Wohlstand der Allgemeinheit zu bewahren und zu fördern, ohne dabei den Privatbesitz aufzuheben.«

Mit der Forderung, die Priorität dem Aufbau einer türkischen Schwerindustrie zuzuerkennen, gab er die Initialzündung für das Wirtschaftsprogramm des kemalistischen Staates.

Der Kemalismus bildet über die Staatsprinzipien hinaus die bedeutendste rationale Bewegung in der türkischen Geistesgeschichte, deren Auswirkungen in der Türkei bis heute nicht ganz abzusehen sind. Er wendet sich von der östlichen, islamischen Glaubenslehre zur westlichen, rationalen Wissenschaftslehre und versucht an die europäische Tradition des Rationalismus seit Descartes und Pascal anzuknüpfen. Doch der Kemalismus will auch nicht auf die eigene Tradition und nationale Geschichtlichkeit verzichten. Die Entwicklung der letzten sechzig Jahre deutet einen Prozeß der Synthese zwischen dem europäischen Rationalismus und der Tasavvuf-Metaphysik an, in die auch durch manche linksgerichtete Kreise die marxistische Weltanschauung, insbesondere Kriterien der marxistischen Nationalökonomie, mit integriert werden. Dem marxistischen Anspruch, die Verhältnisse in der Welt allein durch die Produktionsverhältnisse zu erklären, beziehungsweise jene durch Veränderungen in den Produktionsverhältnissen zu verändern, hatte bereits Ziya Gökalp eine Absage erteilt, indem er dem historischen Materialismus, sich unter anderem auf Durkheim stützend, den sozialen Idealismus entgegenstellte. Dennoch widersprechen die kemalistischen Prinzipien auch Atatürk zufolge den sozialistischen Ideen nicht.

Die Prinzipien des Kemalismus

Unter den kemalistischen Prinzipien werden landläufig die sechs Prinzipien verstanden, welche im Emblem der von Atatürk 1923 gegründeten Republikanischen Volkspartei durch sechs weiße Pfeile auf rotem Grund symbolisiert werden. Sie bezeichnen die Prinzipien *Republikanismus* als die gewählte, neue Staatsform, den bereits gekennzeichneten *nationalen Gedanken* als Motor der eigenen Unabhängigkeit und des Fortschrittes, eine *vom Staat dirigierte Wirtschaftsform* – dieses Prinzip fixiert und präzisiert Gökalps Ansatz, »die gesellschaftlichen Reichtümer für den Wohlstand der Allgemeinheit zu bewahren und zu fördern«. Die drei anderen Grundsätze, *Volkssouveränität* im Sinne der Volksherrschaft bzw. Demokratie, *Laizismus* und der *Revolutionsgedanke*, festigen zudem den weltanschaulichen und philosophischen Unterbau des Kemalismus. Gerade der Revolutionsgedanke im Sinne der ständigen Veränderung der veralteten, unnütz gewordenen und deshalb dem Volk nicht mehr dienenden Institutionen ließ aus dem Gökalpschen Ansatz des »sozialen Idealismus« das Prinzip der »konkreten Hoffnung« werden, der auch die jungen Generationen anspricht und den Fortbestand der kemalistischen Bewegung in der Türkei nicht nur sichert, sondern auch ausbaut.

Bisher kaum systematisch behandelt und diesen sechs übergeordnet, sind folgende Prinzipien: das *antiimperialistische Prinzip*, das *Friedensprinzip* und das *zivilisatorische und humanistische Prinzip*. Diese drei fundamentalen Prinzipien tragen den von Mustafa Kemal gegründeten kemalistischen Staat und die sechs genannten Prinzipien, die auch in den bisherigen Verfassungen der Türkei verankert worden sind und über die relativ viel gesagt und geschrieben worden ist. Doch zum besseren Verständnis des

Kemalismus und auch der sechs Prinzipien, die bis jetzt je nach Interesse mehr oder weniger willkürlich ausgelegt und gedeutet wurden, müssen die drei Oberprinzipien herangezogen werden. Sie kennzeichnen im Grunde den antidogmatischen, immanent fortschrittlichen, permanent zukunftsoffenen und -orientierten Charakter des Kemalismus. Ohne diesen Charakter genau zu erkennen, können die übrigen Prinzipien auch unterschiedlich ausgelegt werden, was seit dem Tode Atatürks ununterbrochen geschieht. Wenn Parteien, Organisationen und Personen, deren Anschauungen und Interessen einander oft diametral entgegengesetzt sind, sich dennoch immer wieder zu Atatürk bekennen, liegt das einerseits daran, daß sich der Kemalismus im Staatsgebilde so sehr verfestigt hat, daß sich andere Interessen durch Lippenbekenntnisse Zugang zur Macht verschaffen wollen, andererseits – dies ist von substantieller Bedeutung für die Zukunft des kemalistischen Staates – Kräfte und Interessen, die sich verbal zu Atatürk bekennen (man spricht in der Türkei von »Garderobe-Kemalisten«), im Grunde jedoch antikemalistisch sind, durch Verschleierung der kemalistischen Prinzipien Boden für ihren Opportunismus finden.

Das *antiimperialistische und antikolonialistische Prinzip* enthält das *Prinzip von der vollkommenen Unabhängigkeit*. Ohne dieses Prinzip als Programm des Befreiungskampfes gäbe es die türkische Republik nicht. Das ist zugleich ein fortwährendes Prinzip für die Existenz des kemalistischen Staates. Ein Prinzip, welches zur Befreiung und Unabhängigkeit führte, kann auch heute und in Zukunft nicht rückgängig gemacht werden, ohne die Grundfesten des Staates zu erschüttern. Dieses Prinzip gilt so lange für den kemalistischen Staat, bis es keinen Kolonialismus und Imperialismus mehr in der Welt gibt: »Der Kolonialismus und der Imperialismus werden von der Erdoberfläche verschwinden, und an ihre Stelle wird ein Zeitalter der harmonischen Zusammenarbeit zwischen den Nationen treten, ohne Unterschied der Hautfarben, Religionen und Rassen.« Dies sind die programmatischen Worte Mustafa Kemals zu Beginn der anatolischen Revolution, seines antiimperialistischen und antikolonialistischen Befreiungs- und Unabhängigkeitskampfes.

Dieser für das Jahrhundert beispielgebende Kampf hatte die »vollkommene Unabhängigkeit« zum Ziel. Mustafa Kemal verstand darunter folgendes: »Unter ›vollkommener Unabhängigkeit‹ verstehen wir die vollkommene Unabhängigkeit und die vollkommene Freiheit auf allen Gebieten, dem sozialen, politischen, finanziellen, ökonomischen, juristischen, militärischen, kulturellen. Auf einem dieser Gebiete nicht unabhängig zu sein, bedeutet im Grunde auf die ganze Unabhängigkeit verzichten zu müssen.« Da der Kemalismus vom natürlichen Prinzip des Wandels in der Welt und in der Gesellschaft ausgeht, ist dieses Programm nicht auf eine bestimmte Zeit begrenzt, sondern ein permanentes. Der Kolonialismus bzw. Imperialismus der Moderne wird gewiß einmal überholt sein. Dafür werden mit eben solcher Gewißheit neue Formen der Abhängigkeiten entstehen. Absolute Unabhängigkeit wird es weder für den einzelnen noch für einzelne Völker und Nationen geben. Daher bedeutet das kemalistische Grundprinzip von der »vollkommenen Unabhängigkeit« eine konstante geistige Grundhaltung, welche angesichts der sich wandelnden Formen der Abhängigkeit ständig an der »vollkommenen Unabhängigkeit« orientiert und darum ringt.

Dieses Prinzip setzt jedoch ein anderes globales Grundprinzip voraus: *das Friedensprinzip*. Atatürk zufolge ist die Maxime dieses Prinzips »Frieden im Lande, Frieden in der Welt«. Der Frieden ist etwas Ganzes. Er ist unteilbar und letztlich partiell nicht existent. Der Kemalismus strebt den dauernden Frieden für alle in der Welt an. »Der Krieg ist ein Verbrechen!« Der Kemalismus kann nur eine einzige Ausnahme von dieser Regel zulassen, eben wenn eine Nation in ihrer gesamten Existenz ernsthaft bedroht und gefährdet ist. Damit sichert die Unabhängigkeit den Frieden, und umgekehrt stellt der Frieden die Voraussetzungen für die »vollkommene Unabhängigkeit« dar. 1923, unmittelbar nach dem großen Befreiungssieg, stellt Mustafa Kemal fest, daß die militärische Stärke keine Tugend ist: »Viele Menschen, die in der Geschichte zu großem Ruhm und großen Ehren gekommen sind, haben eigentlich vom nationalen Standpunkt aus gesehen kein Verdienst und keine Tugend. Denken Sie zum Beispiel an den militärisch so mächtigen Napoleon, der bis nach Moskau marschierte, die französische Armee über Brandstätten und Ruinen treibend dezimierte. Sein Verhalten entsprach nicht dem echten, nationalen Interesse des französischen Volkes, sondern nur der Befriedigung der eigenen Welteroberungsabsichten. Um seinen Ehrgeiz zu befriedigen, hat er Millionen von wertvollen Kindern Frankreichs geopfert und schließlich das uns allen bekannte Ende gefunden.«

Die größte Gefahr für den Frieden sind die sozio-ökonomischen Unterschiede in der Welt. Vor allem kann die Lage der Massen Verderbnis für den Weltfrieden bedeuten. Angesichts der sich anbahnenden großen Gefahren für den Weltfrieden stellte Atatürk 1935 fest: »Wenn man dauernden Frieden will, muß man internationale Maßnahmen ergreifen, um die Lage der Massen zu verbessern. An die Stelle von Hunger und Unterdrückung muß der Wohlstand für die gesamte Menschheit treten. Die Menschen müssen frei von Haß, Neid und Gier erzogen werden.«

Schließlich kann das *zivilisatorische und humanistische Grundprinzip* nur im Frieden und in vollkommener Unabhängigkeit verwirklicht werden. Diesem Prinzip liegt der Erneuerungsgedanke zugrunde. Erneuerung wiederum ist eine Folge der Wissenschaften und der Künste. Daher kann es auch das *Prinzip von der Priorität der Wissenschaften und Künste* genannt werden. Die kemalistische Maxime dazu lautet: »Der wahrste Führer für alles Materielle und Ideelle in der Welt, für das Leben und für den Erfolg, sind die Wissenschaften.« Auf die Künste bezogen: »Eine Nation ohne Kunst hat keine Lebensfähigkeit.« Dieses Prinzip ist wiederum kein Selbstzweck, sondern ist verknüpft mit dem humanistischen Ziel: »Der Erfolg auf dem Weg der Zivilisation ist abhängig von der Erneuerung. Das ist der Weg des Wissens und des Aufstiegs im sozialen und wirtschaftlichen Leben.«

Es ist unausweichlich, daß sich die Gesetze und Regeln des Lebens und Zusammenlebens mit der Zeit entwickeln und erneuern. Und das im Sinne ständig wachsender Humanität.

Nur an diesen Grundprinzipien des Kemalismus dürfen die eingangs genannten sechs Prinzipien ausgerichtet und zeitgemäß interpretiert werden. Jede andere Deutung, die in irgendeiner Weise gegen die drei Grundprinzipien verstößt, stellt eine Verfälschung des Kemalismus dar. Dies ist vor allem in der Türkei der Nachkriegszeit häufig geschehen. Nur so sind auch die großen heutigen Schwierigkeiten des Landes zu erklären.

Gerade die Jugend in aller Welt, zumindest weite Teile der jungen Generationen, orientieren sich engagiert an den Kriterien der Unabhängigkeit, des Friedens und eines menschenwürdigen Lebens. Dies ist der beste Beweis für die ›veränderliche Überzeitlichkeit‹ dieser in den zwanziger Jahren formulierten und praktizierten kemalistischen Prinzipien. Eine andere Orientierung als am Kemalismus wird daher in der Türkei auch in absehbarer Zukunft keinerlei Chance haben.

Tips zum Weiterlesen

Jakob, Georg: *Beiträge zur Kenntnis des Derwisch-Ordens der Bektaschis.* Berlin 1908.
Goetze, Albrecht: *Kleinasien. Kulturgeschichte des alten Orients.* In: Handbuch d. Altertumswiss. München 1957.
Idries Shah: *Die Sufis – Botschaft der Derwische, Weisheit der Magier.* Düsseldorf-Köln 1980.
Jäschke, Gotthard: *Der Islam in der neuen Türkei.* Leiden 1951.
Schimmel, Annemarie: *Rumi – Ich bin Wind und du bist Feuer.* Leben und Werk des großen Mystikers. Düsseldorf-Köln 1978.
Zimpel, H.: *Vom Religionseinfluß in den Kulturlandschaften zwischen Taurus und Sinai.* Mitt. d. Geogr. Ges. München, 48. München 1963.

Volkskunde, Volkskunst, Volksliteratur

Die Volkskunde als Forschungszweig ist in der Türkei noch nicht voll ausgebaut. Erst nach der Gründung der Republik (1923) auf der Basis der kemalistischen Prinzipien »Volkssouveränität« und »Volksherrschaft« interessierten auch das volkstümliche Kunstschaffen, die Volksliteratur und die Lebensformen des Volkes. In den dreißiger und vierziger Jahren wandten sich Wissenschaftler wie Fuat Köprülü, Pertev Naili Boratav und Ismayil Hakki Baltacioğlu der Volksdichtung und dem Volkstheater zu. Die Volkskunde wurde zunächst auf die Volksliteratur beschränkt, ja sogar mit ihr gleichgesetzt. Dieses Mißverständnis dauert heute noch an. An den türkischen Universitäten gibt es zwar Lehrstühle für Volksdichtung, doch die Volkskunde als eine alle Lebensbereiche des Volkes umfassende wissenschaftliche Disziplin ist bis heute nicht eingeführt worden, obgleich sie terminologisch existiert: *Halkiyat* oder *Halkbilgisi* decken den deutschen Ausdruck »Volkskunde« voll. Unter diesen Begriffen wurde jedoch nur die Folklore-Forschung verstanden; Folklore wiederum umfaßte zunächst nur die mündlich überlieferten Formen der Volksliteratur. Das »Türkische Lexikon« *(Türkçe Sözlük,* Ankara ³ 1959) schreibt beispielsweise zum Stichwort Volkskunde *(halkbilgisi):* »Das ist die Wissenschaft, die die Bräuche der in einer Gemeinschaft lebenden Menschen, die überlieferten Formen wie Lied, Märchen, Schwank, Sprichwort, Rätsel, formelhaftes Reden, Sage erforscht und das Leben und Fühlen dieses Volkes zu verstehen sich bemüht.«

In den letzten Jahren hat sich jedoch die volkskundliche Forschung stärker differenziert. Die Folklore wurde neben Volksliteratur und -theater vor allem auf die Bereiche Lebens- und Glaubensformen, Denk- und Gefühlswelt, Architektur und Malerei, Tanz und Musik und auf die verschiedensten Zweige der Handarbeit ausgeweitet. Voran gingen in der Folklore-Forschung die von Atatürk 1932 gegründeten und geförderten *Halkevleri* (Volkshäuser), die sich als Begegnungs- und Bildungsstätten für Jugendliche und Erwachsene ausgezeichnet haben. Die Volkshäuser erforschten in Publikationen die Folklore des Landes und pflegten unter anderem auch Theater, Volkstänze, Volksmusik und Volksliteratur. Sie gaben durch die Neuerschließung ursprünglicher, volkstümlicher Quellen der türkischen Moderne neue Impulse. Ihnen folgten die 1939 gegründeten *Dorfinstitute,* die Dorfkinder nach der Grundschulausbildung praktisch wie theoretisch zu Dorflehrern und -erziehern ausbildeten. Obwohl sie 1950 wieder geschlossen wurden, erwies sich ihre Aktivität als sehr wirksam. Die Schüler lernten nicht nur pädagogische Fächer, Handwerk und praktisch-moderne Landwirtschaft; ihr Ausbildungsprogramm umfaßte gleichzeitig eine eingehende praktische und theoretische Beschäftigung mit den musischen Fächern, wobei die eigene Folklore keine museale Anschauung war. Sie brachten ihre Lieder, Tänze und Spiele, Märchen und Sagen aus ihren Dörfern als einen festen Bestandteil ihrer Lebensform mit. Erst durch die Dorfinstitute kam das schöpferische Potential Anatoliens richtig zum Bewußtsein. Aus ihnen gingen innerhalb eines Jahrzehnts neben Tausenden von geschickten Lehrern, Pädagogen und Erwachsenenbildnern auch so namhafte Literaten und Künstler wie Fakir Baykurt, Mahmut Makal, Talip Apaydin hervor.

Heute befaßt sich das Konservatorium in Ankara und Istanbul wissenschaftlich mit der Volksmusik und bildet auch den Künstlernachwuchs auf diesem Gebiet aus. Das theaterwissenschaftliche Institut an der Universität Ankara sowie Izmir nimmt sich seit Jahren auch der lange vernachlässigten und verschmähten volkstümlichen Theaterformen an, die in einem gesonderten Beitrag über »Das türkische Theater« behandelt und charakterisiert werden. (Siehe S. 143–154)

Dem Westeuropäer muß es wie ein türkisches Kuriosum erscheinen, daß mehrere türkische Banken im Kulturleben des Landes eine wesentliche Rolle spielen. Besonders die Yapi Kredi Bankasi (Bau- und Kreditbank) und Akbank (Weiße Bank) haben sich um die Folklore des Landes verdient gemacht; mit beiden Institutionen steht ein Name in engster Beziehung: Vedat Nedim Tör. Der heute 87jährige Tör konzipierte zunächst die Kulturarbeit der erstgenannten, dann der zweiten Bank, bei der er heute noch unermüdlich am Werk ist. Er gibt unter anderem die in ihrer Art einmalige Zeitschrift Türkiyemiz (Unsere Türkei) mit fundierten Beiträgen und Farbreproduktionen zur türkischen Kunst und Folklore heraus und erteilt ferner gezielte Aufträge an Wissenschaftler und Künstler. Er schreibt Preise aus, nicht nur für Maler und Komponisten, sondern auch gelegentlich für Handarbeiten anatolischer Dorfbauern; er veranstaltet Konzerte, Ausstellungen und Seminare.

Das gesellschaftliche Sein, das Leben der Turkstämme, bestimmte seit der Frühzeit in Innerasien ihr Denken wie ihre Kultur. Am Anfang war es ein Nomadenleben mit Viehzucht. Man hatte sein Sommer- und Winter-Weidegebiet. Der demokratische Charakter innerhalb der Stammeshierarchie manifestierte sich in der allen gemeinsamen Lebensform, in den noch für alle einheitlichen Formen der Kunst und Literatur. Dies hat sich mit den Staats- und Reichsgründungen und dem damit verbundenen Seßhaftwerden von Grund auf verändert. Spätestens im Großseldschukischen

Reich entstanden wesensverschiedene, sozial und beruflich differenzierte Gruppen mit schlichten, aber spezifischen Lebensformen und Kulturen. Der sozial tiefgreifendste Unterschied bestand im Seldschukischen wie im Osmanischen Reich zwischen dem Hof samt seinen höheren und niederen Bediensteten und dem Volk außerhalb des Hofes. So ergeben sich im wesentlichen folgende soziale Gruppierungen: Gelehrte, Geistliche *(müderris, muid, mülâzim, kadi, imam, müezzin, kayyum, hoca, kalfa)*; Führer und Vertreter der verschiedenen Derwischorden *(şeyh, derviş)*; höhere und kleinere Staatsbeamte, Soldaten und Offiziere; Geschäftsleute, Händler, Handwerker, Lohnabhängige; Arbeitslose, Landstreicher; Großgrundbesitzer, Bauern, Viehzüchter, Tagelöhner, Pächter usf. Für die Bestimmung des Begriffs »Volkskunst« kann jedoch auch die vereinfachende Unterscheidung zwischen *havas* , den an der *Medrese* (islamische Hochschule) und am *Enderun* (Hochschule für Hof- und Staatsbeamte) ausgebildeten Intellektuellen, die Osmanisch, Arabisch und Persisch beherrschten, und *avam* (Bürgern ohne einfache bzw. höhere Schulbildung, die außer Türkisch keine andere Sprache konnten) genügen. Die »Volkskunst« ist das Erzeugnis dieser letzteren, weitaus breiteren Schicht.

Volkskunst und Volkstänze

Die Turkvölker haben durch ihre Auswanderungen aus Innerasien die Kunst des Teppichknüpfens in die Länder des Mittleren Ostens, Nordafrikas und des Balkans mitgebracht. Die Kunst des Teppichknüpfens entstand unmittelbar aus den Gegebenheiten des Nomadenlebens mit Viehzucht. Im Sommer wurden die Schafe geschoren; die Wolle wurde gewaschen, gekämmt, mit Wurzelfarben leuchtend und waschecht gefärbt und zum Wollgarn gezwirnt. Im Winter knüpften die Frauen dann aus den verschiedenfarbigen Garnen herrliche Teppiche und Kelims. Die Teppich- und Kelimmuster enthalten keine rein abstrakten, sondern zu Symbolen abstrahierte Formen, denen bestimmte Inhalte und Aussagen zukommen. Dennoch nehmen sie – zusammen mit der türkischen Kalligraphiekunst – Formen, Farbgebungen und Elemente der abstrakten Malerei vorweg und bieten einer ganzen Bewegung innerhalb der modernen türkischen Malerei neue und starke Impulse. Auch die in die Wollsocken farbig eingestrickten Formen symbolisieren Inhalte wie Liebe, Sehnsucht oder Familienstand. Für viele anatolische Mädchen und Frauen ist das Sockenstricken heute noch die wichtigste Einkommensquelle ihrer Familien. Durch die Stickereien werden Frauensocken von denen der Männer unterschieden; ebenso geben sie darüber Aufschluß, ob die Person, die die Socken trägt, Jungfrau, Junggeselle oder verheiratet ist. Socken für den Bräutigam, den Geliebten oder den Ehemann, der fern von seinem Dorf seinen Militärdienst leistet, werden wesentlich liebevoller und mit besonders schönen Farbmustern gestrickt als jene, die nur für den Verkauf an den Händler bestimmt sind. Auch durch verschiedene Wäschearten und mit verschiedenen Garnsorten erreicht die anatolische Frau eine künstlerische Gestaltung.

Die abstrakte, symbolhafte Ausdruckskraft und die künstlerische Form in der Gestaltung verschmelzen in den unzähligen anatolischen Volkstänzen zu einer unzertrennlichen Einheit mit dem sie schaffenden Menschen wie auch mit der Landschaft. Die anatolischen Volkstänze sind in ihrem Ursprung genauso alt wie die ältesten einheimischen Volksgruppen, also mindestens 7000–8000 Jahre. Die neuen Ausgrabungen des englischen Archäologen James Mellaart und anderer in der mittelanatolischen Kleinstadt Çatal Hüyük (südöstlich von Konya) brachten die ältesten, vorneolithischen Stadtsiedlungen des Nahen Ostens ans Tageslicht. Wunderbar erhaltene farbige Wandbilder, Schmuckstücke, Krüge, Hausgeräte geben Aufschluß über die damals erstaunlich hochentwickelte Kultur. Tanzende Menschen sind gemalt, deren Haltung und Schritte mit manchen Volkstänzen von heute übereinstimmen. Ebenso zeigen manche hethitischen Steinreliefs, die tanzende Menschen darstellen, frappante Ähnlichkeit mit den Tänzen von heute. Die Menschen Anatoliens sind also im wörtlichsten Sinne mit ihren Tänzen zusammengewachsen. Die Tänze bilden einen Bestandteil ihrer Lebensform. Die Anlässe, aus denen heraus sie entstanden sind und wo sie noch heute gespielt werden, haben sich in den Jahrtausenden kaum geändert. Es sei nur an das Erntefest, an die Hochzeitsfeier und die religiösen Festtage erinnert. Jede Region in Anatolien hat ihre eigenen Volkstänze von besonderer Prägung, die deutliche Merkmale der jeweiligen Landschaft und der dort lebenden Menschen tragen.

Die Folkloristen und Kulturhistoriker konnten bis heute mehr als 2000 Tanztitel zusammentragen, wobei die Grundtypen in verschiedensten örtlichen Variationen auftreten. Die wichtigsten Grundtypen sind *Halay-Tänze* (Mittel- und Ostanatolien), *Bar-Tänze* (Ostanatolien), *Zeybek-Tänze* (West- und Südanatolien), *Horon-Tänze* (Nordanatolien, am Schwarzen Meer) und die unzähligen *Oyun* (Spiel) genannten Tänze wie der *Kiliç Kalkan Oyunu* (Schwert-und-Schild-Spiel, Bursa) oder *Kaşik Oyunu* (Löffelspiel, Konya). Trotz der Vielzahl der anatolischen Volkstänze lassen sie sich fast alle in eine Einheit einfügen. Denn die Motive sind überall die gleichen: Liebe, Erntefest, Krieg, Sieg, Frieden, Tapferkeit u. a. m. Dabei ändern sich von Ort zu Ort lediglich die Figuren und folglich auch rhythmische und harmonische Eigenschaften. Anmut und Schwermut, Statik und Dynamik, Harmonie und Rhythmik, kurze und lange, elastisch einfühlende und harte, stampfende Schritte kennzeichnen die Gegensätze zwischen verschiedenen Tänzen, aber auch innerhalb eines

Tanzes. Manche fangen ganz statisch an, strahlen Ruhe aus, während die Tänzer sich innerlich konzentrieren, um sich dann in eine mitreißende Rhythmik zu steigern (Erzurum, Karadeniz); während andere, etwa die Tänze von Kars, fast ausschließlich dynamischen Charakter zeigen. *Zeybek-Tänze* mit elastisch geschwungenen Bewegungen und *Horon-Tänze* werden zumeist von Männern allein (oder von Männern und Frauen getrennt) getanzt, *Halay-* und *Bar-Tänze* hingegen auch gemischt. In fest oder lockerer zusammengefügten Gruppentänzen werden gelegentlich Solo- bzw. Doppelsolotänze (Mann – Frau) eingefügt, derweil die übrigen Tänzer als anfeuernde Zuschauer mitwirken, die Rolle der Dörfler übernehmen. Die Hauptinstrumente, die die Tänze begleiten, sind *Davul* und *Zurna* (Pauke und eine Art Oboe). Bei den Tänzen von Kars und Artvin treten Ziehharmonika und Trompete an ihre Stelle. *Kemençe* (eine dreisaitige, mit Rundbogen gespielte Spießgeige) ist das charakteristische Musikinstrument bei den Tänzen der Schwarzmeer-Region.

Die anatolischen Volkstänze übten in der Vergangenheit nicht nur auf die Volkstänze in den Balkanländern großen Einfluß aus, sondern auch auf die Werke und den Tanzstil des modernen türkischen Balletts in Ankara. Die farbenfrohen, gold- und silberbestickten Tanztrachten beeinflussen die moderne türkische Mode sehr auffällig.

Die Erforschung der Volkskünste in der Türkei wurde erst nach der Gründung der Republik durch Atatürk zaghaft aufgenommen. Sieht man von der Volksliteratur, Volksmusik und vom Volkstheater ab, so steckt die Erforschung aller anderen volkstümlichen Kunstarten und Gattungen heute noch in den Anfängen. Von manchen kann selbst dies nicht behauptet werden, wenngleich ihre große Fülle und künstlerische Qualität bei zufälligen Begegnungen den Betrachter immer wieder in Erstaunen setzen. Nur die wenigsten türkischen Intellektuellen wissen, daß in Anatolien eine ausgeprägte Tradition der Volksmalerei existiert. Unter dem Eindruck des islamischen Verbots der Abbildung von Menschen und anderen Lebewesen entstand das Vorurteil von der Unmöglichkeit der Volksmalerei. Doch wir wissen heute (dank den Untersuchungen von Malik Aksel), wie reichhaltig das Repertoire der Volksbilder ist. Aksel unterteilt dieses Repertoire in vier Hauptgruppen: Bilder und Zeichnungen zu den Volksgeschichten; Caféhausmalerei; religiöse Bilder; moderne Volksmalerei. Klarheit der Linien, Naivität in der Darstellung, surrealistische Überziehung der Thematik unter dem Einfluß der Volksgeschichten, -legenden und -märchen mit übernatürlichen Figuren und Ereignissen zeichnen diese Bilder in erster Linie aus.

Volksliteratur

Relativ gut wurde in den letzten Jahrzehnten das Gebiet der Volksliteratur erforscht. Der erste, notwendige Schritt für diese Erforschung war das regionale Sammeln von mündlich überlieferten Texten. Ihre schriftliche Fixierung geht nur in seltenen Fällen weiter zurück als unser Jahrhundert. Volksromane mit religiös ausgerichteter Moral, Legenden, Sagen, Märchen, Sprichwörter, Rätsel, formelhafte Redensarten *(tekerlemeler)* und die verschiedensten Formen der Volkslyrik wurden von Volkskundlern, Folkloristen, Literaten und nicht zuletzt von Liebhabern am Ort gesammelt und bis heute in Tausenden von Bändchen veröffentlicht. Dennoch sind die poetologischen Untersuchungen bislang fast ausschließlich auf die Volkslyrik beschränkt geblieben. Mit Hilfe des Tonbandgeräts wurden in den letzten Jahrzehnten auch umfangreiche Archive mit den authentischen Volksliedern angelegt, die nicht unabhängig von der Volkslyrik betrachtet werden können. Der namhafte Literaturhistoriker Pertev Naili Boratav, der sich insbesondere um die Volksliteratur verdient gemacht hat, teilt die Lieder in sechs Gruppen ein und bezeichnet diese als »lyrische Lieder«, »satirische und spöttische Lieder«, »Erzähllieder«, »Arbeitslieder«, »Lieder zu feierlichen Anlässen« und »Tanzlieder«.

Die Anfänge der türkischen Literaturgeschichte, die man heute mit den *Orhun*-Steininschriften beginnen läßt (8. Jh.), sind identisch mit der Geschichte der Volksliteratur. Nicht nur literarhistorisch und soziologisch bedeutende Werke wie der »Diwan« von Kaşgarli Mahmut, der die geläufigen Sprichwörter auf den von Karahanen beherrschten Gebieten enthält, und der »Codex Cumanicus« mit den komanischen Rätseln, sondern auch literarische Höhepunkte wie das »Buch des Dede Korkut«, ein oghusisches Epos, wurden in der Frühzeit der türkischen Volksliteratur hervorgebracht.

Bis zum 11. Jh. bietet die türkische Lyrik mit ihrem silbenzählenden Versmaß ein nationalsprachlich einheitliches Bild. Ein Gedicht bestand aus gereimten, vierzeiligen Strophen, die sowohl formal wie auch inhaltlich zusammengehalten wurden. Das Leben, Lieben, die Heldentaten und Kriege der türkischen Volksstämme waren die vorherrschenden Themen dieser Lyrik. Nach dem 11. Jh., dem Übertritt der Türken zum Islam, kam allmählich die Spaltung zwischen der Volks- und der höfischen Diwan-Poesie in die Entwicklung der türkischen Lyrik. Die türkische Sprache hat sich seit dem 11. Jh. als Umgangssprache des Volkes und in der Volkspoesie erhalten und weiterentwickelt. Sie wurde von den Volksdichtern, die gleichzeitig Musiker auf dem Saiten- und Zupfinstrument *Saz* oder *Cura* waren (*Saz Şairi, Ozan, Aoidos, Rhapsodos*), gepflegt. *Saz* in seinen regional verschiedenen Formen ist zugleich das wichtigste Instrument der Volksmusik und wird dort *bağlama* genannt.

YUNUS EMRE
Du mußt zu mir

Die Lieb' zu dir entriß mich mir
Du mußt zu mir, ich muß zu dir
Tagein tagaus ich brenne hier
Du mußt zu mir, ich muß zu dir.

Am Dasein freue ich mich nicht
Noch das Nichtsein bereue ich
Die Lieb' zu dir nur tröstet mich
Du mußt zu mir, ich muß zu dir.

Yunus wohl heiß' ich, so Gott will
Mein Liebesbrand wächst täglich viel
Diesseits und jenseits ist mein Ziel
Du mußt zu mir, ich muß zu dir.

PIR SULTAN ABDAL
Die gelbe Herbstzeitlose

Gelbe Herbstzeitlose, du
Sag, wo überwinterst du
Warum fragst du, Bruder, sag
In der Erde, ja gewiß

Gelbe Herbstzeitlose, du
Was ißt in der Erde, du
Warum fragst du, Bruder, sag
Esse von der Manna doch.

Gelbe Herbstzeitlose, du
Vater, Mutter hast du dort
Warum fragst du, Bruder, sag
Regen und die Erde doch.

Unabhängig von der Diwan-Dichtung sind die Volksdichter ihre eigenen Wege gegangen, und sie haben in ihren Gedichten hervorragende Zeugnisse poetischer Ausdrucksweise geschaffen, die im Gegensatz zur Diwan-Lyrik dem heutigen Leser ebenso verständlich und zugänglich sind, wie sie es ihren Zeitgenossen waren, weil ihre sprachliche Grundlage immer die gesprochene Sprache des Volkes war. Dabei haben die Volkslieder keineswegs nur Äußerlichkeiten besungen. Der heutige Leser muß sich in den Gehalt dieser Gedichte ebenso hineinarbeiten wie die Zeitgenossen der Dichter. Sie stehen im Wandel der Zeiten neuen Interpretationen durchaus offen.

Um beispielsweise einen Yunus Emre, der im 13. Jh. lebte und wirkte, heute zu verstehen, muß man seinen höchst originären poetischen Beitrag zur islamischen Metaphysik kennen und ihn zugleich zeitgemäß interpretieren. Yunus Emres 600 Jahre altes poetisches Werk wird immer zu den Höhepunkten des literarischen Schaffens der Menschheit zählen, obgleich das Ausland auf ihn bis heute noch kaum aufmerksam wurde.

Die Aufnahme der türkischen Volkspoesie durch die modernen Dichter greift bis auf Yunus Emre zurück. Nach ihm erreichte die Volkspoesie – ähnlich wie die Diwan-Dichtung – im 17. und 18. Jh. ihren Höhepunkt. Dichter wie Köroğlu und Pir Sultan Abdal (16. Jh.), Karacaoğlan und Aşik Hasan (17. Jh.), Bayburtlu Zihni (18. Jh.) konnten ebenso große Vertreter der Diwan-Lyrik wie Nedim und Şeyh Galib (beide 18. Jh.) beeinflussen. Der Einfluß der Volkslyrik auf die Diwan-Dichter setzte sich zunehmend fort. Man besann sich im 19. und 20. Jh. (nicht ohne Einfluß geistiger und literarischer Bewegungen aus Westeuropa) auf die Qualitäten der eigenen volkstümlichen Tradition. Im Prozeß der nationalen Bewußtwerdung wurde die silbenzählende Volkslyrik um die Jahrhundertwende zur Nationallyrik erklärt. Diese Entwicklung hielt bis in unsere vierziger Jahre an. Dadurch verloren zwar die musizierenden Volksdichter selbst mehr und mehr ihre Bedeutung, aber der Einfluß der überlieferten Volkspoesie wurde nun allenthalben spürbar. Die modernen Dichter haben sogar die Volkstümlichkeit des Gedichts zum poetischen Programm erhoben.

Der letzte bedeutende Volksdichter war der im Jahre 1973 79jährig verstorbene Aşik Veysel. Von ihm zu Yunus Emre kann eine direkte Entwicklungslinie über 600 Jahre zurückverfolgt werden. Auch bei Veysel wird die gereimte, vierzeilige Strophe im Gedicht hervorgehoben. Das Gedicht entwickelt sich Schritt für Schritt von einer zur anderen Strophe und rundet sich einheitlich ab. Eine relative Verdinglichung und Versachlichung der Sprache und Motive im Vergleich zu Yunus Emre ist festzustellen. In Veysels bekanntem Gedicht *Toprak* (Erde) tritt zum Beispiel an die Stelle der Identifizierung des lyrischen Ichs mit dem Gott-Abstraktum eine Identifizierung mit der konkreten Erde, die bei Veysel die Grundlage der

KARACAOĞLAN
Alapinar

Alapinar, Marmorbecken pur
Am Himmel vieler Kraniche Spur
Deine Locken sind gewunden
Blumen sollst du pflücken für mich.

Alapinar, schwarz ist dein Stein
Doch dein Antlitz gleicht dem Mondenschein
Und dein Gang fängt wiegend mich ein
Rosen sollst du pflücken für mich.

Liebste mit dem wiegenden Gang
Es wird mir vor deinem Blick bang
Dein Duft gleicht dem vom Almenhang
Blumen sollst du pflücken für mich.

Karacaoğlan spricht dieses Wort
Alle Welt hofiert deinen Hort
Der Geliebten einen Gruß fort
Ihn schnell sollst du schicken für mich.

AŞIK VEYSEL
Die Sprache der Blumen

Krokus spricht: Ich bin die Schönste
Ich bin deine Plage, Liebster
Von den Blumen hier die schönste
Gibt es schön're Blumen als mich.

Hyazinthe spricht: Ich bin zierlich
In steilen Felsen steck' ich
Blau mein Kleid, mein Auge himmlisch
Gibt es schön're Blumen als mich.

Die Narzisse spricht: Ich bin rank
Meine Blätter Reih und Glied blank
Reiht mich um den weißen Hals schlank
Gibt es schön're Blumen als mich.

Tulpe spricht: Oh, du mein Gott, ach
Warum ist mein Hals gebogen
Bin dem Liebsten fern gezogen
Gibt es schön're Blumen als mich.

menschlichen Existenz bedeutet. Die poetische Sprechweise wechselt zwischen versachlichtem, realbezogenem und volkstümlich naiv-symbolischem Sprechen.

Die wichtigsten Gedichttypen der silbenzählenden Volkslyrik sind *Mâni, Koşma, Varsaği, Semai, Destan und Türkü*. – *Mâni* ist der verselbständigte, spontan gesprochene Vierzeiler, in dem entweder die erste, zweite und vierte Zeile miteinander gereimt sind oder die erste mit der dritten und die zweite mit der vierten. *Koşma* ist die verbreitetste Form der Volkslyrik, die gewöhnlich aus drei bis fünf Vierzeilern besteht. Daher liegt *Koşmas* Besonderheit weniger in seiner äußeren Form, als vielmehr in der allein ihm eigenen Melodie. Überhaupt werden die genannten Typen, deren einheitliche Grundform der Vierzeiler ist, durch ihre verschiedenen Melodien und Themenbereiche unterschieden und gekennzeichnet. So unterscheidet sich *Varsaği* von *Koşma* neben der besonderen Melodie durch eine natürlich burschikose Redeweise. *Semai* besingt die Themen Liebe, Natur, Trennung u. a. auf eine leichtere Weise als *Koşma*. *Destan* ist das volkstümliche Epos, Erzählung in gebundener Rede. In ihm erzählt der Dichter nicht nur von seiner Liebe, sondern auch von bedeutenden Ereignissen in der Gesellschaft, und es entspricht so der europäischen Form der Ballade. *Türkü* schließlich bedeutet die Liedform mit der den Türken eigenen Melodie. Außer diesen silbenzählenden Typen des Volksgedichts bzw. des Volkslieds gibt es auch volkstümliche Gedichtarten, die von der höfischen Diwan-Poesie beeinflußt sind und sich deren Versmaß *Aruz* angeeignet haben. Die türkischen Volksdichter waren jedoch in den Formen des silbenzählenden Versmaßes weitaus erfolgreicher als in den Gedichten nach *Aruz*.

Eine Ausnahme bildet dabei das religiöse Epos *Mevlid* von Süleyman Çelebi (14. und 15. Jh.). Dieses etwa 800 Zweizeiler umfassende, nach einem Versmaß des *Aruz* gedichtete Werk wurde 1409 abgeschlossen und ist seitdem wohl das meistgelesene religiöse Dichtwerk türkischer Sprache. In ihm wird nach der einleitenden Anflehung Gottes die Geburt und Gesandtschaft des Propheten Mohammed, die Offenbarung Gottes zu ihm und sein Tod in schlichtem, volkstümlichem Türkisch, doch in einer zutiefst empfundenen Hingabe erzählt. Bitten um die Vermittlung des Propheten beim allmächtigen Schöpfer und Gebete schließen das Gedicht ab. Seit Jahrhunderten wird dieses Lobgedicht auf den Propheten nicht nur am Todestag des Propheten feierlich gesungen, sondern auch zu Anlässen wie am 40. Todestag eines Familienangehörigen, auch vor einem Beschneidungsfest. Die einfache, verständliche Sprache und die schlichte, aber ergreifende Darstellung erklären den überwältigenden und dauerhaften Erfolg dieser Dichtung.

Die personifizierte Kulmination des türkischen Volkshumors ist Nasred-

Orhan Veli Kanik
Nasreddin Hodscha
Mit sich selbst verwechselt

Als Hodscha selig im Basar
Wieder einmal zum Bummeln war,
Spricht er dort irgendeinen an.
Er mag des Mannes netten Ton
Und denkt: »Wie schön spricht dieser Mann!
Verscheucht sind meine Sorgen schon.«
Schließlich wollen sie sich trennen;
Da will Hodscha seinen Namen kennen:
– »Verzeiht, Nachbar, wie werdet Ihr genannt?«
Darauf dieser wutentbrannt:
– »Wenn du mich nicht kanntest«, ist die Antwort,
»Warum dann sprachst du mit mir immerfort?«
Hodscha verschlägt es die Sprache.
Recht hat er, wie er auch heißt.
Doch bei jeder vertrackten Sache
Ist Hodscha ein Erfindergeist!
Dem Mann schenkt er reinen Wein ein:
– »Dein Turban ist ganz der meine;
Deine Schleife ist die meine;
Ich dachte, ich bin dieser Mann.
Das muß der Grund gewesen sein.«

din Hodscha, dessen Geschichten bis heute frisch und lebendig geblieben sind. Seine Streiche sind seit Jahrhunderten über die Landesgrenzen hinaus bekannt und vor allem in asiatischen Ländern weit verbreitet. Genaues über die Person Nasreddin Hodschas wissen wir nicht. Literaturhistoriker und Volkskundler vermuten, daß er im 13. Jahrhundert im Seldschukischen Reich in Sivrihisar geboren und in Akschehir gestorben ist. Er soll als Lehrer, Priester, Kadi und Weiser gewirkt haben. In vielen seiner Geschichten taucht er in diesen und ähnlichen Rollen auf. Andere wiederum schließen aus Geschichten Hodschas über den mongolischen Herrscher Tamerlan (spätes 14. Jahrhundert), daß beide Figuren Zeitgenossen gewesen seien.

Wie dem auch sei, der historisch-reale Nasreddin Hodscha wird mit der Hauptfigur Hunderter von überlieferten Geschichten nicht sehr viel gemein haben. Denn die klugen Scherze, die humorig tiefgründigen, ironischen Witze, die lebensphilosophischen Bruchstücke, die in diesen Geschichten von Mund zu Mund an uns weitergegeben worden sind, sind nicht von einer einzigen realen Person zu erleben, zu erdenken und zu erfinden. Das anatolische Volk hat sich in den Jahrhunderten einen Nasreddin Hodscha geschaffen, mit dem es sich identifizieren konnte, der all die Eigenschaften des anatolischen Menschen in sich vereint: klug, ausgelassen, elementar tiefgründig auf der einen, schlagfertig, witzig und ironisch auf der anderen Seite. So muß man die Frische und Wirkung dieser Geschichten heute noch auf ihre volkstümliche Anonymität zurückführen.

Die Volkskünste erhielten in der Vergangenheit nicht nur von offizieller Seite keine Förderung, sondern auch von den Intellektuellen des Landes. Dies galt insbesondere für die osmanischen Intellektuellen in der Metropole Istanbul. Noch mehr: Seit dem Aufkommen der sogenannten Europäisierungstendenzen unter den osmanischen Intellektuellen im letzten Jahrhundert wurden sie sogar offen verpönt und wirksam bekämpft. Diese Tendenz hielt auch in den ersten Jahrzehnten der Republik an. Davon waren in erster Linie die Formen des Volkstheaters, das Schattenspiel *Karagöz*, das Einmannspiel *Meddah* und das Stegreifspiel *Orta Oyunu*, die Volksmusik und die Volksdichtung betroffen. Sie wurden als Hindernis auf dem Weg zur Modernisierung dargestellt. Da die Formen des Volkstheaters in den osmanischen Städten verwurzelt waren, konnten die »modernen Intellektuellen« sie auch am effektivsten, nämlich zu Tode bekämpfen, während Volksmusik und Volksdichtung bis heute überlebten, wenn auch in den tradierten, verbrauchten Formen.

Eine neue Wende im Bewußtsein städtischer Künstler wertete die Volksmusik und die Volksdichtung seit den sechziger Jahren wieder als reichhaltige und unverzichtbare Quellen für die Weiterentwicklung in der Musik und in der Dichtung auf. Auch diese Aufwertung funktioniert aber gegen die Fortexistenz der authentischen Formen und Stile, was eine Folge der Urbanisierung dieser Gattungen durch die städtischen Intellektuellen in einer zunehmend industrialisierten Gesellschaft ist. Dennoch führen die dörflichen und ländlichen Vertreter ihren Überlebenskampf, das heißt den Überlebenskampf der tradierten Art und Weise dieser Künste, bis heute fort. Dieser Überlebenskampf wird auch so lange dauern, bis die Urbanisierung und Industrialisierung die bis heute überwiegend dörfliche Struktur der Türkei aufgelöst und umgestaltet hat.

Eine auffällige Entwicklung ist in diesem Zusammenhang zu beobachten unter den rund zwei Millionen Türken in den westeuropäischen Ländern. Dort befinden sie sich in einem Kampf um Wahrung ihrer Identität. Sie versuchen dies nicht zuletzt durch Konservierung ihrer mitgebrachten Lebensformen. So erfahren auch die Volkskünste, insbesondere die Volksmusik und die Volksdichtung durch die Konservierung althergebrachter Formen eine gewisse »Belebung«. Es wird interessant sein zu beobachten, wie sich die Entwicklung der Volkskünste in der Türkei und unter den Türken in Westeuropa zueinander verhalten wird.

Die Gedichtbeispiele sowie das Motto-Gedicht dieses Bandes stammen aus »Lieder zwischen Vorgestern und Übermorgen« und »Das Wort des Esels«, erschienen im Ararat Verlag, Berlin, aus dem Türkischen von Yüksel Pazarkaya.

Tips zum Weiterlesen

Holzmeister – Fahrner: *Bilder aus Anatolien*. Höhlen und Haine in Kappadokien. Wien 1955.
Kanik, Orhan Veli – Pazarkaya, Y.: *Das Wort des Esels – Geschichten von Nasreddin Hodscha*. Dt.-Tü. Stuttgart 1979.
Livaneli, Zülfü: *Lieder zwischen Vorgestern und Übermorgen*. Dt.-Tü. Berlin 1981.
Michaelis, Ruth: *Lieder aus der Türkei*. Gesammelt, hrsg. und ins Deutsche übertragen. Hamburg 1960; 1 Schallplatte.
Reinhard, Ursula (Hrsg.): *Vor seinen Häusern eine Weide … – Volksliedtexte aus der Südtürkei*. Berlin 1965
Reinhard, Ursula und Kurt (Hrsg.): *Auf der Fiedel mein … – Volkslieder von der osttürkischen Schwarzmeerküste*. Berlin 1968.
Türkische Märchen. Hrsg. und übersetzt von Adelheid Uzunoğlu-Ocherbauer. Frankfurt 1982.
Yunus Emre/Pir Sultan Abdal: *Dağlar ile Taşlar ile / Mit Bergen mit Steinen*. Nachdichtungen und Randtexte: Gisela Kraft. Berlin 1981
Ziya, B.: *Grundlegung einer türkischen Erziehung aus türkischem Volkstum*. Gießen 1937.

Die Lyrik:
Vom Diwan zur Moderne

Die türkische Lyrik wurde in Europa lange Zeit als formale Nachahmung der persischen Meister mißverstanden und vernachlässigt. Neuere Studien und Übersetzungen, die mit der sechsbändigen »History of Ottoman Poetry« von E. J. W. Gibb ansetzen, gingen in mehr oder weniger gebührender Weise auf die besonderen Eigenheiten der osmanischen Poesie ein. Seit etwa zwei Jahrzehnten findet die moderne türkische Lyrik durch einzelne Vertreter wie in Gesamtdarstellungen auch im Ausland verstärkt Beachtung und Zuspruch.

Die Geschichte der Diwan-Poesie beginnt im 11. Jahrhundert und geht bis zur Mitte des 19. Jahrhunderts. Die tiefgreifende Veränderung im Leben türkischer Volksgruppen durch den Übertritt zum Islam wirkte auch auf die türkische Sprache und Literatur verändernd. Unter dem Einfluß islamischer Kultur entstand die Diwan-Poesie und entwickelte unverwechselbare, höchst eigene Kriterien des poetischen Redens.

Das arabische Versmaß-System *Aruz* kennzeichnet die Diwan-Lyrik. Es basiert auf dem Wechsel langer und kurzer Silben, die sich je nach gehaltlicher Aussage des Gedichts nach verschiedenen Metren als Gußformen anordnen. Die islamische Kultur, vor allem die persische Literatur, die sich zuerst das arabische Versmaß *Aruz* angeeignet hatte, übte auf die intellektuellen Türken, die an den islamischen Hochschulen, den Medressen, stuierten, starken Einfluß aus. Das klassisch-islamische Versmaß *Aruz* fand über die Medressen Eingang in die türkische Lyrik. In dem bekannten Werk *Kutadgu-Bilig* von Yusuf Has-Hacib treffen wir es zum ersten Mal (1069/1070).

Aruz hat auf die türkische Sprache zutiefst verändernd gewirkt, weil sie für dieses Versmaß denkbar ungeeignet war und ist. Die türkischen Dichter wählten anfangs besonders solche Aruz-Formen, die dem nationalen silbenzählenden Versmaß näherstanden. Die beiden charakteristischen Merkmale der türkischen Sprache, die Vokalharmonie und die oft gleich langen Silben im Wort, widersprechen dem Wesen des *Aruz*, das sich aus den Besonderheiten der arabischen Sprache entwickelte und gerade den Wechsel langer und kurzer Silben und vokalische Disharmonie im Wort voraussetzte, was den besonderen rhythmischen Fluß und die eigentümliche Melodie des Diwan-Gedichts bewirkte.

Die intellektuellen Türken von damals sahen, beeindruckt von den persischen Meistern, die einzige Möglichkeit, sich *Aruz* anzueignen, darin, die türkische Sprache mit arabischen, persischen Wörtern und Regeln zu durchsetzen und türkische Wörter zu verballhornen. So entstand eine poetisch gewiß reizvolle Kunstsprache, die nicht nur die Sprache der osmanischen Diwan-Dichtung, sondern auch die Staatssprache wurde. Auf dem Höhepunkt dieser Dichtung enthielt die osmanische Sprache bis zu 80 Prozent Wörter und Regeln arabischer und persischer Provenienz. Ihr Adressat waren der Hof, seine Umgebung und die wenigen Intellektuellen, die selbst im Dienst des Hofes standen. Sie und ihre Staatsordnung brachten diese Dichtung hervor, und mit ihrem allmählichen Niedergang mußten auch die osmanische Sprache und die höfische Diwan-Poesie langsam dahinsterben.

Die Anfänge der Diwan-Dichtung sind noch durch relativ starke Abhängigkeit von den Formen und der Sprache der Volksdichtung gekennzeichnet. Erst im 14. Jahrhundert erreicht ihre Entwicklung eine Eigenständigkeit im lyrischen Sprechen. In Şeyhis Gedichten, der in der zweiten Hälfte des 14. Jahrhunderts lebte, gewannen die Formen der Diwan-Lyrik zum ersten Mal Präzision. Er wirkte über seine Zeit hinaus auf spätere Diwan-Dichter. Seine bekannte Verserzählung *Har-nâme* (Eselsschrift) zählt zu den hervorragenden Beispielen des satirischen und zeitkritischen Gedichts in der türkischen Literatur.

Während bei Şeyhi noch Spuren der islamischen *Tasavvuf*-Mystik, die zum poetischen Inhalt der Gedichte von Volksdichtern wie Yunus Emre (13. Jahrhundert), Nesimi (14. Jahrhundert) und Süleyman Çelebi (15. Jahrhundert) wurde, unverkennbar sind, streift dies der größte Diwan-Dichter des 15. Jahrhunderts, Ahmet Pascha, von seinen Gedichten ab. Ihm, der durch seinen ehemaligen Schützling Sultan Mehmet II. den zweithöchsten Posten im Staat, den des Großwesirs, erhielt, gelang es zum ersten Mal, die überlieferten Formen des *Aruz* durch neue, spezifisch türkische wie die des späteren Şarki zu bereichern. Spätestens mit ihm wurde die höfische Diwan-Lyrik trotz ihrer arabisch-persischen Provenienz eine osmanisch-türkische Spezies.

Ahmet Pascha, dessen Nachwirkungen bis ins 19. Jahrhundert hinein anhielten, schätzte seinen jüngeren Zeitgenossen Necati (gestorben 1509) besonders. Auch Necati arbeitete als Sekretär im Dienste zuerst Sultan Mehmets II., nach dessen Tod Sultan Beyazits II. Ihm gebührt, über Ahmet Pascha hinaus, das Verdienst, die persischen Einflüsse durch Verwendung von volkstümlichen und lebensnahen Redewendungen sowie durch sprichwörtliches Reden im Gedicht weiter zu kompensieren und zu einem relativ lebens- und wirklichkeitsnahen lyrischen Sprechen im Diwan-Gedicht zu gelangen.

Die syntaktische Einheit im Diwan-Gedicht ist der Zweizeiler, *Beyit*. *Beyit* ist jedoch nicht nur die formale, sondern zugleich die gehaltliche Einheit. Die Disparität der Zweizeiler macht diese innerhalb eines Gedichts austauschbar. Das führte zu einer verfeinerten, äußerst kunstvollen und sehr stabilen sprachlichen Arbeit am Beyit, dem Zweizeiler. Der Austauschbarkeit des Zweizeilers im Gedicht wird die absolute Unverwechselbarkeit des Wortes im Zweizeiler entgegengehalten. Die Motive Liebe, Rose, Nachtigall, Wein u. ä. wurden mit der Zeit für die Meister der Diwan-Lyrik nur noch Mittel zum Zweck eines hochstilisierten sprachlichen Kunstgebildes. Die Behauptung, daß dieser Lyrik jeglicher Realbezug fehlte, muß vorsichtig aufgenommen und geprüft werden. Ihr Gegenstand war sicherlich nicht die gemeine Wirklichkeit des Volkes. Und die osmanische Sprache legte sich zwischen sie und das Volk als eine unüberwindliche Barriere. Den Realbezug dieser Dichtung sollte man daher in der Wirklichkeit des Hofes und seiner Umgebung suchen. Das vor allem in der Stagnations- und Verfallsphase des Reiches indifferente und infizierte Hofleben findet in der von der Wirklichkeit des Volkes entrückten und entfremdeten osmanischen Sprache seine sprachliche Entsprechung. Ebenso ist das Naturverständnis in der Diwan-Lyrik auf die *gemachte* Natur der Tulpen- und Rosengärten bezogen. Das lyrische Ich erfährt in solcher Umgebung kein anderes Erlebnis als eine untertänige, unterwürfige Ergebenheit. Dieser Erlebnisfadheit gegenüber steht ein völlig abstraktes, verinnerlichtes Erlebnis, das sich in der feinen, labyrinthischen Sprachstruktur der Gedichte manifestiert. Die Fülle der Metaphern, Bilder, Vergleiche, Chiasmen, Sprach- und Klangspiele gibt die Mittel für ein kunstvolles sprachliches Gewebe.

Neben den zweizeiligen Stropheneinheiten (in den Formen *Kaside, Ghasel, Müstezat, Mesnevi*) kennt die Diwan-Lyrik auch vier- oder mehrzeilige Strophen (wie in den Formen *Rubai, Musammat, Şarki, Terkib, Terci*).

Die Blütezeit des Osmanischen Reiches brachte auch in der Diwan-Poesie große Namen hervor, die nicht nur ihre persischen Vorbilder übertrafen, sondern auch neue, spezifisch türkische Formen für das *Aruz*-Versmaß entwickelten *(Şarki, Tuyug* u. a.). Fuzuli (1495–1556) zählt zu den bedeutendsten Diwan-Dichtern. Gleichzeitig ist er einer der ganz wenigen, die nicht in der Metropole Istanbul, unmittelbar am Hof, wirkten. Die Mäzene der Diwan-Dichter waren die führenden Persönlichkeiten des Staates, an deren Spitze oft der Sultan selbst. Sultane, Wesire, Paschas nahmen die bedeutenden Dichter der Zeit unter ihren Schutz, förderten sie materiell. Der größte Name stand selbstverständlich stets dem Sultan zu. Manche Sultane waren selbst Dichter wie etwa Sultan Murat II., Sultan Mehmet II., Kanuni Sultan Süleyman. Diese Förderung wurde keinem der Volksdichter zuteil, die sich nicht selten, im Gegensatz zu der zwangsläufig ausgeprägten Form des Lobgedichts *Kaside* in der Diwan-Dichtung, in ihren Gedichten gegen die Unterdrückung durch den Staat und seine Führer stellten.

Kaside war dementsprechend die abgegriffenste Form, an der die innere Teilnahme des Dichters in den meisten Fällen fehlte. Es war eine Pflicht-übung gegenüber den Förderern. Selbst bei so einem großen Dichter wie Fuzuli sind die Kasides von einer Überzogenheit unnatürlichen Sprechens gekennzeichnet. Fuzuli lebte und wirkte in Bagdad und verließ den Irak nie. Er schrieb Lobgedichte sowohl für den safewidischen Eroberer Bagdads, Schah Ismail, als auch für den osmanischen Sultan Kanuni Süleyman, der 1534 Bagdad eroberte. Doch er wagte auch die berühmt gewordene Beschwerdeschrift, als sich die Auszahlung seiner durch den Sultan verfügten Pension hinauszögerte. In seiner *Şikayetname* ging er auch auf manchen sozialen Mißstand ein. Den Realitätsbezug bei Fuzuli macht die zu einem geflügelten Wort gewordene Zeile deutlich: »Sie verschmähten meinen Gruß, weil er keine Bestechung war.«

Zu den Höhepunkten der Diwan-Dichtung zählen jedoch seine *Ghasels* und *Mesnevis*. In ihnen manifestiert sich einer der lyrischsten türkischen Dichter überhaupt. Fuzuli, der Türkisch wie Arabisch und Persisch von früher Kindheit an gleichermaßen beherrschte, genoß eine islamisch-sufistische Erziehung, die sich im Gehalt seiner Gedichte, vor allem seines großen Epos' *(Mesnevi)* um das alte islamische Liebesmotiv »*Leyla* und *Mecnun*« niederschlug. Das Epos erzählt den Werdeprozeß einer großen, göttlichen Liebe, die sich in der absoluten Verinnerlichung beziehungsweise Vereinheitlichung der beiden Geliebten vervollkommnet, so daß der liebende Mecnun auf der endlosen Suche nach der geliebten Leyla deren Sein außerhalb der eigenen Existenz schließlich nicht mehr dulden kann, nicht einmal in den Augen der Wüstengazelle, die den Augen der Geliebten so sehr ähnelt. So wird die in dem Besessenen verschmolzene, göttliche Liebe gleichsam zu einer mythisch-tragischen Liebe. »Tödlich wirkt die Trennung von dir/Bewundernswert die Lebenskünstler, die leben können getrennt von dir.« Und die Trennung meint hier schlicht die Spaltung in zwei Existenzen. Göttliche Liebe vereint zu einer einzigen Existenz. Fuzulis poetisches Werk wirkt auch nach dem Ende der höfischen Diwan-Poesie heute noch unvermindert auf die türkischen Intellektuellen weiter. Diese Wirkung geht nicht nur vom kunstvoll verwobenen sprachlichen Gebilde aus, sondern zugleich von der ambivalenten Redeweise des Dichters. In ihr sind Profanes und Metaphysisches so unzertrennlich miteinander verschränkt, daß sie sich immer zu neuen Aspekten eröffnet.

Völlig profan blieb dagegen Baki (1526–1600), der Hofdichter Kanuni Sultan Süleymans und einer der größten Diwan-Dichter überhaupt. Seinen Gedichten *(Ghasels* und *Kasides)* eignet eine Art epikureische Betrachtungsweise des Lebens und eine höchst harmonische sprachliche Gestaltung. Zu seinen Lebzeiten wurde er über die Landesgrenzen hinaus als der »Sultan der Dichter« berühmt und beeinflußte viele Dichtergenerationen. Das poetische Sprechen innerhalb der Diwan-Lyrik errreichte mit Baki den absoluten Höhepunkt und gemahnte an die großen persischen Meister wie Hafiz. Seine fein verzierte, von Sprachspielen und lyrischen Kunstgriffen, Metaphern und Bildern durchwobene Sprache weist sich trotz der Intensität der eingesetzten Mittel durch die Präzision des lyrischen Redens aus. Berühmt wurde auch seine siebenteilige Trauerode auf den Tod Kanuni Sultan Süleymans.

Der Meister des Lob- wie des Schmähgedichts in der Diwan-Lyrik ist Nef'i (1572–1635). Sein Gönner Sultan Murat IV. ließ ihn in der Holzdiele des Serails erhängen, als Nef'i sein dem Sultan gegebenes Wort, keine Schmähgedichte mehr zu schreiben, brach und eins über den Wesir Bayram Pascha schrieb. Seine Lobgedichte auf die drei Sultane, in deren Herrschaftszeit er lebte, sind von einer guten *Kaside*-Technik und kraftvollem Sprachfluß gekennzeichnet.

Der Vertreter des lehrhaften Diwan-Gedichts ist Nabi (1642–1712). Er lebte in der Stagnationszeit des Reiches und kannte aus eigener Anschauung die sozialen Anzeichen der Dekadenz in der osmanischen Gesellschaft, die er vom Standpunkt des Volkes, des einfachen Mannes aus in seinen Gedichten reflektiert. Seine Sprache paßte er der Sprach- und Gefühlslage des Volkes an und erlangte dadurch und durch seinen oft didaktischen Standpunkt große Popularität. Seine Gedichte wenden sich durch diesen Gehalt von der Diwan-Klassik ab und prägen einen neuen Typus des Diwan-Gedichts, der in der Verfallsphase des Reiches im 19. Jahrhundert von vielen Dichtern wieder und verstärkt aufgenommen wird.

Der große Meister der höfischen Diwan-Poesie im 18. Jahrhundert hieß Nedim. In seinen subtilen Gedichten reflektiert zwar eine kurze, doch eine der interessantesten Epochen der osmanischen Geschichte: *Lale Devri*, die Tulpen-Epoche (1718–1730). Unter Sultan Ahmet III. beziehungsweise seinem Wesir, Damat Ibrahim Pascha, erlebte die Metropole einen neuen Aufschwung. Im leicht spielerischen Sprachfluß der Gedichte Nedims schwingt das süße Leben dieser Zeit mit, die mit ihren farbenprächtigen Tulpenbeeten und ihrem sehr bewegten Lebensstil eine süße Epoche blieb und von einem Aufstand (Patrona Halil) beendet wurde. Auch Nedim, der unverwechselbare Dichter dieser Episode, fand dabei den Tod. Innerhalb der Diwan-Lyrik erreichte das Istanbuler Türkisch durch seine Gedichte höchste poetische Brisanz und Geltung, vor allem in der von ihm geprägten neuen Form *Şarki.*

Wohl der letzte große Diwan-Dichter ist Şeyh (Scheich) Galib (1757–

1799). Er gab dem mehr oder weniger erstarrten, sich mehr schlecht als recht wiederholenden Diwan-Gedicht neue thematische wie sprachliche Impulse. Wie jeder Diwan-Dichter hatte Şeyh Galib auch seinen Diwan, die Gedichtsammlung nach einer bestimmten Anordnung der Gedichte, die er schon mit 24 Jahren zusammenstellte. Sein bekanntestes Werk ist jedoch das Epos *Hüsn ü Aşk* (Schönheit und Liebe), das er auf eine Wette hin innerhalb von sechs Monaten niederschrieb. Galib, der zum Mevlevi-Orden gehörte, erweiterte und erneuerte die Sprache der Diwan-Poesie durch neue Metaphern und Bilder einer eigenen Redeweise.

Abkehr von der Diwan-Poesie

Wir charakterisierten nur einige Namen aus der großen Schar der Diwan-Dichter. Mit dem beginnenden Niedergang und Zerfall des Reiches setzt auch der Fall der Diwan-Poesie ein, der sich zunächst in der Erstarrung überkommener Formen, Sprache und Bilder manifestierte. Der selbst in Schwierigkeiten geratene Hof braucht keine Hofpoeten mehr. Die Dichter gehören zu den ersten, die sich der eingetretenen Krise, des unaufhaltsamen Falles bewußt werden. Die hohngeladenen, satirischen Gedichte eines Nef'i beispielsweise reflektieren früh dieses Bewußtsein, wenngleich das dem Dichter den Hals kostete. Das sprachliche Kunstgebilde der klassischen Tradition wird nunmehr für die Dichter des 19. Jahrhunderts zu einem Irrgarten. Sie suchen für ihr lyrisches Handwerk nach neuen Orientierungskriterien und gelangen über den Umweg der westeuropäischen, insbesondere der französischen Literatur zu neuen Themen und Formen. In der zweiten Hälfte des 19. Jahrhunderts streben sie einen neuen sprachlichen und thematischen Realbezug an und werden so zu einer politischen Gefahr für den Hof. Während in der klassischen Diwan-Lyrik solche Verse wie Bakis: »*Von Dauer ist unter diesem Gewölbe ein angenehmes Echo*« zum geflügelten Wort wurden, gingen jetzt Zeilen wie: »*Unmöglich die Vernichtung der Freiheit durch Unterdrückung und Marter / Versuch, beseitige den menschlichen Geist, wenn du kannst*« (Namik Kemal) oder: »*Ein Dichter mit freier Meinung, freier Bildung, freiem Gewissen bin ich*« (Tevfik Fikret) von Mund zu Mund.

Die Umkehrung der Funktion der Poesie ist ganz deutlich. An die Stelle der sprachlichen Artistik treten die neuen Themen. Das sprachliche Kunstgebilde wird zum Politikum. Während die Artistik zur äußersten Subjektivierung, zum Individualstil führte – jeder Dichter hatte seinen eigenen, besonderen Stil, seinen eigenen Diwan –, bedeutet die gemeinsame Thematik eine soziologisch begründete Objektivierung, die auch auf die Form übergreift. So formieren sich nun zum erstenmal in der Diwan-

Dichtung literarische Bewegungen, Schulen und Stilrichtungen, die gleichsam die Abkehr vom Diwan bedeuten.

Mit *Tanzimat Edebiyati* (der Literatur der 1839 ausgerufenen konstitutionellen Monarchie), das heißt der literarischen Reformbewegung, deren Vertreter auf dem Gebiet der Lyrik Şinasi (1826–1871), Ziya Paşa (1825–1880), Namik Kemal (1840–1888), R. Mahmut Ekrem (1847–1914), Abdülhak Hamit Tarhan (1852–1937), Muallim Naci (1850–1893) waren, beginnt die moderne türkische Literatur. Stärker als die Bewegung der *Tanzimat*-Literatur zeigt *Edebiyat-i Cedide* (Die neue Literatur) einen disziplinierten und programmierten Gruppencharakter. Diese Bewegung sammelte sich um die 1896 gegründete literarische Zeitschrift *Servet-i Fünun* und dauerte bis zum offiziellen Verbot dieser Zeitschrift im Jahre 1901. *Edebiyat-i Cedide* lehnte die Diwan-Dichtung ab und wandte sich verstärkt den europäischen Literaturen zu. Der französische Symbolismus beeinflußte die Lyrik, verbunden mit romantischem Kritizismus (Tevfik Fikret 1867–1915; Cenap Şahabettin 1870–1934; Celal Sahir Erozan 1883–1935 u. a.).

Diese Bewegung und andere leiteten mit den Tendenzen zum kritischen Realismus und zur gesprochenen Sprache bereits die türkische Moderne ein. In der Epoche der sogenannten nationalen Literatur – in der Zeit des endgültigen osmanischen Zusammenbruchs und der nationalen Befreiungsbewegung (etwa 1910 bis 1923) – und in der Literatur der Republik (nach 1923) wurden diese Tendenzen weiterentwickelt. Und in diese Zeit, in die Zeit der Republik, fällt der eigentliche Durchbruch zur Moderne.

Lyrik der Republik

Gegen Ende des 19. Jahrhunderts, aber vor allem in unserem Jahrhundert nach der Ausrufung der Republik durch Atatürk, 1923, vollzog sich auf der sprachlichen Ebene eine Umwälzung revolutionären Ausmaßes. Auf der Suche nach der nationalen Identität, welche eine existentielle Voraussetzung für den neuen von Atatürk auf dem Trümmerhaufen des alten Osmanischen Vielvölkerstaates gegründeten Nationalstaat war, wurde eine tiefgreifende Reformbewegung eingeleitet. 1928 verkündete Atatürk anstelle der arabischen Schrift das neue Alphabet auf lateinischer Grundlage, das die Besonderheiten der türkischen Sprache unvergleichlich besser und eindeutiger in die Schrift umsetzte und das auch wesentlich einfacher zu erlernen war als die arabische Schrift. Parallel dazu wurde die Reinigung der Kanzlei- und Schriftsprache von arabischen und persischen Fremdelementen eingeleitet. Atatürk lieferte den ideologischen Rahmen dazu und gründete zur erfolgreichen Durchführung das Türkische Sprachinstitut (TDK) in Ankara. Heute zählt Osmanisch zu den toten Sprachen, was zur Folge hat, daß zumindest die sprachliche Dualität von Diwan-Dichtung und Volksdichtung heute vollkommen aufgelöst ist. Die beiden diametral verlaufenden Entwicklungsbahnen wurden mehr oder weniger zueinander geführt. Die beiden letzten, modernen Vertreter der Diwan-Tradition waren Yahya Kemal Beyatli (1884–1958) und Ahmet Haşim (1885–1933). Aşik Veysel (1894–1973) war der letzte bedeutende Vertreter der Volksdichtung, welche im Gegensatz zur Diwan-Tradition mit zahlreichen, wenn auch nicht so überragenden Volksdichtern weiterlebt.

Mit Yahya Kemal Beyatli und Ahmet Haşim erlebt die Diwan-Lyrik einen letzten Aufschwung innerhalb der Moderne. Yahya Kemal zeigte auch darin großes Geschick, rein türkische Wörter dem Aruz anzupassen und ihnen ungewohnte rhythmische Möglichkeiten und Reize abzugewinnen. Ausgerechnet dieser letzte Diwan-Dichter sollte auch die natürliche Maxime der Säuberung der türkischen Sprache sprechen: »Die Sprache in meinem Mund ist die Milch meiner Mutter.« Seine Lyrik ist keine Fortsetzung der Diwan-Lyrik, sondern ihre Rekapitulation. Er thematisierte den alten osmanischen Prunk und den Prunk der Diwan-Poesie, aber auch ihren Untergang. Damit wird der *Herbst* eines der Leitmotive seiner Lyrik, der eine sich dem Ende neigende Existenz symbolisiert.

Eine Fortsetzung der Diwan-Lyrik stellen wir hingegen bei Ahmet Haşim, einem *Fecr-i Ati*-Dichter fest *(Sonnenaufgang der Zukunft* wird die Gruppe von Dichtern und Schriftstellern genannt, die sich 1908 für kurze Zeit um die wiedererscheinende Zeitschrift *Servet-i Fünun* scharten). Er entwickelte mit neuen klanglichen und farblichen Mitteln aus der starren, schablonenhaften und zum Mittel sprachlicher Artistik gewordenen Symbolik der Diwan-Poesie eine differenzierte, ihm eigene symbolisch-metaphorische Redeweise, die den poetischen Ausdruck oft impressionistisch verdichtet.

Nach Mehmet Emin Yurdakul (1869–1944) und Riza Tevfik Bölükbaşi (1869–1949), die die silbenzählenden Metren der Volkslyrik in das moderne Gedicht einführten, steckten auch die sogenannten *Hecenin Beş Şairi*, 1914 (Fünf Dichter der Silbe) – Orhan Seyfi Orhon (1890–1972), Enis Behiç Koryürek (1891–1949), Halit Fahri Ozansoy (1891–1971), Yusuf Ziya Ortaç (1895–1967) und Faruk Nafiz Çamlibel (1898–1973) – noch in den Anfangsschwierigkeiten dieses neuen Versmaßes, der neuen Thematik und in der Irritation, die durch die vielen Einflüsse entstand. Die verwendung der volkstümlichen silbenzählenden Metren bedeutete damals eine bahnbrechende Neuerung. Die Bewegung der *Sieben Fackelträger (Yedi Meşaleciler,* 1928), die von kurzer Dauer war und kein durchdachtes poetisches Programm hatte, konnte in die silbenzählenden Rhythmen kaum neue Impulse bringen. Ihr jugendlicher Eifer ließ bald nach. Bis auf den dichterisch sensiblen, feinfühligen Ziya Osman Saba (1910–1957) wandten sich alle von der Lyrik ab.

Erst in den dreißiger Jahren haben Dichter wie Ahmet Hamdi Tanpinar (1901–1962), Ahmet Muhip Dranas (1909–1980), Cahit Sitki Taranci (1910–1956) aus den vor ihnen gewonnenen Erfahrungen heraus die übernommenen Formen der Volkspoesie durchbrochen. Sie haben durch Einführen neuer silbenzählender Metren und neuer Zäsurstellen beziehungsweise durch völliges Aufheben der Zäsurstellen neue klangliche und poetisch gestalterische Möglichkeiten geschaffen. Man strebte eine eigene Synthese zwischen der lyrischen Volkstradition und der Sprachgestaltung, Formgebung der europäischen Lyrik, namentlich des französischen Symbolismus an. Durch diese Dichter konnte das neue Gedicht Breitenwirkung erzielen und endgültig an die Stelle des *Aruz* treten.

Diese Dichter und viele andere ihrer Generation haben nicht nur das silbenzählende Metrum, sondern auch die symbolische Rede, die sich der Umgangssprache bedient, daher relativ leicht entschlüsselbar ist, zur gemeinsamen Grundlage ihrer Lyrik gemacht. Alltagswirklichkeit ist in ihren Gedichten in ständigem Wechsel mit Phantasie, Einbildung, Traum und Imagination ineinander verwoben. Neben Lyrismen und Gefühlsbetonung kennzeichnen ferner Philosophismen die silbenzählende Lyrik der dreißiger und vierziger Jahre.

Ahmet Hamdi Tanpinar fragt beispielsweise, wie in seinem bekannten Gedicht *Zeit in Bursa*, nach der Geschichtlichkeit des Augenblicks, der gegenwärtigen Wirklichkeit und thematisiert wohl zum erstenmal in der türkischen Lyrik das Zeitabstraktum an sich *(Weder bin ich in der Zeit)*. Die subjektive Erfahrung von der Zeit und das Ineinander der Geschichte und der Gegenwart werden mit Chiffren wie Fluß, Traum, Form, Feder, Licht symbolisiert, und das unzerlegbare, jeder empirisch-numerischen Bestimmung entzogene, dennoch vom Dichter als ein ganzer, breiter Augenblick empfundene Zeitkontinuum und das in diesen Zeitbegriff transzendierende Ich werden zum inneren Gehalt seiner Lyrik und gewinnen in einer Farb- und Klangharmonie poetische Gestalt. Tanpinar abstrahiert seine Welterfahrung auf zeitliche und räumliche Sachverhalte.

Es ist ein interessanter soziologischer Aspekt in der türkischen Lyrik der republikanischen Anfangsjahre, daß so talentierte Dichter wie Necip Fazil Kisakürek (geb. 1905) und Dranas ihr lyrisches Schaffen gerade dann aufgeben mußten, als sie als führende Lyriker ihrer Zeit Anerkennung gefunden hatten. Ihr Bewußtseinsstand wurde von der raschen gesellschaftlichen Veränderung überflügelt. Die revolutionäre Umwälzung durch Atatürk erschien ihnen als ein totaler Bruch mit der ruhmreichen osmanisch-islamischen Tradition. Weil sie sich der dialektischen Methode des Denkens nicht bedienen konnten, konnten sie auch nicht auf die Geschichtlichkeit und geschichtliche Notwendigkeit dieser gesellschaftlichen Umwandlung reflektieren.

Als Programm für die Bewußtseinsfluktuation dieser Dichter könnten folgende Zeilen von Ahmet Muhip Dranas angesehen werden: »*Die Meere laden mich zur Reise ein,/Doch ich denke an die Rückkehr und kann nicht fort (Groß muß es sein).*« Das Leben mit seiner ewig schwarzen Sonne am Himmel ist eine einzige endlose Langeweile. Die Heimkehr der Arbeiter nach dem Feierabend ist ein Weg ins Dunkel, ins Ungewisse, Beängstigende, in den Todesruf der Götter. Dranas war aber nicht nur ein Dichter der niederdrückenden Gefühle und des Transzendierens in den seelisch-metaphysischen Abgrund des eigenen Ichs, sondern auch ein Dichter der lebensfreudigen und -freundlichen lyrischen Stimmung, die er allerdings in erzählender Rückschau erfaßt. Auch hier also das Schwanken zwischen der modernen Neigung des Episierens und der konservierenden Lebenshaltung. Zum metaphysierenden, symbolischen Sprechen in seinen Gedichten brachten die episierende Tendenz und die Ironie als poetisches Mittel eine neue stilistische Perspektive, die des Realismus *(Die Füße).* Mit Cahit Sitki zählt Dranas zu den bedeutendsten silbenzählenden Dichtern der dreißiger und vierziger Jahre.

Der Tod als eines der beliebtesten Motive in den Gedichten dieser Dichter ist nur aus den sozialen und wirtschaftlichen Schwierigkeiten des neuen Staatsgebildes heraus zu verstehen. Der Dichter verlor seine frühere angesehene Stellung am Hof und sieht sich jetzt als machtlos und doch verantwortlich für die ihm unlösbar scheinenden Schwierigkeiten, für den wirtschaftlichen, gesellschaftlichen und kulturellen Notstand des Landes. Auch wenn er sich mit den Reformen, mit der neuen Gesellschaftsordnung uneingeschränkt identifiziert – wie Cahit Sitki Taranci und sein Freund Ziya Osman Saba –, sieht er sich doch den gewaltigen sozialen Aufgaben nicht gewachsen. Er kehrt sich nach innen, ist befremdet von der harten Realität und versucht dennoch, sich mühsam an sie, das heißt an das Leben zu klammern. Tarancis lyrisches Ich ist ein Mensch der modernen Zivilisation: ängstlich und verscheucht, aber auch liebevoll und lebensfreudig, selbstentfremdet und zukunftsgläubig.

Kein türkischer Dichter seiner Generation hat die Tragik des Einzelnen, des intellektuell Einsamen so intensiv dargestellt wie Cahit Sitki in seinen Gedichten. Es ist die Tragik der Ausweglosigkeit, die der Dichter immer wieder erfahren muß; die Tragik des Lebenwollens, aber nicht Könnens, des Scheiterns bei jedem Fluchtversuch in den Tod. Der Tod ist zwar zum anderen Selbst des Dichters erwachsen, doch er kann sich vom Leben nicht lösen, auf diese Welt nicht verzichten, die ihm in reichem Maße Leid und Qual beschert. Hoffnung aus Fleisch und Blut, die unausgesprochen bleiben muß, und die Bitterkeit existieren untrennbar ineinander in seinen Gedichten.

Kein Gefühl, kein Erlebnis ist nur verbal in Tarancis Lyrik, sondern immer als selbsterfahrene Existenz ausgespannt zwischen Tod und Leben. Der Tod ist entmystifiziert, seines Zaubers beraubt, die Erfahrung mit ihm erfüllt nicht die Erwartung des lyrischen Ichs *(Nach dem Tod)*. Nicht der Tod ist der Grund des Seins, sondern das Licht des Tages *(Der Tag soll nie vor meinem Fenster fehlen)*, das dennoch die Selbstentfremdung nicht verhindern kann *(Das Gedicht über das fünfunddreißigste Jahr)*. Nichtsdestoweniger hofft der Dichter auf eine Harmonie von Traum und Wirklichkeit *(Gute Nachricht)*. In so einer Harmonie ist er dann auch bereit, den Tod als die einzige Klage des Menschen zu akzeptieren. Die Erwartung einer solchen Zukunft in Harmonie bedeutet aber gleichsam Kritik an den bestehenden Verhältnissen *(Ich möchte ein Land, Gute Nachricht)*. Sie ist über jeden Wunschtraum hinaus der Schatten der menschlichen Tragik. Die Grunderfahrungen von Leben und Tod, von Hoffnung und Angst werden in eine urtragische Konstellation gebracht. Dabei unterscheidet sich Taranci von den anderen Dichtern des Silbenversmaßes dadurch, daß er sich geschickt und kunstvoll jeder metaphysierenden Unverbindlichkeit entzieht. Auch wenn er vom Tod spricht, ist er sachlich und direkt. Es ist eine weiterwirkende Eigenheit seiner Lyrik, seine abstrakt anmutende Lebensanhänglichkeit auf dinghaft partikulare Weise poetisch darzustellen *(Der Nachlaß)*.

Taranci hat auf dem ihm eigenen engen Pfad zwischen symbolischer und realistischer Redeweise nicht nur einen Höhepunkt des modernen silbenzählenden Gedichts erreicht, sondern darüber hinaus auch den Weg für einen bahnbrechenden Durchbruch, für die *Garip*-Bewegung, mitbereitet.

Die tragische Grundlinie der Lebenserfahrung in Tarancis Gedichten finden wir auch bei seinem engen Freund Ziya Osman Saba. Daneben stellt dessen Gedicht aber auch die kleinen täglichen Sorgen des kleinen Mannes auf der Straße, des Familienvaters dar. Insofern schwächt sich die Tragik bei ihm auf Gefühle des Mitleids, der Mitverantwortung ab.

Die Moderne

Der erste radikale Bruch mit der höfischen Tradition gelang Nazim Hikmet (1902–1963), einem der größten Dichter dieses Jahrhunderts, dessen Name im gleichen Atemzug mit Majakowski, Brecht und Neruda genannt wird. Hikmet befreite die Verszeile von allen metrisch-formalen Fesseln und das Gedicht von allen bis dahin gültigen thematischen Einschränkungen. Er holte das Gedicht vom höfischen Himmel auf die dürre Erde der anatolischen Steppe, ohne es austrocknen zu lassen; er sozialisierte das

MELIH CEVDET ANDAY
Lorbeerwald

Weil die Sklavenbesitzer keine Brotsorgen
Hatten, machten sie Philosophie, denn
Die Sklaven gaben ihnen Brot;
Weil die Sklaven keine Brotsorgen hatten,
Machten sie keine Philosophie, denn das Brot
Gaben ihnen die Sklavenbesitzer.
Und Lykien ging unter.

Weil die Sklaven keine Philosophiesorgen
Hatten, machten sie Brot, denn
Die Sklavenbesitzer gaben ihnen die Philosophie;
Weil die Philosophiebesitzer keine Sklavensorgen
Hatten, machten sie kein Brot, denn die Sklaven
Gaben ihnen die Philosophie.
Und Lykien ging unter.

Die Philosophie hatte kein Brot, das Brot
Keine Philosophie. Und das Brot der besitzerlosen
Philosophie fraß die Philosophie des besitzerlosen
Brots, die besitzerlose Philosophie des Brots
Das besitzerlose Brot des Philosophie.
Und Lykien ging unter.
Begraben unter einem grünen Lorbeerwald.

Gedicht. Die Dinge konnten zum erstenmal ohne Umschweife beim Namen genannt werden, jedoch ohne Verzicht auf die Mittel der lyrischen Redeweise wie Metaphern und Symbole, welche im lyrischen Gefüge neu organisiert werden. Der rhythmische Fluß gewinnt revolutionären Elan, einen langen Atem. In Hikmets frühen Epen, in seinem Hauptwerk *Menschenlandschaften aus meinem Land* und in den späteren Phasen seines lyrischen Schaffens erreicht er, breiten Flußströmen gleich, eine hoffnungsfrohe, verheißungsvolle Redeweise, einen Duktus, der das Leben unbedingt bejaht. Nazim Hikmet zählt zu den eindrucksvollsten und eigenständigsten Dichtern unseres Jahrhunderts. Seine Wirkung reicht weit über die Grenzen der Türkei hinaus. Seine Werke wurden in alle Kultursprachen übersetzt. Der Politisierung des Gedichts liegt bei Hikmet die poetische Aufwertung der Umgangssprache zugrunde. Sein Werk wird in einem eigenen Abschnitt eingehender dargestellt. (Siehe S. 80–91)

Auf dem von Hikmet geebneten Weg konnten die türkischen Dichter bis heute die Moderne weiter entwickeln. Auf diesem Weg hatte das Gedicht die Möglichkeit, vom geistigen Vergnügen einer kleinen Minderheit zu einem Erlebnis für die Mehrheit und zu einem Politikum zu werden. Der Realbezug in der Dichtung wurde zum wichtigsten Kriterium erklärt, poetische Erfassung der Ausdrucks- und Gestaltungsmöglichkeiten der gesprochenen Sprache zur Voraussetzung für das zeitgenössische Gedicht.

Dem Marxisten Hikmet, der wegen angeblich subversiver Umtriebe mittels seiner Gedichte mehrmals zu Gefängnisstrafen verurteilt wurde, zuletzt 1938 zu 29 Jahren, stand Necip Fazil Kisakürek (geb. 1905) gegenüber, dessen Mystizismus bald zu einem orthodoxen Dogma umschlug, bis er sich von der Literatur zurückzog und in das reaktionäre politische Lager begab.

Den zweiten Durchbruch in der türkischen Moderne erreichten drei junge Dichter mit ihrem 1941 veröffentlichten gemeinsamen Buch *Garip* (Fremdartig). Orhan Veli Kanik (1914–1950), Oktay Rifat (geb. 1914) und Melih Cevdet (geb. 1915) sind als die *Fremdartigen* in die türkische Literaturgeschichte eingegangen. Sie verbannten mit Reim und Metrum die harmonische Musikalität, das metaphorische, vergleichende und bildhafte Sprechen radikal aus dem türkischen Gedicht. Ihr Aufbäumen gegen die Tradition bedeutet zunächst, ganz im Gegensatz zu Nazim Hikmet, der die tradierten und modernen Formen zu einer neuen Organisation und Synthese führte, einen totalen Bruch. Die lyrische Sprache sollte vom historischen Ballast befreit, das Wort zu sich zurückgeführt werden. Wörtlichkeit, Spontaneität und Einfachheit wurden zu den Hauptkriterien, mit denen sie eine ungeahnte Popularität für das moderne Gedicht erzielen konnten. Sie ging jedoch nicht auf Kosten der Intellektualität, was ihren Erfolg nachhaltig gestaltete, junge Dichtergenerationen bis heute stark beeinflußte. Zeilen wie die folgenden aus dem Gedicht *Kostenlos* von Orhan Veli Kanik gewannen angesichts der sozialen, politischen und wirtschaftlichen Entwicklung des Landes immer mehr an Aktualität, wurden zu geflügelten Worten und verloren dabei nie ihre Frische: *»Nicht Brot und Käse, / Aber schales Wasser ist kostenlos. / Die Freiheit kostet den Kopf, / Die Sklaverei ist kostenlos. / Kostenlos leben wir, kostenlos.«* (Orhan Veli und die Fremdartige Lyrik werden gesondert dargestellt. S. 92–102)

Zwei Grundtendenzen, insbesondere in den Gedichten von Kanik und Anday, lassen sich erkennen: in der Thematik die zunehmende Vergesellschaftlichung und das sozialkritische Engagement; in der Form die zunehmende Verdinglichung der Sprache, die bei Melih Cevdet Anday in den letzten Jahren konsequent zu einer Art Thematisierung der Sprache im Gedicht geführt hat *(Unter einem Lorbeerwald)*. Nach dem sehr frühen Tod Orhan Velis hat Melih Cevdet allein die eingeschlagene Richtung der *Garip*-Dichter weitergeführt. Oktay Rifat hingegen, der ohnehin der gemäßigtere *Fremdartige* unter den drei Freunden war *(Zwei Zimmer eines Hotels)*, wandte sich in späteren Jahren immer neuen Versuchen und Bewegungen zu. Eine Zeitlang, um die Mitte der fünfziger Jahre, identifizierte er sich sogar mit den »Zweiten Neuen« *(Ikinci Yeniler)*, die aus Opposition gegen die *Garip*-Lyrik entstand, dann schrieb er eine Zeitlang in den sechziger Jahren lange Gedichte und Prosagedichte und versuchte schließlich eine Synthese zwischen der freien Sprachimaginierung der »Zweiten Neuen« und seinem sozialen Engagement *(Die Hände der Freiheit)*.

Sozialkritik und Humor verbinden sich in Bedri Rahmi Eyüboğlus (1913–1975) Gedichten mit einer betont naiven Betrachtungsweise der Dinge, mit der er die überlieferte, vorbelastete Sprache verändert. Die von der Gesellschaft verabredeten Begriffe für die Dingwelt sagen ihm nichts mehr. Er stellt sie auf den Kopf, beschreibt von neuem die Umwelt. Ein Haus ist ein Kasten mit Löchern *(Ich stelle meinem Sohn Mehmet unsere Häuser vor)*. Er umschreibt so nicht nur seine engste Umgebung, sondern die ganze Welt und den Kosmos *(Briefe an Gott den Schöpfer)*. Gott und Welt sind zwar dem Menschen nicht gleichgültig, aber sie können auch keine Verwunderung mehr hervorrufen. Sie sind selbstverständlich. In dieser Selbstverständlichkeit liegt Ironie und zynische Provokation.

Bei Orhon Murat Ariburnu (geb. 1918, lebt seit einigen Jahren in Berlin) wird diese Tendenz zum beißenden, schwarzen Humor. Den beliebten Briefstil der *Garip*-Lyrik setzt er für eine direkte, dialogisch erzählende Beziehung zu den Lesern ein, um die Schlußpointe seiner epigrammatisch verkürzten Gedichte auf sie unmittelbar einwirken zu lassen. Durch Verdrehung einfachster Lebensinhalte bringt er sie ins Bewußtsein. Dabei benützt er, wie überhaupt die *Garip*-Dichtung, auch groteske und surrealistische Elemente.

In einer ironisch-humoristisch überspitzten, sprachphilosophischen Manier entlarven die Gedichte von Özdemir Asaf (1923–1981) die Harmlosigkeit des Alltags als eine große Gefahr für den Menschen. Äußerste sprachliche Verknappung macht seine Gedichte zu Aphorismen.

Dem von Orhan Veli Kanik verfaßten *Garip*-Manifest entsprechend nimmt auch Salah Birsel (geb. 1919) Abstand vom betont Lyrischen im Gedicht. Seine Gedichte entstehen nicht nur aus den gewählten Wörtern der Umgangssprache, sondern auch aus denen, die er dabei ausspart. So gewinnt sein Gedicht über die *Garip*-Kriterien hinaus *(Aufruf zum Faulenzen)* die Andeutung einer ins Unausgesprochene transzendierenden Dimension. Er ist nicht nur der Dichter des Realen, sondern auch des Möglichen. An der Grenze zwischen dem Wirklichen und dem Möglichen gestaltet er das poetisch Schöne *(Der Tod des Dichters, Güzins Jugendjahre)*. Es ist daher nicht ganz gerechtfertigt, ihn ausschließlich zur *Garip*-Bewegung zu zählen. Dazu betont er den ästhetischen Belang stärker als diese Bewegung.

Sabahattin Kudret Aksal (geb. 1920) reflektiert in seinen Gedichten das *Garip*-Kriterium der Wörtlichkeit aus einer anderen Perspektive. Es geht ihm weniger darum, den Inhaltsballast der Wörter abzuwerfen, als vielmehr um ein Bewußtwerden der Versprachlichung des Alltags: »*Wie merkwürdig: bis zu meinem Lebensende / Lebe ich mit den Wörtern / Ich liebe das Wort Baum mehr als den Baum / Das Wort Meer mehr als das Meer.*« Die banalsten Dinge des Alltags gewinnen eine Bedeutung in ihrer Versprachlichung. Die Lebensinhalte werden erst durch die Begriffe, die sie bezeichnen, wahr: das Leben, der Himmel sind erst durch das Fenster schön *(Fenster)*.

Necati Cumali (geb. 1921) schließlich hat sich als der lyrischste *Garip*-Dichter einen Namen gemacht. Dies hängt sicher damit zusammen, daß im Mittelpunkt seiner Gedichte ein subjektives, lyrisches Erlebnis-Ich steht. Das bedeutet Anlehnung an das traditionelle Erlebnis-Gedicht. Trotzdem ist Cumali ein *Garip*-Dichter, weil bei ihm lyrische Stimmung und erlebnishafte Verwunderung eines westanatolischen Kleinstädters in der großen Welt ineinander übergehen. Er, der sich in seiner Jugend nach dem Meer in der Provinzhauptstadt Izmir sehnte, wird zu einem Weltreisenden, dessen Gedanken immer in seiner anatolischen Heimat verwurzelt bleiben. Erst aus der vergleichenden Relation lernt er seinen eigenen Zustand kennen *(Gruß)*. Cumali hat an die Stelle des großstädtischen Kleinbürgers und Arbeiters den Kleinstadtmenschen in die *Garip*-Dichtung gebracht.

Die *Garip*-Dichtung hat die Humanisierung der türkischen Lyrik sehr gefördert. Die Entwicklungsjahre dieser Bewegung fielen in die Kriegsjahre. Obwohl die Türkei vom Zweiten Weltkrieg nicht direkt betroffen wurde, konnte der humane, universale *Garip*-Dichter vor den Leiden, die

AHMED ARIF
Vor Sehnsucht nach dir habe ich Sträflingsketten abgetragen

Dich erklären können, dich,
Den guten Kindern und den Helden.
Dich erklären können, dich,
Dem Ehrlosen, der verständnislosen
Hurenlüge.

Wieviel strenge Winter hintereinander
Schlief der Wurm, schlief der Vogel, schlief der Kerker.
Draußen eine lebendig fließende Welt ...
Allein ich schlief nicht,
Wie viele Frühlinge
Habe ich vor Sehnsucht nach dir Sträflingsketten abgetragen.

Ich möchte in dein Haar Blutrosen stecken,
Eine auf jene,
Eine auf diese Seite ...

Dich schreien können möchte ich, dich,
In grundlose Ziehbrunnen hinein,
Der fallenden Sternschnuppe,
Einem Streichholz,
Das in die ödeste Welle des Ozeans fiel,
Einem Streichholz.

Der den Zauber der ersten Liebe verlor,
Der die Küsse verlor,
Der sich nichts aus dem plötzlich hereinbrechenden Abend macht,
Der durch ein Schnapsglas, durch eine Zigarette in Gedanken
    versinkt,
Ihm möchte ich dich erklären können, dich ...
Dein Fehlen ist der andere Name für Hölle
Ich friere, schließe deine Augen nicht ...

der Krieg über die Menschheit brachte, nicht schweigen. Während Nazim Hikmet den Krieg vom ideologischen Standpunkt des überzeugten Marxisten sah, interessierten die Leiden des Einzelnen, des Individuums, den *Garip*-Dichter mehr. Für die individual-humane Perspektive im Kriegsgedicht gibt Cumali *(Fußspuren im Schnee)* ein Beispiel.

Das soziale Engagement

Wenn ich im folgenden eine Gruppe von Dichtern als sozial und thematisch Engagierte darstelle, so geschieht dies nicht deshalb, weil nur sie in der heutigen türkischen Lyrik sozialkritisch und engagiert sind. Wie wir sahen, ist Nazim Hikmet überhaupt der bedeutendste politische Dichter der Türkei, und auch die *Garip*-Dichter sind mehr oder weniger politisch engagiert. Ich möchte sogar behaupten, daß es heute keinen türkischen Dichter von Bedeutung gibt, der nicht auf irgendeine Weise die gesellschaftlichen und wirtschaftlichen Zustände des Landes kritisch reflektiert.

Die hier als engagiert dargestellten Dichter haben sich die Errungenschaften Nazim Hikmets und der *Garip*-Bewegung zu eigen gemacht und der Inhalt-Problematik Vorrang vor der Form-Problematik zuerkannt. Der frühe Ercümend Behzad Lav (geb. 1903) bildet hierbei eine wichtige Ausnahme. Er konnte schon als Schüler Italienisch und Französisch lernen und diese Literaturen kennenlernen. Dann hielt er sich von 1921–1925 in Deutschland auf. Er kannte den italienischen Futurismus, den deutschen Dadaismus und französischen Surrealismus. Als er von Deutschland in die Türkei zurückkehrte, bekämpfte er wie Nazim Hikmet die traditionelle Lyrik und wurde ein Verfechter des freirhythmischen Verses und der freien Assoziation. Er schrieb in den dreißiger Jahren die ersten surrealistischen türkischen Gedichte. Später trat sein zunehmend starkes soziales Engagement in den Vordergrund, doch er ließ auch die Formfragen nicht außer acht. Rifat Ilgaz (geb. 1911), Cahit Saffet Irgat (1916–1971), A. Kadir (geb. 1917) u. a. haben sich neben Nazim Hikmet an der Volkspoesie und -sprache, an der volkstümlichen Redeweise poetisch orientiert. Ihre Gedichte sind klar, durchsichtig, human, voll Wärme. Ob es der müde schlafende Frühschichtler ist *(Zu dieser Stunde)*, ob es die fleißig genügsamen Frauen des Istanbuler Armenviertels *Cibali* sind, oder der Arbeitslose, der Maurer, der Kutscher und der Fabrikarbeiter, ihre Gedichte rühmen den Fleiß, die Genügsamkeit, die Liebe und Menschlichkeit des kleinen Mannes. Mit der arbeitenden oder arbeitslosen Bevölkerung, mit ihren täglichen Sorgen und Freuden identifizieren und solidarisieren sich diese Dichter. Ihnen allen ist eine tiefe Menschlichkeit und die dichterische Fertigkeit, das soziale Engagement, ihre kritische Haltung mit Gefühl zu vereinen, ohne das Sentiment dick aufzutragen, gemeinsam. Sie, und vor allem A. Kadir, beherrschen die Volkssprache als Kunst- und Dichtungssprache. Das erste und bleibende Kriterium der türkischen Volkspoesie ist nämlich, jedes menschliche Gefühl, elementarste Erkenntnisse des Menschen sowie metaphysische Fragestellungen einfach, kühn und naiv-kunstvoll in sprachliche Gestalt zu bringen.

Ceyhun Atuf Kansu (1919–1978) überrascht mit unerwarteten Wortbildungen und Bildern auf der Basis der Umgangssprache und der Motive und Chiffren der Volkspoesie *(Sommerbraut, Wildmohnball).* Man kann von ihm als einem modernen Volksdichter sprechen, wie dies auch der Titel seines Lyrikbandes eindeutig rechtfertigt und bestätigt: *Der Weizen, die Frau, die Rose und der Himmel.* Die Vereinfachung, oder besser gesagt, die Reduzierung der Sachverhalte auf die einfache, ursprüngliche Aussage macht es ihm möglich, Chiffren und Begriffe wie Rose, Weizen, Himmel für die heutige Lyrik zurückzugewinnen, die spätestens von den *Garip*-Dichtern aus der türkischen Lyrik verbannt worden waren. Es ist ein eigenartiges Charakteristikum der engagierten türkischen Dichter, kritisches Engagement mit gefühl- und liebevollem Sprechen harmonisch zu vereinen.

1968 wurde die Veröffentlichung der Gedichte von Ahmed Arif (geb. 1927), die bis dahin in Zeitschriften verstreut waren, zum lyrischen Ereignis des Jahres: *Vor Sehnsucht nach dir habe ich Sträflingsketten abgetragen.* Eine kraftvolle, weitatmige Stimme, die imstande ist, plötzlich zärtlich, sensibel zu werden und innezuhalten. Ahmed Arif bringt in seinen Gedichten eine türkische Mundart, die im Südosten des Landes angesiedelt ist, mit dem Großstadt- und Gefängnisjargon in eine Synthese und gewinnt beiden neue ästhetische Reize ab. Liebe, Sehnsucht und Einsamkeit des für seine Anschauungen im Kerker Sitzenden, Bitterkeit, Glaube und Hoffnung, Lauschen und Schreien, Blühen und Platzen machen den wechselnden Ton seiner Lyrik aus. Die Welt draußen und das Leben sind die einzigen Kampfgenossen des einsamen Menschen im Kerker gegen die Ursachen seiner Gefangenschaft, Erniedrigung, Unterdrückung und Ausbeutung. Er ist allein und einsam, doch nicht ohne Hoffnung und seine Stimme nicht ohne Kraft: eine ehrbare Tradition innerhalb der türkischen Lyrik, die nicht mit Nazim Hikmet, nicht mit Namik Kemal beginnt, sondern spätestens mit dem großen Volksdichter des 16. Jahrhunderts, Pir Sultan Abdal, der für seine Überzeugung und für seine kritischen Gedichte an den Galgen ging.

Mindestens zwei weitere Dichter, Can Yücel (geb. 1926) und Hasan Hüseyin Kizilirmak (geb. 1927), müssen in dieser Gruppe erwähnt werden. Can Yücel ist der Bohemien unter ihnen. Dies reflektiert sich in seinen

ASAF HALET ÇELEBI
verrückt nach den bergen

von berg zu berg kamen stimmen
auf welchem berg starb der wolf
welcher berg stand im nebel
die räuber
        in welchem berg versteckten sie sich

auf einem berg ging eine blume auf
auf einem berg schmollte ein hase
auf einem berg starb ein ferhad
        nichts davon wußte der berg

mein herz verlor sich auf dem berg
      irrte
         von berg
           zu berg

meine seele
in welchem berg versteckte sie sich
komm aus dem berg
seele
   komm aus dem berg

OKTAY RIFAT
Zwei Zimmer eines Hotels

Sicherlich kocht er wie ich morgens Tee
Bevor er seine Reise durch den Tag antritt
Was für eine Sprache er spricht weiß Gott
Aus einem fernen Land muß er gekommen sein

Manchmal höre ich seine Schritte
Ab und zu singt er Lieder für sich
Ich denke jetzt liegt er auf dem Rücken
Ich weiß im Augenblick langweilt er sich

Und in den Nächten in denen ich an ihn denke bevor
     der Schlaf kommt
Decke ich ihn im Traum zu
Ob er auch an mich denkt
So wie ich an ihn

Ein Freund der ohne Ahnung von mir lebt
Es würde mir leid tun
Wenn aus seinem Zimmer
Ein schmächtiges Kind mit magerem Gesicht herauskäme
Sicherlich ist mein Nachbar ein guter Mensch

Cahit Külebi
Istanbul

Die Lastwagen trugen Melonen und ich
Dachte immer an sie,
Die Lastwagen trugen Melonen und ich
Dachte immer an sie,
In unserem Haus in Niksar
War ich frei wie ein kleiner Sperling.

Dann änderte sich die Welt
Das Wasser anders, die Luft anders, die Erde anders.
Dann änderte sich die Welt
Das Wasser anders, die Luft anders, die Erde anders.
Wie schnell vergingen die Jahreszeiten
Vergessen, vergessen, vergessen.

Ich weiß, diese Stadt ist anders.
Jeder hat mich einmal betrogen.
Ich weiß, diese Stadt ist anders.
Jeder hat mich einmal betrogen.
Wieder tragen die Lastwagen Melonen.

Aber in mir nahm das Lied ein Ende.

Gedichten gleichsam sprachlich und formal. Der Istanbuler Slang, durchtränkt von der unnachahmlichen Verletzbarkeit und Bitterkeit des politisch zutiefst Unzufriedenen, gewinnt formale Gestaltung, als schöpferische Synthese im Spannungsbogen zwischen Brecht und Hikmet auf der einen, Ginsberg und Jewtuschenko auf der anderen Seite.

Hasan Hüseyin wurde in der Literaturkritik häufig mit Nazim Hikmet verglichen. Seine lyrische Redeweise schwingt zwischen dem kämpferischen Ton vor allem des jungen Hikmet und der liedhaften Stimmlage der Volksdichtung. Höchste Originalität erlangt er in Gedichten, in denen er diese beiden Merkmale zu einem Duktus verschmilzt (*Das Leid haben wir in Honig verwandelt*).

Das frappanteste Phänomen des lyrischen Sprechens unter den heute lebenden türkischen Dichtern ist Fazil Hüsnü Dağlarca (geb. 1914). Er ist nicht nur der produktivste türkische Dichter – mit über 50 Gedichtbänden –, sondern auch der sprachlich kreativste. Er reproduziert, rekapituliert nicht die gegebene Wirklichkeit, sondern stellt sie in der Sprache neu her. Vor allem der spätere Dağlarca gibt seinem Widerstand verschiedenen modernen Strömungen gegenüber dadurch Ausdruck, daß er ganz bewußt und programmatisch die Grenzen des lyrischen Sprechens ständig erweitert, nichts von dem, was er sagen will, ausspart. Der sprachschöpferische Prozeß wird zu einem wesentlichen Merkmal seiner Lyrik. Dağlarca verschweigt, verstummt nicht, vor keiner Wirklichkeit, vor keinem Sachverhalt. Kein Zusammenhang, kein Gehalt ist für ihn poetisch unsagbar. Das Weltganze wird in seiner Lyrik total versprachlicht. Er bereichert und verändert die Sprache, somit unser Bewußtsein. Die Provokation seiner Gedichte liegt in dieser unglaublichen, ungeahnten sprachlichen Verdichtung und Kristallisation des Realbezugs. Auch Dağlarca wird gesondert dargestellt. (Vgl. S. 103–112)

Manifeste der Unruhe

Asaf Halet Çelebi (1907–1958) identifizierte sich mit der neuen Bewegung der vierziger Jahre durch Ablehnung der alten metrisch-formellen Harmonie im Gedicht. Er kannte die westliche wie die klassisch-orientalische Dichtung und die östliche mystizistische Gedankenwelt gut. Sein Verständnis vom neuen Gedicht als einem sich ständig erneuernden Sprachgebilde, einer sprachlichen Architektur, läßt durch Verwenden von Konkretem und der Umgangssprache metaphysische Transzendenz erahnen. Die realen Zusammenhänge werden in einer neuen Sprachkonstellation aus den Angeln gehoben, in eine transzendierende Welt übergeführt. Das konkret Sichtbare (*Die Menschen*) wird als unfaßlich und unergründlich bloß-

BEHÇET NECATIGIL
Eine verwelkte Rose beim Berühren

Viele lassen es so oft fallen
Die Passanten bemerken es nicht
Ich bücke mich es zu heben
Eine verwelkte Rose beim Berühren.

Vielleicht in einer Großstadt
An dichten Haltestellen
Vielleicht in einem fernen Ort der Heimat
In Café- und Hotelwinkeln
Wohin soll er in dieser Abendzeit
Steckt er die Hände in die Taschen
Durch Zigaretten und Papiere
Rutscht es leise
Ich bücke mich es zu heben, niemand
Eine verwelkte Rose beim Berühren.

Oder in der abgewischten Lippenfarbe
Eines einsamen Mädchens
Wenn sie den Kopf aufs Kissen legt
Wieder müde an der Schwelle der Nacht.

Und mitten am Tag nähert sich mir jemand
Meist in Herbstmonaten und beim Regen
Senkt sich vielleicht eine Wolke der Betrübnis
Ich greife danach es zu holen, niemand
Eine verwelkte Rose beim Berühren.

In Händen, Lippen, öden Schriften
Im Netz für Abende verfängt es sich
Schnauft wie ein verwundetes Tier
Wie betäubt möchte es flüchten
Entlang an Wegen oder Erinnerungen.

Ich hole es zurück, schlaflos seine Nächte
Windet sich im Dunkeln, immer wenn ich es berühre
Eine verwelkte Rose beim Berühren.

gestellt, die angenommene Harmonie der Natur und Wirklichkeit als
Schein entlarvt. Sein Gedicht *Die Menschen* endet mit den Zeilen: »*ich
frage wer sie sind / wir sind menschen / sagen sie.*« Es bedarf offenbar dieses
Frage- und Antwortspiels, um die Menschen zu erkennen, und es führt
doch ins Leere, in ein bedeutsames Verschweigen. Die reale Welt, die realen Zusammenhänge werden, so wie sie sind, nicht mehr akzeptiert:
»*nichtwissen ist besser als wissen.*« Die Dinge bedeuten nicht sich selbst. Sie
sind falsch und verlogen, doppelbödig: »*sie schauen mich an / meinen körper sehen sie / ich bin woanders.*« Sie werden ins Unsichtbare, Irreale trans-
zendiert. Alles Werden ist kein Werden, es ist ein Hinübergleiten, ein Verschwinden. Der Dichter sieht in einem winzigen Samenkorn einen riesigen
Baum, doch er sieht »*weder ein korn noch einen baum / om mani padme
hum.*« Die materialistische Dialektik allein genügt ihm nicht, die Welt zu
erklären. Ihn irritiert das Unsagbare. Der ständige Wechsel zwischen Rea-
lem und Irrealem erzeugt eine Spannung, die sich im bewegten Zeilenbau
seiner Gedichte niederschlägt. Seine Zeilen sind oft kurz, abgebrochen,
dissonant; das ganze Gedicht wirkt sporadisch, fragmenthaft offen, immer
an der Grenze des Verstummens und Verstockens: Das Gedicht als Manifest der Unruhe und Unsicherheit im Bewußtsein.

Behçet Necatigil (1916–1979) bewegt sich immer an der Peripherie des
dichterischen Sprechens und Gestaltens. Er ist einer der eigenständigsten,
dichterisch sensibelsten und schwierigsten Gegenwartsdichter der Türkei.
Die poetische Linse, die er auf geläufige, alltägliche Lebensobjekte richtet,
ist bewußt und gewollt zersprungen. Sie verzerrt das Leben, die Wirklichkeit ins Schmerzliche, Bittere, Herbe. Die dichterisch sprachliche Kunst
des frühen Necatigil liegt darin, nicht den äußeren Alltag des kleinen Mannes, der Geborgenheit vortäuschenden Kleinfamilie, sondern was davon
durch seine subjektiv zersprungene Linse reflektiert, sprachlich zu gestalten: »*eine zerschlagene Wand unseres Lebens, die / die Scheinwerfer ver-
größern in der Nacht.*« Sein Gedicht erfaßt, vergrößert alle scheinbar kleinen, immer wiederkehrenden, daher eminenten Sorgen, Unstimmigkeiten
des täglichen Lebens. Dem Menschen in den Gedichten Necatigils ver-
sprechen seine eigenen vier Wände, der vertraute Kreis seiner Familie Harmonie und Sicherheit vor der rauhen, sozial unbewältigten Wirklichkeit.
Doch er täuscht sich, sehr bald werden die kleinen materiellen Sorgen hör-
bar, die die innere Ruhe zerstören. Es fehlt an genügender Nahrung, Klei-
dung, an Geld für Arzt- und Arzneikosten für die kranken Kinder, der
Monatsanfang ist im Handumdrehen da, wie ein Damoklesschwert hängt
die Hausmiete über dem Hausvater. Er kann sich niemandem ausspre-
chen, bleibt mit den Sorgen allein, muß innehalten, verstummen. Noch
einsamer, verlassener, verstoßener fühlt er sich in der harten, tauben Wirklichkeit der Außenwelt. Dieses Ich ist heimatlos, zerrissen zwischen Innen

ILHAN BERK
Euch

Euch sah ich an. Deine Stimme alt und allein
Euch ziehe ich aus. Euer großer Mund.

Eure Augen nehme ich. Eure Au-
Gen Mittelalter. Riesig und öde.

Ich nehme deine Hände weiß sage ich
Weiß dein nacktes Fleisch, eures.

Eure Orte enthülle ich. Him-
Mel, wie Bäume riecht ihr.

Ich greife nach eurer Stimme ich nehme
Eure Stimme! Istanbul. Heimatlos. Ohne Später.

Eine steile Stadtmauer besteigen wir. Von einem Pferd
Steige ich ab. Ich bin weiß. Ihr seid weiß.

Schenkung

Dann ging ich den ganzen Tag hin und her
Schrieb dieses Ghasel vielleicht hörtet ihr davon.

GÜLTEN AKIN
Liturgie vom beklommenen Dichter

Kleiner als Maiskorn bin ich, doch
Die Welt paßt in mich hinein
In keine Welt passe ich
Passe nicht hinein, Sohn

Wollt' ich Wolke sein ich kann es
Wollt' ich zum Himmel ziehn ich kann es
Über Herbstweiden streif' ich
Regnen kann ich nicht, Sohn

Mein Sperber hat Fesseln
Und eine Nelke im Schnabel
Diesen unbegreiflichen Widerspruch
Lösen kann ich nicht, Sohn

Ich bin Dichter, fiel in Träume
Kehrte um, fiel in Plagen
Hing meine gewandte Feder auf
Schreiben kann ich nicht, Sohn

und Außen *(eine zerschlagene Wand)*, es ist Subjekt und Objekt zugleich. Im hastigen Lauf des Lebens wird es von einer Ecke zur anderen, vom Erlebnis zur Phantasie gehetzt, und jedesmal erfährt es das erdrückende Gefühl des Abgestoßenseins, Fremdseins. Ein Fremdling des Lebens, der gern leben möchte, behutsam das Leben berührt, und es wird *»Eine verwelkte Rose beim Berühren«*.

In seiner weiteren Entwicklung verschlägt es ihm mehr und mehr die Sprache. Leer- und Schweigestellen werden zu einem wichtigen lyrischen Element. Das poetische Sprechen wird zögernd, bruchstückhaft, rudimentär. Das entscheidende Wort wird immer ausgespart. Weder Frage noch Antwort ist mehr möglich. Die ganze Sprache, die Syntax wird zu einer einzigen unentschlüsselbaren Chiffre. Das dichterische Verstummen, die Intensität des Unaussprechlichen wird durch sprachliche Präzision und künstlerische Artistik erreicht und aufrechterhalten. Auf dem sehr engen Pfad zwischen Wort und Verstummen bewegt sich Necatigil mit großer poetischer Artistik. Damit ergeben sich unerwartete Beziehungen zu der hochstilisierten Sprache der Diwan-Poesie. Dennoch ist der Unterschied deutlich und wesentlich: die sprachliche Artistik der Diwan-Dichtung ist gekoppelt mit einer Stabilität des poetischen Gebildes, vor allem des Zweizeilers *(Beyit)* im Gedicht, während Necatigils Gedichte mit ihren Leerstellen, Aussparungen und ihrem rudimentären Charakter instabil, mehrdeutig bis undeutbar sind. Seine späteren Versuche, die er *Quadrate* nannte, die dem Leser die Möglichkeit bieten, unzählig viele Gedichte aus ihnen zu machen, sind eine konsequente Folge seiner dichterischen Entwicklung. Quadratisch neben- und untereinander angeordnete Wort-, Bilder- und Assoziationsfolgen können von links nach rechts, von oben nach unten oder umgekehrt oder querdurch beliebig in zahllosen Variationen gelesen werden. Das poetische Sprechen wird variabel, das Gedicht ein sich selbst erzeugendes Objekt, ein begrenztes Perpetuum mobile. Necatigils Lyrik weist also einmal auf die türkische Klassik, die Diwan-Poesie, andererseits auf die modernsten Strömungen der Weltpoesie. (Ich erinnere in diesem Zusammenhang nur an die Billionen Sonette von Raymond Queneau und an die konkrete Poesie.)

Einen Schritt weiter geht Ilhan Berk (geb. 1916). Seine Gedichte thematisieren Geschichtliches und Geschriebenes, wobei auch die Architektur – die Häuser, Straßen, Bauten – und die Landschaften für ihn etwas Geschriebenes, Gemachtes sind. Das Geschriebene, das Gemachte, kurz die Sprache selbst wird zum Thema seiner Gedichte. Ein geschichtliches Ereignis, eine geschichtliche Persönlichkeit sind Zeichen. Eine Stadt, eine Straße, eine Kirche, eine Frau oder ein Kind auf der Straße sind Zeichen. Berk konkretisiert die geschichtliche und gegenwärtige Wirklichkeit in eine Zeichenwirklichkeit, Zeichenwelt, in der Geschichtliches und Gegenwärtiges eins sind. Seine Sprache, seine Wörter sind Zeichen im indexikalischen Bereich: »*Ein Wegweiser und ein Wort: ISTANBUL: 444 Km.*« (*Sofia*). Eine Art Diskrepanz oder Disparität zwischen den Zeichen- und Erzählelementen erklärt sich wiederum aus der Synthese der türkischen Tradition mit der europäischen Moderne. Das ist keine Inkonsequenz, sondern ein Ergebnis des künstlerisch-kreativen Prozesses bei Berk. Zeichencharakter der Sprache bedeutet hier elliptische Verkürzung. Aber die Ellipsen werden in erzählender Weise aneinandergereiht. Es entstehen lange bzw. endlose Zeilen mit einem besonders brüchigen rhythmischen Fluß, der aber keinesfalls prosaisch ist.

Eine völlig andere, weniger be- und entfremdende Richtung innerhalb der modernen türkischen Lyrik vertreten Cahit Külebi (geb. 1917) und Attila Ilhan (geb. 1925). Der Lyrismus der tradierten Volkspoesie gelangt in Külebis Gedichten zu einem neuen und eigenartigen Aufblühen. Er ist wahrscheinlich der einzige türkische Dichter, der, von der anatolischen Hochebene in die Städte verschlagen, nicht in den bedingungslosen Urbanismus verfallen ist. Seine neuen Erfahrungen, Erlebnisse mit und in der Welt und die neuen Formen, Techniken fügt er in seine Kunst anatolisch volkstümlicher Provenienz. Eine klare, eindeutige, sparsame Sprache, alle lyrisierenden und rhythmisierenden Mittel der alten und neuen Poesien (wie die verschiedenen Reimarten, Wort- und Zeilenwiederholung, additives Aufzählen) und aufgewogenes Einsetzen von Bildern, Metaphern und Symbolen machen seine Gedichte für seine Leser vertraut. Dennoch sind sie neu: Külebi gelingt in ihnen die Verbindung des freirhythmischen Verses mit den Metren und poetischen Figuren der Volkslyrik. Er leistet der Neuerungsbewegung der vierziger Jahre dadurch seinen Beitrag, daß er die Verträglichkeit des Neuen mit dem Altbewährten überzeugend demonstriert. Er ist gegenwärtig einer der volkstümlichsten und beliebtesten Dichter der Türkei.

Attila Ilhan hingegen knüpft an die Formen und Gefühle der Diwan-Tradition an. Manch anderer Dichter, wie zum Beispiel Turgut Uyar (geb. 1927) besinnt sich in den letzten Jahren neu auf die höfische Tradition. Uyar versucht allerdings nur die Formen der Diwan-Poesie für neue Inhalte zu benützen und verfällt dabei in einen Formalismus. Bei Attila Ilhan ist dieser Traditionsbezug ein poetischer Programmpunkt. Als der vielleicht erbittertste Gegner der *Garip*-Bewegung war er in den fünfziger Jahren der Gruppen- und Wortführer der *Maviciler*, die als Gruppe von kurzer Dauer und erfolglos war. Ilhan aber führte seine Gegnerschaft gegen jeden, gegen jede Gruppe, deren Lyrik einen Bruch mit der Tradition bedeutete, bis heute konsequent weiter. Er ist zwar sehr traditions- und geschichtsbewußt, aber er versucht keineswegs, neue Inhalte in alte Formen einzuzwängen oder sich selber bedingungslos der Bild- und Gefühlswelt

ATTILA ILHAN
die gewerkschaft der müden

> *– für die häftlinge die wegen ihrer*
> *ansichten nicht amnestiert wurden –*

eine fabrik baute ich aus unserem groll
alle abteilungen stellte ich an ihren ort
meldete mich als arbeiter zur nachtschicht
webte bis in die morgen hinein an der freiheit
oben der himmel der funken und der rauch
blitze schlagen nacheinander ein

eine gewerkschaft machte ich aus unserer müdigkeit
ihr name ist wie schon gesagt
die gewerkschaft der müden
dich schrieb ich als mitglied ein ohne dich zu kennen
ohnehin ist dein lied unser aller lied
deine stimme ist sicherlich so heiser wie meine
deinen horizont engten sie mit blitzen ein
über deinen meeren pfeift eine finsternis

in der morgeneinsamkeit plötzlich plakate
die wir durch fabrikschornsteine aushusten
die malariaverseuchte menge die wie ausrufe wegläuft
die wir mit den ersten straßenbahnen brachten
die wir in ihre kalten betten legten
deren glieder vor schlaflosigkeit gebrechlich
in ihren handflächen ein tiefer brandschmerz
ein verdächtiges zittern durchzuckt ihr fleisch

oben der himmel der funken und der rauch
die hellgrüne schrift des regens
die fahne der armen durchnäßte tauben
unter ihren flügeln geduckt die gewerkschaft der müden
plötzliches verstehen eines großen unrechts
schüchternheiten sehr ähnlich der sklaverei
unterdrückt werden ohne seine unterdrückung zu merken
traurig bis in sein mark hinein die trauer der hoffnungslosigkeit

mit neuanfängen vergeht unser leben
unseren optimismus schlagen sie gegen die mauern
die wolken verfinstern in uns die sonnen
unsern atem erstickt der efeu aus eisen
an dessen fuß wir unsere träume ausspucken

deine augen befreien sich von verdrießlichen nebeln
deine ohren vom spiralgefederten geschrei
in ausgedorrten gefängnissälen wird es abend
oben der himmel der funken und der rauch

TAHSIN SARAÇ
Durch die Zeiten

In tauben Höhlen der Vergessenheit
Wandeln in sanfter Verwirrung
Tote, die ihre Gräber verloren.

Der Moosschlaf versiegter Brunnen regt sich
Und in traubenbärtigen Steinstatuen
Birst die Zeit aus assyrischer Nacht.

Plötzlich werden die Löwen bewachter Königstore
Losgejagt aus der Kette der Zeiten
Auf nackte Sklawen
Mit tätowierten bronzenen Körpern.

Dann bestürmen wie zornrote Spitzen
Soldatenscharen die Städte
Voran die Meister der Todesernten.

Über alle Nester spannt sich ein bitterer Himmel
Sand verschüttet die Milchquelle, die Brust der Mütter
Im Hals bleibt der Bissen am Abendtisch stecken
Die Betten der apfelduftenden Bräute
Mit Blicken wie Weidemorgen, erkalten.

Und plötzlich gefriert die Finsternis mit schrecklichem Schrei
Auf schwarzen Marmor wird gemalt das schwarze Blut
Der mit blitzendem Säbel entzweiten Wahrheit
Und mitten durch die Zeiten erhebt sich dann
Mit pechdunklem Rauch, man menschlichem Gebein riechend
Das höchste Denkmal, errichtet für einen großen Sieg.

der Diwan-Poesie zu fügen. Es geht ihm vielmehr um den historischen Stellenwert dieser Dichtung, die nun von allen abgelehnt wird. Er fühlt sich dieser Tradition verbunden. Er entfremdet die lyrische Stimmung des traditionellen Gedichts durch Zusammenfügen von Heterogenem: Pathos und Kühnheit, Nüchternheit, Harmonie und Dissonanz, Boheme-Romantik und auflehnende, trotzende Härte, innere Unruhe, Gehetztsein und äußere, wirkliche Harmlosigkeit, Großstadtjargon und Umgangssprache, Schönes und Häßliches *(istanbul-schmerzen)*, ungewohnte Bilder, Assoziationen lassen Wellen von anhaltender Spannung entstehen, die den Leser ergreift und schockiert. Das Gedicht der höfischen Artistik wird zum Politikum und zum Zufluchtsort des in sich Zerrissenen. Daher die Weitatmigkeit der Gedichte von Attila Ilhan. Es ist ein windverwehtes, unruhig flüchtiges, ängstliches, aber todesmütiges, verwirrtes und aufsässiges Ich in diesen Gedichten, ein Bohemien der sozialen Verhältnisse. Mit allen verfügbaren rhythmisierenden Mitteln wird es durch alle Zeilen des Gedichts gejagt *(der regenflüchtige)*. Attila Ilhans Lyrik bewirkt keinen Durchbruch, wie beispielsweise die *Garip*-Lyrik, aber er frischt das alte Gedicht auf, indem er das Poetische, oder was die alte Lyrik unter poetisch verstand, mit Jargonhaftem, Sach- und Realbezogenem kombiniert.

Die Diwan-Tradition mit ihrer osmanischen Sprache und Bilderfülle wird bei Hilmi Yavuz (geb. 1936) zu einem einzigen atmosphärischen Versatzstück.

Die zweiten Neuen

Die Zeit war auch in der Türkei schnellebig geworden. Was sich am Anfang der vierziger Jahre als eine poetische Befreiungsbewegung von den Fesseln und erstarrten Formen der alten Poesien und Poetiken verstand, wurde kaum ein Jahrzehnt darauf als Einschränkung, erdrückende Eingrenzung, als Unterdrückung poetischer Imaginationskraft und Assoziation, als ein ungerechtfertigter und unnatürlicher Bruch mit der eigenen Tradition empfunden. Eine neue Dichtergeneration war in den fünfziger Jahren herangewachsen, die sich vor die schwierige Aufgabe gestellt sah, die poetischen Hochburgen aus den Händen der inzwischen etablierten *Garip*-Dichter an sich zu reißen, sich gegen so entschiedene wie erfolgreiche Erneuerer zu behaupten. Das ist ein natürlicher Trieb jeder jungen Generation und fördert gewiß den Fortschritt, die weitere Entwicklung auch im Bereich der Poesie. Die junge Dichtergeneration der fünfziger Jahre wagte die Ablehnung der *Garip*-Meister, von denen sie doch das dichterische Handwerk so vorzüglich gelernt hatte, daß Gedichte wie *Die Lebenden* oder *Was für ein Tisch...* eines Edip Cansever hervorragende

Beispiele gerade der *Garip*-Dichtung sein könnten. Aber die Vervollständigung des Vorhandenen und die Meisterschaft in ihm genügte den jungen Dichtern nicht. Sie wollten selbst Erneuerer wie *Garip*-Dichter sein und nannten sich entsprechend: *Die zweiten Neuen*. Doch sie hatten es in gewissem Sinne wesentlich schwieriger als die *ersten Neuen* (*Garip*-Dichter). Während diese dem Alten, lang genug Dagewesenen relativ leicht einen Schlußpunkt setzen konnten, hatten die *zweiten Neuen* die undankbare Aufgabe, sich von überzeugenden Erneuerern abzuwenden und dem poetischen Sprechen neues Land zu erschließen. Kaum waren die Möglichkeiten der *Garip*-Dichtung voll ausgeschöpft – der frühe Tod Orhan Velis war mit ein Grund dafür –, waren schon die jungen Dichter vom Geist des Erfindens, Erneuerns gepackt. Unruhig suchend wollten sie ihr dichterisches Sein von konkreten Taten bestätigt sehen. Kann man das nur mit der Wißbegierde, dem Wissenschaftsdrang des heutigen, mißtrauisch gewordenen Menschen erklären? Die Kritiker der *zweiten Neuen* sind nicht dieser Meinung. Sie werfen ihnen Flucht vor der Wirklichkeit, den immer dringender werdenden sozialen und politischen Fragen des Landes vor. Mit Vorwürfen, sie würden sich vor den sozialen Mißständen hinter einer zügellosen Imaginierung der Sprache, hinter einer Wort-, Chiffren- und Bilderwelt, die selbst für Eingeweihte unentschlüsselbar, verschlossen bleibt, verstecken, wird bis heute nicht gespart. Wenn diese Kritik auch nicht immer zutrifft, so waren die *zweiten Neuen* mit ihren sogenannten *bedeutungslosen Gedichten* doch Esoteriker. Sie fanden für diese Art von Gedichten ihre Vorbilder im wesentlichen in der westlichen Nonsens-Poesie. In den letzten Jahren kamen sie zumeist von dieser Lyrik ab.

Ich werfe den *zweiten Neuen* die Inkonsequenz vor, mit der sie Richtungen wechselten, und zweitens, daß sie ihre poetische Sprachwirklichkeit in eine Sprach- und Bildentgrenzung, damit aber in eine sprachliche Metaphysik abgleiten ließen. Ihre Abkehr von den stilistischen Verkürzungen, Verknappungen der ersten Neuen und ihr Zurück zu einer Sprachfülle war ein Zurück ins Sprachlich-Irreale. Aber auch diese Kritik an den *zweiten Neuen* muß ich einschränken. Sie haben mit der methodischen Einführung der völlig freien Imaginierung der Sprache neue Techniken, Kriterien entwickelt, einer möglichen, vielleicht da und dort bereits eingetretenen Erstarrung der *Garip*-Lyrik entgegengewirkt. Dies war gleichsam ein Entgegenwirken gegen die kühne Trockenheit, volkstümliche Einfachheit und Zugänglichkeit der *Garip*-Dichtung, wobei sie anfangs den Bruch mit dem Leser in Kauf nehmen mußten. Doch haben sie die Vorherrschaft der *Garip*-Dichter durchbrochen. Die meisten von ihnen, Edip Cansever (geb. 1928), Turgut Uyar, Cemal Süreya (geb. 1931), hatten anfangs in der *Garip*-Manier geschrieben. Andere suchten eine Synthese zwischen der *Garip*-Dichtung und der neuen Wortimagination. Für diesen Zweck haben vor allem Metin Eloğlu (geb. 1927), Cemal Süreya und Ülkü Tamer (geb. 1937) den Humor und die Ironie der *Garip*-Lyrik sehr intensiv in ihr neues, lyrisches Sprachgitter eingeflochten.

Die größten Abweichungen von der Standardsprache, somit vom Vertrauten, weisen die Gedichte von Ece Ayhan (geb. 1931), Ahmet Oktay (geb. 1933) und Gülten Akin (geb. 1933) auf. Für sie besitzen die Sprachnormen keinerlei Verbindlichkeit mehr. Durch das Zerstören dieser Normen suchen sie nach neuen Strukturen. Die Dichterin Gülten Akin unterscheidet sich durch ihre zarte, leise und doch aussparende Redeweise von den anderen *zweiten Neuen*. Ihr Befremden an der rauhen Wirklichkeit transportiert sie, wie Behçet Necatigil, ins Verstummen, in Abbreviaturen. Gegen Ende der sechziger Jahre fand sie aus ihrer poetischen »Resignation« zu einem offeneren sozialkritischen Gedicht, ohne ihre Sensibilität preiszugeben. Die Verklärung eines lyrischen Ichs tritt ein, das sich mitten im Lebenskampf befindet und zugleich sich selbst entrückt, seine letzte Identität im gesellschaftlichen, im menschlichen Sein gefunden hat. Das esoterische Ich der Phase der *zweiten Neuen* macht Platz für das neue Ich, das zu seiner anatolischen Heimat zurückgefunden hat, zu den Leiden und Freuden des Volkes, zu seinen Liedern also, zu der monumentalen Tradition der Volksdichtung.

Tahsin Saraç (geb. 1930) ist neben Fazil Hüsnü Dağlarca einer der eigenartigsten Dichter der »türkischen Sprachrevolution«. Immer neue und überraschende Wortschöpfungen, Komposita und Wortausgrabungen und eine unversiegbar scheinende Quelle von lyrischen Bildern und Vergleichen machen den ästhetischen Innovationsgehalt seiner Gedichte aus. Ästhetik ist hier jedoch nicht Selbstzweck und ebensowenig die Bilder- und Metaphernfülle: vielmehr dienen sie als Grundlage für eine breit angelegte Skala von Themen und Gehalten, die aus einer ganz eigenen Mischung von humanen Zielen und Kampfansagen für die Ideale von menschlicher Liebe und Erneuerung des Daseins bestehen. Naturverbundene subjektive Gefühlsbetonung bedeutet bei ihm Widerstand gegen Vermassung und technische, industrielle Entfremdung des Menschen. Saraç ist gleichzeitig ein Aktivist sprachästhetischer Belange und der Liebe in einer unruhigen, vom Kampf um die humanen und demokratischen Ziele bestimmten Zeit.

Junge Dichtergenerationen, die erst in den sechziger und siebziger Jahren zu schreiben begannen, bereichern die vielfältigen lyrischen Aspekte, die Vielheit der Strömungen, Stile und Strukturen noch mehr. Sie sind sowohl von der trockenen Sachlichkeit der *Garip*-Lyrik wie auch von der Bildentgrenzung der *zweiten Neuen* weggekommen und versuchen eine eigene Synthese zu finden. Die jungen Dichter sind in sich uneinheitlich, doch es lassen sich Entwicklungstendenzen erkennen, und zwar zwei deutliche: einmal Gedichte als Politikum mit einer gefühlsgeladenen, impulsiven bis expressiven Sprachgestaltung und als Tendenz-, Erlebnis- und Welterfahrungslyrik (Ataol Behramoğlu, geb. 1942, Refik Durbaş, geb. 1944, Ismet Özel, geb. 1944); die andere Richtung weist sich durch sorgfältigere Arbeit an der Sprache aus. Wie die Wirklichkeit ist auch die Sprache im Werden: Dieser Prozeß hat bereits Form und Gestalt gefunden (Özdemir Ince, geb. 1933, Haluk Aker, geb. 1940, Güven Turan, geb. 1944).

Tips zum Weiterlesen

Lyrik des Ostens. Hg. von Wilhelm Gundert, Annemarie Schimmel und Walther Schubring. München ⁵1965
Pazarkaya, Yüksel (Hg.): *Moderne türkische Lyrik*. Tübingen-Basel 1971.
Annemarie Schimmel (Hg.): *Aus dem Goldenen Becher. Türkische Gedichte vom 13. Jahrhundert bis in unsere Zeit*. Istanbul 1973.
Für weitere Hinweise siehe das Kapitel über die ins Deutsche übersetzte türkische Literatur, S. 176–194

Nazim Hikmet –
Das schönste Wort für dich:
das sagte ich noch nicht

Nazim Hikmets Biografie, die sich aus der Vision kommender, schöner Tage, aus einer unversiegbaren Hoffnung nährte, zeichnet eine jener Lebenslinien, in denen die Widersprüche der Zeit konkret sichtbar werden. Der 1902 im damals osmanischen Saloniki als Enkel eines Paschas und Sohn eines Staatsbeamten (zeitweise Konsul in Hamburg) sowie einer Malerin aus großbürgerlichem Hause geborene Dichter hätte mühelos im stillen Glanz einer ebensolchen großbürgerlichen Karriere und eines mit allen materiellen Annehmlichkeiten ausgestatteten Lebens, in Euphemismus versinken können. Doch er entschied sich für einen anderen Weg und ein eigenes Leben, das von der Zeit geprägt wurde und in ihr prägende Spuren hinterließ. Als es am 3. Juni 1963 im Moskauer Exil zu Ende ging, trauerten nicht nur die Intellektuellen dieser Erde. Peter Hamm, der an jenem denkwürdigen Tag in Moskau weilte, schrieb: »Der gefangene Hikmet wurde, was der freie Brecht immer werden wollte und, Dialektiker, der er war, nie werden konnte: ein ›Dichter des Volkes‹. Nicht nur seines eigenen übrigens: japanische Fischersfrauen druckten Gedichte von ihm als Flugblatt gegen die Wiederaufrüstung, amerikanische Neger trugen bei Demonstrationen sein Porträt, überlebensgroß, französische Arbeiter schickten ihm Dankesbriefe, in vielen Ländern sandten sich junge Menschen seine Gedichte als Liebesbriefe zu, und als er starb, am 3. Juni 1963, in Moskau, sah ich dort selbst, wie die Menschen stumm und in langen Reihen vor den Zeitungskiosken anstanden, um Hikmets letzte Worte und die Nachrufe auf ihn zu lesen, um die letzte Photographie von ihm zu sehen, seinen ungebrochenen, offenen Blick.«

Doch seine »letzten Worte« sprach er nicht aus. Folgende Zeilen, die er am 24. September 1945 im Gefängnis von Bursa an seine Frau schrieb, reflektieren nicht nur sein poetisches Programm, sondern auch sein globales Lebensprogramm, seine Hoffnung:

> Das schönste Meer:
>   das entdeckte man noch nicht.
> Das schönste Kind:
>   das wuchs noch nicht auf.
> Unsere schönsten Tage:

die erlebten wir noch nicht.
Und mein schönstes Wort für dich:
das sagte ich noch nicht ...

Aus dieser Hoffnung erwächst seine unverdrossene Art, die Widersprüche in der Welt und in der Gesellschaft aufzunehmen – gleich unverdrossen im primitivsten anatolischen Gefängnis wie im bitteren Exil. In seiner lyrischen Autobiografie schreibt er:

Mit 36 legte ich in einem halben Jahr
4 qm Beton zurück,
mit 59 flog ich in 18 Stunden von Prag nach Havanna.

Beides jedoch bedeutet ihm Unfreiheit: der Kerker, in dem er ein Viertel seines Lebens zubringen mußte, wie die scheinbar weite Welt des Exils von Peking bis Havanna, von Paris bis Tanganjika. Die erzwungene Trennung von seinem Land und Volk, dessen Sprache er teilte, wurde ihm zur schmerzlichsten Form der Unfreiheit. Sie ließ ihn seine ergreifendsten Gedichte schreiben, um nicht »schöne« Gedichte zu sagen, denn die Wirklichkeit und die Erfahrung der Unfreiheit ist niemals schön. Vom Exil in Varna am Schwarzen Meer aus flüsterte er einem weißen Schiff, das zum Bosporus Kurs nahm, folgende Verse nach:

... ein Schiff zieht zum Bosporus,
ganz behutsam streichelt Nazim das Schiff,
seine Hände verbrennen ...

Schon mit siebzehn Jahren, als er auf der Seekadettenschule war, wurde er von der britischen Besatzungspolizei in Istanbul wegen seiner Gedichte verfolgt und aus der Schule entlassen. Er ging dann nach Anatolien, wo er sich am Befreiungskrieg unter Atatürk gegen die imperialistischen Besatzungsmächte beteiligte. 1922 ging er nach Moskau und studierte dort an der »Universität der asiatischen Werktätigen« Soziologie und kehrte 1924 in die Türkei zurück. Wegen seiner politischen Tätigkeit und Publikationen wurde er 1925 zum ersten Mal verurteilt. Durch seine zweite Reise nach Moskau entging er knapp der Haft. Doch das Urteil wurde bald revidiert, worauf er 1928 wieder in die Türkei zurückkam. 1933 wurde er zum ersten Mal inhaftiert und bald wieder auf freien Fuß gesetzt. Weil er sich 1937 für das republikanische Spanien nicht nur in seinen Gedichten, sondern auch durch die Gründung eines Hilfskomitees engagierte, wurde er unter der Anschuldigung, mit seinen Gedichten angehende Marineoffiziere zur Meuterei aufgehetzt zu haben, 1938 von einem Militär- und einem

Zivilgericht wegen Hochverrats zu zweimal je zwanzig Jahren schweren Kerkers verurteilt. Die Summe der beiden Strafen wurde dann auf 29 Jahre reduziert. Bei einer Durchsuchung hatte man seine Bücher und Gedichte in den Schränken der Kadetten gefunden. Als besonders schwerwiegend kreideten ihm die Ordnungshüter sein Gedicht *Es schneit in der Nacht* an, das an einen republikanischen Posten vor Madrid adressiert ist und ein Bekenntnis für diesen unbekannten Kämpfer für die Freiheit bekundet:

ES SCHNEIT IN DER NACHT

Einer Stimme aus dem Jenseits lauschen,
In den Zeilen jenes »Unergründliche« verbergen,
Mit Leidenschaft den Reim schmieden,
Schöne Worte, tiefe Bedeutung,
Gott sei Dank
    von all dem,
        von all dem bin ich frei heute nacht.

Heute nacht
bin ich ein Straßensänger mit einer kunstlosen Stimme,
die für dich ein Lied singt,
ein Lied, das du nicht hören kannst.
Es schneit in der Nacht.

Du stehst vor dem Tor Madrids
einer Armee gegenüber, die uns alles Schöne,
        die Hoffnung, die Sehnsucht, die Freiheit
        und die Kinder tötet.

Es schneit,
und vielleicht heute abend
frieren deine nassen Füße?
Es schneit,
und während ich an dich denke,
kann eine Kugel dich treffen,
        und dann
            kein Schnee, kein Wind, keine Nacht mehr ...

Es schneit,
und bevor du »No pasaran« gesagt
        und dich vor das Tor Madrids gestellt hast,
            gab es dich sicherlich schon.

Wer warst du, woher kamst du, was machtest du?
Ich weiß nicht.
        Zum Beispiel:
Von den Kohlengruben Asturiens könntest du gekommen sein.
Vielleicht trägst du an deiner Stirn eine blutige Binde,
die die Wunde von der Nordfront verbirgt.
Und vielleicht gabst du die letzte Kugel in der Vorstadt ab,
als die »Junkers«-Maschinen Bilbao verbrannten.
Oder vielleicht warst du auf dem Gut irgendeines
Conte Fernando Valecero de Cartolom Taglöhner.
Vielleicht hattest du einen kleinen Laden auf der »Plaza del Sol«
und verkauftest bunte spanische Früchte.
Vielleicht hattest du gar keinen Beruf, vielleicht hattest du
        eine sehr schöne Stimme,
vielleicht bist du Philosophiestudent, vielleicht von der
        juristischen Fakultät.
Und im Universitätsviertel
unter einem italienischen Panzer wurden deine Bücher zermalmt.
Vielleicht bist du ein Ungläubiger,
Vielleicht hängt um deinen Hals ein Kreuz?

Dein Gesicht sah ich nie, ich werde es nie sehen.
Vielleicht erinnert dein Gesicht
an jene, die in Sibirien den Koltschak schlugen;
vielleicht ähnelt ein Zug deines Gesichts
dem Unsrigen, der in Dumlupinar fiel
und vielleicht trägst du einen Zug von Robespierre?

Meinen Namen hörtest du nie und nie wirst du ihn hören;
zwischen uns sind Meere, Berge,
        meine verfluchte Schwäche
und das »Nichteinmischungskomitee«.
Weder kann ich zu dir kommen,
        noch einen Kasten Kugeln,
        einen Korb frische Eier
        ein Paar wollene Socken an dich schicken.

Dennoch weiß ich,
in diesem kalten Schneewetter
frieren deine Füße vor dem Tor Madrids
wie zwei nackte Kinder.
Ich weiß,

alles, was schön ist, was groß ist,
alles, was die Menschen an Großem
    an Schönem noch schaffen werden,
das heißt also, jene furchtbare Sehnsucht, meine Hoffnung,
alles liegt in den schönen Augen
    meines Wachtpostens vor dem Tor Madrids.
Und ich kann weder heute, noch gestern, noch morgen
etwas anderes tun als ihn lieben.

Auf die Proteste aus aller Welt hin wurde Hikmet 1951, nach dreizehnjäh-
riger Haft, auf freien Fuß gesetzt. Noch im selben Jahr mußte er in einem
Motorboot ins Exil flüchten. Über den Grund dieser für viele überraschenden Flucht schreibt der namhafte türkische Journalist Nadir Nadi:
»Die Regierung ließ ihm zu Ohren kommen, daß er bald zum Militär eingezogen und nach Ost-Anatolien versetzt werde. Er war fünfzig und hatte
schon längst seinen Militärdienst wie wir alle abgeleistet. Und wir wußten,
was das bedeutete: man wollte ihn im Osten fern aller Öffentlichkeit durch
eine blinde Kugel töten. Auch er wußte das und flüchtete. «

Bis zu seinem Tod lebte er dann in seinem neuen »Gefängnis«, das Exil
hieß, in der tragischen Hoffnung, doch noch einmal die Heimat zu sehen,
was nie geschah. Oder doch: er flog 1963, kurz vor seinem Tod, nach
Tanganjika. Auf dem Hinflug sah er sein Land ein letztes Mal aus achttausend Meter Höhe – genauer: die winterlichen Wolken über dem Land. In
seinem langen Gedicht, einem der letzten, *Tanganjika-Reportage in zehn
Briefen* genannt, schreibt er im ersten Brief über dieses Erlebnis:

In achttausend Meter Höhe, über meinem Anatolien bin ich.
In achttausend Meter Tiefe, unter den Wolken, liegt strenger Winter
    auf meinem Land.
Die Verbindung zu den Dörfern ist längst abgeschnitten.
Jedes einzelne liegt einsam in Schneewüsten.
Grützengericht ohne Fett.
Im Rauch brennenden Kuhmists sieht keiner den anderen.
Säuglinge sterben, bevor sie die Laus befällt,
und ich fliege in achttausend Meter Höhe, über den Wolken.
So ist es, Tuljakova …

Die Entwicklung seiner Lyrik ist vergleichbar mit dem Lauf eines Flusses
vom Entspringen bis zum Einmünden ins Meer. Die Rhythmik seiner Verse entspricht in den ersten Jahren dem reißenden Fluß aus den Bergen.
Später, in der letzten Phase, wird daraus ein breiter Talstrom. Aber immer
schlägt sich die leidenschaftliche Anteilnahme am Leben und am Weltge-
schehen in den Zeilen seiner Gedichte nieder.

Sein im dialektischen Materialismus verwurzelter Hoffnungsglaube ließ ihn zeitlebens mit der Vision einer glücklichen Welt und für diese leben. Seine Poesie stellte er vollkommen in den Dienst dieser Hoffnung, deren Grundlage doch oder gerade die gelebte Zeit war, um deren Veränderung es letztlich ging. Die marxistische Zukunftsvision blendete ihn niemals. Er blieb bis zuletzt der idealistische Poet, der in den Widersprüchlichkeiten seiner Zeit aufging, sich mit ihnen identifizierte. In seinem Gedicht *Über das zwanzigste Jahrhundert* ist der dialektische Spannungsbogen zwischen dem geliebten, unzulänglichen Jetzt und der verhängnisvollen Zukunft deutlich sichtbar:

– Jetzt einschlafen, Liebster
und erwachen in hundert Jahren ...
– Nein, mein Jahrhundert macht mich nicht bange, ich
     bin kein Feigling

Mein Jahrhundert, elend,
beschämend,
mein Jahrhundert, tapfer,
groß
und heldenhaft.

Dieses »heldenhaft« bezieht sich auf die Taten derer, die für das Morgen kämpfen und sterben, zu denen er sich zählt:

Mir genügt es,
mich in Reih und Glied meines zwanzigsten Jahrhunderts
    zu stellen,
auf unserer Seite zu stehn,
für eine neue Welt zu kämpfen ...

Auch im Leiden begeisterte er sich für das Leben und wußte, daß Leid nicht sein mußte. Leiden durch Erniedrigung, Unterdrückung und Ausbeutung der Menschen durch die Menschen. Seine Gedichte enden alle hoffnungsvoll, das heißt, er hört in ihnen nie auf zu lieben. Als die Hüter der Ordnung 1938 seinen Tod forderten, schrieb er aus dem Gefängnis an seine Frau:

Meine Frau,
meine zärtliche,
goldene
Biene, mit Augen, süßer als Honig;
warum schrieb ich dir,
daß mein Tod verlangt wird,
der Prozeß begann doch erst

und den Kopf eines Menschen reißen sie noch nicht ab
wie einen Rübenkohl.
Denk nicht mehr daran.
Das ist alles ganz unwahrscheinlich.
Wenn Du Geld hast,
kauf mir Unterwäsche,
wieder hab ich im Bein die Ischias.
Und vergiß nicht,
immer an gute Dinge
muß die Frau eines Häftlings denken.

Nach dem Zerfall des 600jährigen Osmanischen Reiches, der mit der Niederlage im Ersten Weltkrieg und dem Vertrag von Sèvres besiegelt worden
war, organisierte sich der Volksbefreiungskampf unter Mustafa Kemal gegen die alliierten Besatzer und gleichzeitig gegen die Überreste des Reiches. Nazim Hikmet hat sich nicht nur in seinen jungen Jahren mit dem
Befreiungskampf identifiziert, sondern auch – ein makabrer Scherz des
»dialektischen Widerspruchs« – in den Gefängnissen der neuen Republik
das schönste Epos dieses Kampfes geschrieben. Er widmete ein Buch der
Menschenlandschaften dem Befreiungskampf. Sie, die namenlosen anatolischen Bauern, Tagelöhner, Arbeiter, hat er zu wahren Helden des Befreiungskampfes emporgehoben. In dem großen Werk findet zwar Atatürk in
nur wenigen Zeilen poetische Gestalt, und ohne daß sein Name dabei erwähnt wird, doch diese Zeilen gehören zu den schönsten, die je für Atatürk geschrieben wurden:

Einzeln
        flackerten
                die Feuer in den Bergen
Und die Sterne waren so funkelnd, so frohmuntend,
daß der Mann mit der Lammfellmütze
– ohne zu wissen, wann und wie sie kommen werden –
        an schöne, sorglose Tage glaubte
und wie er so mit seinem lachenden Schnurrbart neben dem
        Mausergewehr stand
erblickte er ihn plötzlich fünf Schritte entfernt.
Die Paschas standen hinter ihm.
Er fragte nach der Uhr.
»Drei«, sagten die Paschas.
Er glich einem blonden Wolf
Und seine blauen Augen glühten wie Feuerstrahlen.
Er schritt bis an den Rand des Abhangs,
beugte sich und verharrte.

Hätte man ihn losgelassen,
federnd auf seinen langen, schlanken Beinen
und schweifend wie ein Stern durch die Nacht,
wäre er von Kocatepe in die Afyon-Ebene gesprungen.

Hikmet identifizierte sich auch mit dem neuen Staat, mit den Reformen Atatürks. Aber sie genügten ihm nicht, um die Volksherrschaft zu verwirklichen. Mit neunzehn Jahren kam er mit Marx und Lenin in Berührung. Sein erster Aufenthalt in Moskau stellte die Weichen für sein weiteres Leben. Er brachte ihm die Bekanntschaft und Freundschaft mit Majakowskij und Jessenin und die Berührung mit dem russischen Futurismus, einer der wichtigsten Strömungen der europäischen Literaturrevolution.

Kaum hatte sich mit dem neuen türkischen Staat und der sich umwälzenden Gesellschaft auch die Literatur von den Fesseln der höfischen Poesie befreit, propagierte Nazim Hikmet unter dem Motto »Laßt uns die Götzen niederreißen!« das Ende des Alten, Bestehenden und den Beginn einer den Massen geöffneten Literatur. Es war gewiß nicht nur Befremden gegenüber dem formal wie thematisch entfesselten Vers, der von Hikmet programmatisch zur »Zeile« umbenannt wurde (*835 Zeilen* hieß sein erstes, 1928 in der Türkei gedrucktes Lyrikbuch), sondern auch die verzweifelte Angst um eigene Positionen der Grund dafür, daß die »Götzen« auf die Barrikaden gegen den jungen Hikmet stiegen. Denn sie wollten auch im neuen Staat weiter mit den strengen *Aruz*-Metren und der osmanischen Kunstsprache jonglieren, in ihren Elfenbeintürmen.

In dieser ersten Phase seines Schaffens hat Hikmet mit den Mitteln des Majakowskijschen Enjambements, der Zeilensprungkomposition, die er zu visuellen wie akustischen Metaphern umgestaltete, rhythmisch kraftvolle Gedichte wie *Das Lied der Sonnentrinker* geschrieben, die nun auch unters Volk gingen. Auch unter Schülern, Studenten, jungen Offizieren und Intellektuellen gingen sie von Mund zu Mund.

Wie jedem großen Dichter eignet auch ihm die natürliche Gabe der Synthese. So gesehen betraf auch sein Bruch mit der Tradition nur deren Gußformen und die erstarrten lyrischen Inhalte, war jedoch keineswegs Ausdruck seiner Abneigung gegen die in Jahrhunderten erworbenen und entwickelten Mittel und Elemente des poetischen Sprechens: »... Alle Meister der Ost- und Westliteraturen sind meine Meister.« Zusammen mit der eigenen Tradition machte er sie der eigenen Lyrik dienstbar.

In seinen Gedichten lassen sich neben freien Rhythmen Versmaße der Volkslyrik oder der Diwan-Poesie feststellen; regelmäßige und unregelmäßige Rhythmen, ungereimte und mit allen Raffinessen binnen- und endgereimte Zeilen nebeneinander in einem Gedicht. Kraftvoll strömende Verse wechseln mit ruhig fließenden oder punktuell partikularisierenden

Zeilen. Durch syntaktische Brüche, durch Zerteilung der Zeilen und Wörter komponiert er seine mitreißende Rhythmik. Dabei spielt neben dem lautlichen auch das visuelle Moment eine Rolle.

Folgendes Beispiel aus seinem Gedicht *Die Weide* kann man für die visuelle und klangliche Metaphorik geben:

> Ritter Ritter rote Ritter
> deren Pferde windbeflügelt sind
> deren Pferde windbeflügelt
> deren Pferde wind
> deren Pferde
> der-
> wie windbeflügelte Ritter ging das Leben vorbei!

Eine mehrmalige Zeilenwiederholung mit gleichzeitiger Reduzierung der Zeile bis zur letzten Silbe soll das Stürzen eines der Ritter und damit die Vergänglichkeit verdeutlichen, während die langatmig ansetzende letzte Zeile den Weiterritt der anderen Ritter, den vollen weiteren Lauf des Lebens für die Überlebenden auch visuell reflektiert.

Oft sind die Gedichte Hikmets rhythmisch und harmonisch zugleich. Treppenförmige Zeilen- und Silbenteilung, Anaphern, Zeilenwiederholung sind unter anderem die rhythmischen, ganze Binnen- und Endreime, Alliteration die harmonischen Elemente seiner Lyrik. Hier wieder werden die Einflüsse des Futurismus und der Volksdichtung deutlich. Von dem einen übernimmt er den rhythmischen, von der letzteren den harmonischen Charakter. Hier spielt sogar auch die Diwan-Dichtung eine Rolle, die eine ausgesprochen harmonische Dichtung ist.

Die sprachliche Ausgangsbasis war für Hikmet selbstverständlich die gesprochene Sprache des Volkes, der er neue lyrische Gehalte und Reize abgewann. Er selbst bezeichnete seine Beschäftigung mit der Volkssprache als Experiment: »Ich suche die neuen Klänge, die neuen Geheimnisse der türkischen Sprache. Ich führe Laboruntersuchungen über das Türkische durch.«

Zur Frage der Musikalität der Dichtung Hikmets schrieb der bekannte türkische Literaturkritiker Nurullah Ataç: »Zeifellos hat Nazim Hikmet eine musikalische Stärke. Er möchte seine Gedichte zu Symphonien machen, und das gelingt ihm.«

Der vielfältige Wechsel von Formmitteln und Kompositionselementen innerhalb des gleichen Gedichts hat ihm schon in seinen jungen Jahren den Ruf eines meisterlichen Komponisten »lyrischer Symphonien« eingebracht. Dies zeichnet vor allem seine langen Gedichte aus. So entstanden in den dreißiger Jahren die Dichtungen *Jocond und Si-ya-u*, *Das Epos von Scheich Bedreddin, Sohn des Kadis von Simavne*, *Warum Benerci*

Selbstmord beging. Sie gipfelten im fünfbändigen Hauptwerk *Menschen-landschaften*, das während seines längsten Gefängnisaufenthaltes 1938–1951 entstand. Das in unregelmäßigen Rhythmen geschriebene Epos unseres Jahrhunderts bedient sich nicht nur poetischer, sondern auch filmischer und plastischer Sprachtechniken. Hikmet formte Tagesereignisse in zeitgeschichtlicher Perspektive zum Gedicht um. Den einzelnen Menschen sah er dabei ebenso deutlich wie die gesellschaftlichen Beziehungen. Einzelschicksale werden in die natürliche und gesellschaftliche Landschaft Anatoliens eingezeichnet. Beschreibung und Erzählung wechseln mit Dialog und Monolog. Formal verwendet Hikmet hier alle ihm zur Verfügung stehenden Techniken und Figuren des epischen und lyrischen Sprechens. Dieses 20000 Zeilen umfassende Epos ist einzigartig in der modernen Weltliteratur. Die neue Form, in der alle nur möglichen Anordnungen des Verses und der Zeile verwendet werden, sollte »weder Lyrik noch Roman noch Geschichte, anderseits aber sowohl Lyrik wie auch Roman und Geschichte sein«. Er wollte ein neues Poem, das Epos unserer Zeit schaffen. Dieses Werk ist inzwischen in einer vollständigen Übersetzung auch auf Deutsch erschienen. (Vgl. S. 188)

Die persönliche Unfreiheit des Dichters und die räumliche Enge, in der er sich während der Entstehung dieses Mammutwerks befand, widerspiegeln sich in der Rahmenform einzelner Teile. Jedesmal geht von einem geschlossenen, engen Raum aus die Öffnung hinaus in die weite Welt mit ihren ineinander verschachtelten Daseins-, Verhaltens- und Handlungsformen. Nicht nur unter diesem Aspekt ist *Das Epos von Scheich Bedreddin* ein Vorbote dieses Werkes. In *In jenem Jahr 1941* ist dieser Raum die Gefängniszelle des Autors, in dem *Epos des Freiheitskampfes* der Speisewagen des in der Nacht durch das Dunkel der anatolischen Steppe fahrenden Zuges, in dem *Epos des Zweiten Weltkrieges* die mit Radioempfängern vollgestopfte Bude eines »Radiosüchtigen«:

> Kokainsüchtige
>   Heroinsüchtige
>   Nikotinsüchtige
>   Selbstsüchtige
>   gibt es doch, mein Freund.
> Und ich bin ein fünfundfünfzig Jahre alter Radiosüchtiger.
> Das heißt,
>   unsere Krankheit ist die Radiosucht.
> Ich höre die Stimmen der Menschen,
>   aus allen Ecken der Welt sprechen sie zu mir.
> Unsere Beziehung zu ihnen ist nur eine entfernte,
>   was sie tun, geht mich nichts an,

mich interessiert, wie sie darüber reden.
Und ihre Lieder, muß ich sagen, mag ich,
in welcher Sprache, in welcher Weise sie auch klingen,
    alle Lieder der Erde.
Aber haben Sie es gemerkt?
Jetzt singen Sie, mein Freund,
    und kämpfen wieder Auge um Auge.
Sie erzählen von Ihrem Krieg,
als würden Sie von der Liebe singen.

Kraft seines poetisch-gestalterischen Vermögens gelingt ihm in *Menschenlandschaften* die Darstellung der Wechselbeziehung zwischen Individuum
und Gesellschaft, Natur und technischer Zivilisation, Geschichte und Gegenwart, der widersprüchlichen Erscheinungsformen des gesamten Le-
bensbereiches. Urinstinkte des Menschen, die ihn zu einem Teil der Natur
machen, und das erkenntnisfähige Wesen, das er ist, verschmelzen zu einem poetischen Tiegel. Daraus entstehen Liebe und Hoffnung, Trennung
und Sehnsucht, die Kraft, die die Natur und die Gesellschaft verändert.
Dieses moderne Epos ist ein bleibendes Monument der türkischen Literatur. Und darüber hinaus formal und inhaltlich ein globales Zeugnis unseres
Jahrhunderts, von einem Dichter, der aus der östlichen wie der westlichen
Tradition zugleich herkommt und aus der dadaistischen und futuristischen
Literaturrevolution hervorgegangen ist. Im Bereich der türkischen Sprache ist er gleichzeitig in der höfischen und volkstümlichen Poesie verwurzelt, die er bahnbrechend veränderte.
  Über den Gehalt seiner Dichtung sagte Philippe Soupault: »Man kann
sagen, daß Nazim Hikmet ein Weltdichter ist. Bedenkt man, daß nur wenige Dichter einen weltumfassenden Leserkreis haben, und bedenkt man,
daß Nazim Hikmet – trotz der hohen Qualität seiner Lyrik – sich nicht in
einen Elfenbeinturm zurückgezogen hat, so verstehen wir seine Universa-
lität. Sein Werk ist die Geschichte unseres Jahrhunderts. Kein anderer
Dichter hätte die tragische Hilflosigkeit der Menschen in unserer Zeit,
unter den Atompilzen, unter denen die Menschen zu nichts anderem als
einer ehrlich humanen Zuneigung füreinander befähigt sind, zum Ausdruck bringen können.« Ähnlich äußerte sich Tristan Tzara: »Nazims
Dichtung gehört zur Kultur des heutigen Menschen; durch die Weite seiner historischen Authentizität gewinnt sie den Wert einer ständigen Wahrheit.«
  Nazim Hikmet schrieb nicht nur Lyrik. Er hinterließ etwa zwanzig Dramen, darunter *Die Legende von der Liebe*, das auch in der Bundesrepublik
aufgeführt wurde, *Joseph im Ägypterland*, *Hat Iwan Iwanowitsch wirklich gelebt?* Einen besonderen Stellenwert in der sonst an literarischen

Briefen relativ armen türkischen Literatur haben seine Briefe an seine Frau, an seinen Sohn, an den Romancier Kemal Tahir und andere, in denen auch seine Kunst- und Literaturauffassung zum Ausdruck kommt. Sie sind noch nicht vollständig veröffentlicht, vor allem die an seine Frau sind nur bruchstückhaft und vereinzelt bekannt geworden.

Nachdem Nazim Hikmet 1951 unter den hier beschriebenen Umständen sein Land verlassen hatte, wurde er offiziell als landesverräterischer Kommunist gebrandmarkt und seine Werke wurden verboten.

Damals begann ich gerade mit dem Gymnasium. Meine Schulgeneration und die auf uns folgende lernte seinen Namen meiden wie die Pest. Als ich dann in der Stuttgarter Zeitung 1964 – also über ein Jahr nach seinem Tod – einen Nachruf schrieb, folgte als erstes türkisches Organ die Wochenzeitung »Yön« dem Beispiel und veröffentlichte unter der Überschrift *Wir räumen mit dem Tabu Nazim Hikmet auf* monatelang seine in der Türkei bekannten und unbekannten Gedichte. Im Windschatten der neuen, in der Tat demokratischen Verfassung von 1961 folgten die Buchveröffentlichungen. Trotzdem blieb der tote Dichter bis heute das Schreckgespenst der herrschenden Kreise. Seitdem zählt jede seiner Zeilen, die in der Türkei veröffentlicht wird, zur Pflichtlektüre der Staatsanwaltschaft. Nach jedem Militärputsch gehören seine Bücher zu den verbotenen und beschlagnahmten. In diesem Sinne wirkt er noch und ist nicht zu einem »Klassiker« wie beispielsweise Brecht und damit wirkungslos gemacht.

Tips zum Weiterlesen

Nazim Hikmet: *Gedichte*. Mit neun Holzschnitten von Doris Kahane. Hg. von Annemarie Bostroem. Berlin 1959.
Ders.: *In jenem Jahr 1941*. Aus dem Türkischen übertragen von H. Wilfrid Brands. Neuwied am Rhein – Berlin 1963.
Ders.: *Und im Licht mein Herz*. Gedichte. Berlin 1971.
Ders.: *Sie haben Angst vor unseren Liedern*. Türkischer Akademiker- und Künstler-Verein e. V. Berlin 1977.
Ders.: *Zeit-Gedichte*. kürbiskern 3–1976 München.
Ders.: *Menschenlandschaften*. Illustrationen und Titelentwurf von Abidin Dino. Ins Deutsche übersetzt von Ümit Güney und Norbert Ney. 5 Bde. Hamburg 1980.
Ders.: *Das Epos von Scheich Bedreddin, Sohn des Kadis von Simavne*. Aus dem Türkischen übersetzt und mit einem Nachwort von Yüksel Pazarkaya. Berlin 1982.

(Die Übersetzung der Gedichtbeispiele dieses Kapitels besorgte Yüksel Pazarkaya.)

Orhan Veli –
Ein Fisch in einer Flasche Schnaps

»In meinem ersten Lebensjahr fürchtete ich mich vor Fröschen, im zweiten kam ich hinaus in die ›Fremde‹. In die Schule kam ich mit sieben. Als ich neun war, packte mich plötzlich die Lust zu lesen; die zu schreiben mit zehn. Im dreizehnten Lebensjahr lernte ich Oktay Rifat, im sechzehnten Melih Cevdet kennen. Siebzehn Jahre war ich alt, als ich in Bars ging. Mit achtzehn fing ich an, Raki zu trinken. Von meinem neunzehnten Jahr an begann meine Vagabundenzeit. Nach meinem zwanzigsten habe ich Geld verdienen und Not ertragen gelernt. Einen Autounfall hatte ich mit fünfundzwanzig. Ich war immer heftig verliebt, aber geheiratet habe ich nicht. Jetzt bin ich Soldat.«

Hinzuzufügen bleibt zu dieser einfachen Lebensgeschichte des türkischen Dichters Orhan Veli, daß er am 14. November 1950 mit 36 Jahren in Istanbul nachts auf offener Straße an einer Gehirnblutung starb. Dort, in der Bosporusstadt, war er 1914 auch geboren.

In seinem kurzen Leben konnte er nicht mehr als 200 Gedichte schreiben. Doch den Namen Orhan Veli kennt heute in der Türkei jeder Schüler, und viele seiner Gedichte und Verszeilen sind bis heute in aller Munde:

> Was haben wir nicht alles für dieses Vaterland getan!
> Manche von uns sind gestorben;
> Manche haben Reden gehalten.

Neben dem zwölf Jahre älteren Nazim Hikmet sorgte Orhan Veli zusammen mit den beiden in seiner kurzen Lebensgeschichte erwähnten Freunden Oktay Rifat und Melih Cevdet für den endgültigen Durchbruch aus der exklusiven Tradition der höfischen Diwan-Poesie zur Moderne.

Auf dem in den zwanziger und dreißiger Jahren von Nazim Hikmet geebneten Weg stellten sie sich gegen die überlieferten Kriterien und lyrischen Auffassungen der Tradition. Ihre radikale, revolutionäre Ablehnung des Vergangenen und Bestehenden führte zunächst zum totalen Bruch mit aller Tradition. Die Gedichte, in denen sich die neue poetische Haltung niederschlug, gaben den damaligen Literaturpäpsten nicht nur Anlaß zu überheblichem Schmunzeln, sondern auch Stoff zu aufgeregten Diskussionen. Grund der Aufregung war der Umstand, daß plötzlich Gedichtzeilen wie »*Schade um Süleyman Efendi*« oder »*Wäre ich auch noch ein Fisch in einer Flasche Schnaps!*« zum geflügelten Wort wurden: der Tatbestand also, daß das Gedicht vom höfischen Himmel auf die Straße geholt wurde.

GRABINSCHRIFT

An nichts litt er in dieser Welt so sehr
Wie an seinem Hühnerauge.
Sogar, daß er häßlich war,
Störte ihn nicht sonderlich.
Wenn seine Schuhe zufällig nicht drückten,
Dachte er nicht gleich an den Namen Gottes,
Aber ungläubig konnte man ihn auch nicht nennen.
Schade um Süleyman Efendi.

Orhan Veli publizierte seine ersten Gedichte etwa um die Mitte der dreißiger Jahre in Literaturzeitschriften; und zwar nach der damals herrschenden Mode in den silbenzählenden Metren der türkischen Volkslyrik-Tradition.

Diese ersten Gedichte versprachen zwar gute Aussichten für Orhan Veli, doch sie waren mit allem Ballast der symbolisch-metaphorischen Gefühlssprache beladen. Veli merkte das selbst und wandte sich sehr bald gegen alle Tradition.

Nazim Hikmet hatte den renommierten Dichter Ahmet Haşim, der höfische Diwan-Metren mit einer archaisch-barocken Kunstsprache und tiefem Symbolismus auszufüllen verstand, in seinen Gedichten immer wieder polemisch attackiert, mit »Pickkönig« oder »symbolistischem Irren« tituliert; doch ging Hikmet in seiner Radikalität nie so weit, die traditionellen Formen und Elemente des Gedichts total abzulehnen. Vielmehr ging es ihm um eine neue Organisation überlieferter und moderner Mittel und Formen im lyrischen Sprachgebilde, um neue Strukturen. Er hat sich bewußt vor allem der Volkspoesie zugewandt.

Anders bei Orhan Veli und seinen Freunden. Seine radikale Ablehnung alles dessen, was bis dahin das Gedicht ausmachte und die öffentliche Auffassung vom Gedicht prägte, zwang ihn, neue Kriterien zu entwickeln. Aber die neue Ästhetik und Poetik formulierte er erst, als er bereits konkrete Beispiele geschaffen hatte: oft epigrammatisch kurze, einfache Sprachgebilde, die im Leser den Eindruck erweckten, sie seien spontan in einem Atemzug hergesagt worden. Etwa dieses Gedicht:

DER STEILE WEG

In der anderen Welt,
Abends nach Fabrikschluß, –
Wenn dann der Weg zu unseren Wohnungen
Nicht zu steil ist,
Ist der Tod gar keine so schlechte Sache.

Ahmet Haşim, als der prototypische Vertreter des »Alten« in der Lyrik, mußte als Zielscheibe nicht nur Nazim Hikmets, sondern auch des jüngeren Orhan Veli herhalten. Vielleicht wurde er von Velis Polemiken empfindlicher getroffen als von Hikmets harten Provokationen. Veli bediente sich bei seiner Auseinandersetzung und Abrechnung mit der Tradition der Parodie. Ein bekanntes Gedicht von Haşim war damals *Die Nelke*:

DIE NELKE

Von den Lippen der Geliebten gebracht,
Ist diese Nelke ein Flammentropfen.
Mein Herz spürt es an ihrer Bitterkeit.
Da ringsumher von ihrem wilden Duft
Wie erschlagen die Schmetterlinge fallen,
Ist auch mein Herz ihr zum Falter geworden.

Orhan Veli hat auf dieses Gedicht eine Replik mit gleichem Titel geschrieben, die Haşims Anfangszeile polemisch zitiert. Hier zeigt sich zugleich die Tiefe des Bruchs und die Subtilität, mit der Veli sein Engagement vortrug: Velis *Nelke* datiert vom September 1939; Hitlers Armee hatte schon Polen überfallen:

DIE NELKE

Sie haben recht, es ist nicht so schön
Wie die Kunst der Übertreibung,
Daß Tausende in Warschau starben
Und daß eine motorisierte Truppe
Einer Nelke nicht gleicht,
»Vom Munde der Geliebten gebracht«.

Ähnlich parodiert Veli in seinem Gedicht *Altes Gerümpel* Haşims Gedicht *Der Wunsch am Ende eines Tages*, dessen letzte Zeile mit dem stimmungsgeladenen Wunsch des Dichters schließt:

Könnte ich dann ein Schilfrohr sein in den Seen!

Velis andersartiger Wunsch in *Altes Gerümpel* begründet durch die irdische Nähe zum einfachen Mann zugleich sein neues Gedicht-Verständnis:

ALTES GERÜMPEL

Ich kaufe altes Gerümpel.
Ich kaufe es auf und mach einen Stern daraus.
Die Musik ist die Nahrung der Seele,
Ich schwärme für die Musik.
Ich schreibe Gedichte.
Ich schreibe Gedichte und kaufe altes Gerümpel,
Ich tausche es ein gegen Musik.
Wäre ich auch noch ein Fisch in einer Flasche Schnaps!

Spätestens 1941 mußten sich auch die hartnäckigsten Vertreter der lyrischen Redeweise im Gedicht der Herausforderung Orhan Velis und seiner Freunde stellen. Glaubte man bis dahin doch, solche Zeilen seien keine Gedichtverse, sondern jugendliche Flegeleien einiger Schwärmer – eine Erscheinung, die spurlos vorübergehen würde.

Man hat sich in den »fremdartigen« Dichtern maßlos getäuscht. 1941 erschien das Buch *Garip* (Fremdartig) mit Gedichten von Orhan Veli, Melih Cevdet Anday und Oktay Rifat, das die Lyrik-Szene endgültig und folgenschwer auf den Kopf stellte. Das von Orhan Veli verfaßte Vorwort hatte den Charakter eines poetologisch-ästhetischen Manifests. Auch das war ein Novum in der türkischen Literatur. Denn theoretische Reflexionen der Dichter über die eigene Lyrik gehören in der türkischen Literaturgeschichte zu den Ausnahmen.

Der Titel des gemeinsamen Buches gab der neuen Richtung den Namen: *fremdartige Dichtung*. Was waren die neuen Kriterien dieser Lyrik? Was war überhaupt das Neue an den Gedichten der Fremdartigen? Was hat das breite Publikum an ihnen so interessiert, bewegt, amüsiert oder aufgebracht?

Orhan Veli nannte die neuen Kriterien in seinem Vorwort: die strikte Ablehnung von Reim, Metrum, Symbolen und Verschlüsselungen, Metaphern, Vergleichen und harmonischer Musikalität, kurzum, die Ablehnung alles dessen, was das symbolisch-lyrische Gedicht bis dahin ausgemacht hatte. Orhan Veli zufolge hätten die alten Dichter Reim und Metrum verwendet, damit man ihre Gedichte leichter auswendig lernen und im Gedächtnis behalten könne. Die alten Mittel würden als poetische

Techniken und Figuren im heutigen Menschen keine Be- und Verwunderung mehr hervorrufen.

In der Tat war der Überraschungseffekt der ungewohnten, ja fremdartigen Gedichte Orhan Velis auf den Leser sehr groß. Doch das führte nicht zu einer Ablehnung, sondern zu einem Mitspielen der Leser. So übten Orhan Veli und seine Freunde fortan nicht nur auf die jungen, angehenden Dichter einen unübersehbaren Einfluß aus, sondern auch auf das breite Leserpublikum.

Die neue, immer wieder nachgeahmte Textform bestand aus vier, fünf kurzen Zeilen, die auf eine Art Schlußpointe ausgerichtet waren. Sie zeichnet sich aus durch Textknappheit und überraschende Schlagfertigkeit. Dazu zwei Beispiele:

MEIN SCHATTEN

Ich hab ihn jetzt satt,
Seit Jahren zu meinen Füßen.
Schließlich sollte man in dieser Welt
Auch ein bißchen leben,
Und das heißt: er für sich und ich für mich.

QUANTITATIV

Ich liebe schöne Frauen.
Ich liebe auch die Arbeiterinnen.
Die schönen Arbeiterinnen
Liebe ich noch mehr.

An den überlieferten Formen findet Orhan Veli nichts Schönes mehr. Metaphern und Vergleiche sind ihm ein Zwang, die Dinge anders zu sehen, als sie sind. Er schreibt im Vorwort zu *Garip*: »Unser Problem ist nicht die Verteidigung der Bedürfnisse einer Klasse, sondern die Suche nach einer Ästhetik der Mehrheit. Diese Ästhetik gilt es durchzusetzen. Es genügt nicht, neue Lehren in alte Formen zu zwängen. Wir müssen alles wegwerfen, was uns die alte Literatur gebracht hat, die unsere Ästhetik und unsere Absichten bis heute bestimmt. Wenn das möglich wäre, so müßten wir sogar die vorgeprägte Sprache abschaffen, die uns zwingt, beim Dichten mit den alten Wörtern zu denken.«

Das bedeutet ein ganz neues Verhältnis zur Sprache, eine weitgehende Reduktion der Sprache im Gedicht. Nicht nur äußerlich, umfangmäßig, sondern auch semantisch: die Wörter wurden vom Ballast des konventio-

nellen Bedeutungshofs befreit, auf ihre eigentlichen, ursprünglichen Bedeutungen reduziert oder zurückgeführt. Sie bedeuten bei Veli nichts anderes als sich selbst. Die Folge ist eine Art Versachlichung und materielle
Konkretisierung der Sprache. Dadurch, daß sie aber den gewohnten kon-
ventionellen Bedeutungshof ablegt, ist der Leser bei der ersten Begegnung
mit dieser Sprache überrascht, verdutzt, ja sogar schockiert. Das Gewohnte, das Selbstverständliche – zugleich das Wirkliche also – wird im Brechtschen Sinne, doch oft lapidar humorvoll, verfremdet, wie etwa in den folgenden Mottozeilen, die einem Gedichtband von Orhan Veli vorangestellt
wurden:

> In Richtung nach Gemlik
> Wirst du das Meer sehen:
> Wundere dich nicht!

Wenn man nach Gemlik fährt, gewahrt man auf einem Hügel plötzlich das
Meer; man wird von diesem erregenden Anblick erfüllt. Auch wenn man
die Strecke genau kennt, den Anblick des Meeres von der gleichen Stelle
schon mehrmals erlebt hat, erscheint das Meer auf der Fahrt nach Gemlik
immer wieder plötzlich wie ein Wunder.

Genau diese Erfahrung machen wir mit den Gedichten Orhan Velis, als
seien sie die ersten Gebilde, die Urformen der lyrischen Gattung: unvermittelt und ursprünglich ist ihre Wirkung auf den Leser. Diese Form korrespondiert mit der Bereitschaft des Menschen Orhan Veli, die Welt immer
wieder in »Urform« zu erfahren, auch die beiläufigsten Einzelheiten des
Lebens und der Welt wie ein Wunder zu erleben – zum Beispiel den Sonnenaufgang zu beobachten, als nähme er ihn zum ersten Mal im Leben
wahr:

FLATTENDERS GEDICHT

> Ich wachte eines Morgens auf und sah,
> Daß die Sonne in mein Inneres schien.
> Ich hatte mich in Vögel, Blätter verwandelt,
> Flatternd immer im Frühlingswind.
> Ich hatte mich in Vögel, Blätter verwandelt.
> Alles im Aufbruch.
> Ich hatte mich in Vögel, Blätter verwandelt,
> In Vögel,
> Blätter.

Für Orhan Veli entsteht die Welt jeden Tag von neuem. Sein Weltbild vermittelt kreative Unruhe, ein ständiges Werden. Doch die Fühler des Dich-

ters empfangen die einzelnen Schritte als ständig brodelnde, lärmende Neuentstehung. Freude bereiten auch die einfachsten Dinge des Lebens. Diese Lebensfreude trotz materieller Not und Entbehrungen läßt nichts, aber gar nichts im Leben des Menschen zur Routine werden. Velis Gedichte sind von humorvoller Hoffnung, ja sogar von Illusionen getragen – bewußten, konkreten Illusionen. Wenn die einfachsten Begebenheiten des Lebens als Wunder erlebt und erfahren werden, sind auch die Illusionen nur auf profane Dinge ausgerichtet:

ILLUSION

Dann wäre ich frei von einer alten Liebe.
Alle Frauen wären schön.
Mein Hemd wäre neu,
Ich frisch gebadet
Und rasiert.
Der Frieden wäre gekommen.
Der Frühling wäre gekommen.
Die Sonne auf- und ich ausgegangen.
Die Menschen wären zufrieden
Und ich auch.

Die Sprache Velis ist unmittelbar, nüchtern, aber auch plastisch und gestisch. Sie ist jedem zugänglich. Der bewußt betonte Sprachgestus kennzeichnet das Gedicht als ein künstlerisches Gebilde und grenzt es von anderen Kunstgattungen wie Musik und Malerei deutlich ab. Orhan Veli rügt die musikalischen, malerischen und sonstigen gattungsfremden Elemente im Gedicht als »nebensächliche Clownerien«.

Ontologisch wird das Gedicht auf sich selbst reduziert. Einfachheit – ein Bezug Velis zur traditionsreichen türkischen Volkspoesie –, Spontaneität und So- oder Selbstsein sind die hervorstechenden Kriterien dieser »fremdartigen« Lyrik. Sie versteht sich im Sinne der überlieferten Begriffsbestimmung als »nicht poetisch«, sondern vielmehr umgangssprachlich, kühn, nüchtern, trocken und naiv humoristisch. Humor ist überhaupt das Element, ohne das Orhan Veli fast in keinem seiner Gedichte auskommt.

Die zweite Auflage des Buches *Garip* (1945) enthielt nur die Gedichte Orhan Velis und ein zweites Vorwort neben dem alten, das die überspitzten Angriffe gegen alles Alte und Überlieferte etwas abschwächt und jetzt eine gewisse Sicherheit und Überlegenheit des selbst Etablierten ausströmt. Die »Lyrik der Fremdartigen« erscheint nun als eine notwendige Anknüpfung an die Tradition. Die unversöhnlichen Angriffe des ersten Vorworts stellen sich nunmehr nicht so unversöhnlich dar. Die fremdartige Dichtung hatte binnen weniger Jahre einen durchgreifenden Erfolg erzielt und war inzwischen zu einer breiten Bewegung geworden.

Jetzt konnte in Orhan Velis dichterischem Schaffen auch eine neue Phase eintreten, die den Errungenschaften der tradierten lyrischen Redeweise nicht mehr ganz den Rücken kehrte, sondern sich ihrer Stimmungslage bediente. Vor allem griff er auf Elemente der türkischen Volkspoesie zurück. Die Gedichte dieser Phase sind heute für manch einen traditionsbewußten Kritiker seine besten. Es handelt sich dabei um keinen Bruch mit den Kriterien der fremdartigen Lyrik und ebensowenig um eine totale Verwandlung der lyrischen Sprechweise. Vielmehr findet sich in diesen Gedichten eine leichte Abschwächung der Nüchternheit und Spontaneität. Eines davon handelt von der Bosporus-Stadt Istanbul, die seit Jahrhunderten die Dichter anregt. Orhan Velis lyrische Eindrücke gehören zu den schönsten von dieser Stadt. Collageartig werden Versatzstücke aneinandergereiht und eingebunden durch die Wiederholung der Schlußzeile.

Ich höre Istanbul

Ich höre Istanbul, meine Augen geschlossen.
Zuerst weht ein leichter Wind,
Leicht bewegen sich
Die Blätter in den Bäumen.
In der Ferne, weit in der Ferne.
Pausenlos die Glocke der Wasserverkäufer.
Ich höre Istanbul, meine Augen geschlossen.

Ich höre Istanbul, meine Augen geschlossen.
In der Höhe die Schreie der Vögel,
Die in Scharen fliegen.
Die großen Fischernetze werden eingezogen,
Die Füße einer Frau berühren das Wasser.
Ich höre Istanbul, meine Augen geschlossen.

Ich höre Istanbul, meine Augen geschlossen.
Der kühle Bazar,
Mahmutpascha mit dem Geschrei der Verkäufer,
Die Höfe voll Tauben.
Das Gehämmer von den Docks her;
Im Frühlingswind der Geruch von Schweiß.
Ich höre Istanbul, meine Augen geschlossen.

Ich höre Istanbul, meine Augen geschlossen.
Im Kopf den Rausch vergangener Feste
In den Strandvillen, an deren halbdunklen Bootshäusern
Sich das Sausen der Südwinde legt.
Ich höre Istanbul, meine Augen geschlossen.

Ich höre Istanbul, meine Augen geschlossen.
Ein Dämchen geht auf dem Gehsteig.
Flüche, Lieder, Rufe hinter ihr her.
Sie läßt etwas aus der Hand fallen,
Es muß eine Rose sein.
Ich höre Istanbul, meine Augen geschlossen.

Ich höre Istanbul, meine Augen geschlossen.
Ein Vogel zappelt an deinen Hängen.
Ich weiß ob deine Stirn heiß ist oder nicht,
Ich weiß ob deine Lippen feucht sind oder nicht.
Weiß geht der Mond hinter den Nußbäumen auf,
Ich weiß es von deinem Herzschlag.
Ich höre Istanbul.

Bei dieser poetischen Sprechlage verweilt Orhan Veli nicht lange. Kurz vor seinem Tode mit erst 36 Jahren gibt der Frühvollendete ein Literaturblatt mit dem Titel *Blatt* (Yaprak) heraus, dessen Beiträge er meist selber verfaßt. In den nur 29 Nummern des *Blattes* veröffentlicht Veli seine neuesten Gedichte, die nicht nur mit einer neuen Tonlage aufwarten, sondern vor allem durch Zuwendung zu sozialen Inhalten gekennzeichnet sind. Angelegt war dies jedoch bereits in den frühen Gedichten. Denn im thematischen Mittelpunkt der fremdartigen Gedichte stand von Anfang an der einfache, kleine Mann von der Straße mit all seinen kleinen oder großen Sorgen und Freuden. In der weiteren Entwicklung der Garip-Lyrik hat sich dieses subjektive Ich mehr und mehr zu einem gesellschaftlichen Ich gewandelt. Zwei Grundtendenzen dieser Entwicklung lassen sich erkennen: in der Thematik der Gedichte die zunehmende Vergesellschaftlichung und das sozialkritische Engagement; in der Form die zunehmende Verdinglichung der Sprache. Mit innerer Konsequenz führt seine Entwicklung zu Gedichten wie den folgenden, die zum Abschluß vorgestellt seien:

DAS GEDICHT MIT DEN SCHWANZ

Wir können uns nicht vertragen, unsere Wege sind getrennt.
Du bist die Metzgerkatze, ich die Straßenkatze.

Du kriegst dein Futter in verzinnten Töpfen,
Meins ist im Rachen des Löwen.
Du träumst von der Liebe, ich vom Knochen.

Aber auch du hast es schwer, meine Schwester.
Sicher ist es nicht leicht
Jeden Tag, den Gott gibt, so zu schwänzeln.

ANTWORT

     – Die Katze des Metzgers an die Straßenkatze –

Du redest von Hunger –
Folglich bist du ein Kommunist.
Und folglich bist du's, der die Häuser in Brand steckt,
Die in Istanbul
Und die in Ankara.

Was für ein Schwein du bist!

KOSTENLOS

Kostenlos leben wir, kostenlos.
Die Luft ist kostenlos, die Wolke kostenlos,
Das Tal, der Gipfel kostenlos,
Regen und Schlamm kostenlos.
Die Autos von außen
Und die Türen der Kinos von außen,
Die Schaufenster sind kostenlos.
Nicht Brot und Käse,
Aber schales Wasser ist kostenlos.
Die Freiheit kostet den Kopf,
Die Sklaverei ist kostenlos.
Kostenlos leben wir, kostenlos.

Die Gedichte *Vaterland* und *Istanbul* stammen aus: *Moderne türkische Lyrik* (Erdmann Verlag, aus dem Türkischen von Yüksel Pazarkaya). Die übrigen aus: *Orhan Veli Kanik: Poesie* (Suhrkamp Verlag, aus dem Türkischen von Yüksel Pazarkaya und Helmut Mader).

Tips zum Weiterlesen

Heister, Eileen: *Orhan Veli Kanik*. – Köln 1957.
Orhan Veli Kanik: *Poesie*. Texte in zwei Sprachen. Übertragung Yüksel Pazarkaya und Helmut Mader. Frankfurt 1966.
Ders.: *Das Wort des Esels – Geschichten von Nasreddin Hodscha*. Auswahl, Vorwort und Übersetzung von Yüksel Pazarkaya. Berlin 1979.
Orhan Veli Kanik – einer, der auf den »goldenen Vogel« setzte. Von Hüseyin Tüzün, 17 Gedichte von Orhan Veli Kanik. In: orte, Schweizer Literaturzeitschrift. Zürich, März/April 1979.

Fazil Hüsnü Dağlarca –
Der Sultan der Tiere ist die Nacht

Die türkische Tradition, sich als Schriftsteller nur mit *einer* literarischen Gattung zu befassen, wird heute kaum noch befolgt. Eine Ausnahme ist der Dichter Fazil Hüsnü Dağlarca: seit 1933 schreibt und veröffentlicht er nur Gedichte. Aber er schreibt nicht nur Gedichte, sein Denken, Fühlen und Sprechen ist die Welt des Gedichts. Alles, was er sieht, hört und berührt, begreift er als Dichter. Als Dichter verwirklicht er sich selbst und die Gesellschaft, die Natur und den Kosmos. Dağlarca erklärt: »Das Gedicht ist unsere erste Zivilisation. Durch das Gedicht fand der Mensch seine Gegengewichte in der und zur Natur.«

DER SULTAN DER TIERE IST DIE NACHT

Der Sultan der Tiere ist die Nacht,
Nacht mit pechschwarzem Haar.
Wie ein weibliches Tier gibt sie mir Mut
Wenn ich an meine Geliebte denke.

Sie ebnet den Weg zu prächtigen Legenden,
Blut im Traum.
Wilde Erinnerungen fallen mich
Nackt aus ihren Bergen an.

Wir, Würmer und Vögel füllten
Das Schilf in einem Augenblick der Liebe,
Über Liebe und Lust glänzt
Das Weiß meiner Zähne.

Dağlarca wurde 1914 in Istanbul geboren. Nach der mittleren Reife besuchte er mehrere Militärschulen und absolvierte 1935 die Militärakademie in Ankara. Fünfzehn Jahre lang war er Offizier in der türkischen Armee, danach nahm er die Möglichkeit der Frühpensionierung wahr und ließ sich als Hauptmann in den Ruhestand versetzen. Als Offizier konnte er Anatolien bereisen, dieses durch Jahrhunderte hindurch ständig ausgebeutete,

vernachlässigte Land. Dort lernte er sehr arme, durch die sozialen Verhältnisse noch vollkommen naturverbundene Menschen kennen. Seine beiden
ersten Gedichtbände – der erste erschien 1935 – sind von diesen Erlebnissen geprägt.

Insgesamt gibt es von Dağlarca mehr als fünfzig Gedichtbände; er ist der
produktivste türkische Dichter. Fast in jeder Nummer der führenden türkischen Literaturzeitschriften wie *Varlik* oder *Türk Dili* begegnen wir
ihm. Seine Stellung innerhalb der modernen türkischen Lyrik jedoch läßt
sich nicht einfach beschreiben. Er läßt sich mit anderen führenden Dichtern und Richtungen nicht vergleichen, weder mit Nazim Hikmet noch
mit Orhan Veli.

Ein Jahr vor dem Manifest Orhan Velis von 1941 (vgl. S. 95) veröffentlichte Fazil Hüsnü Dağlarca seinen zweiten Gedichtband unter dem Titel
Das Kind und Gott. Darin plädierte er für die konsequente Beschreitung
eines eigenen Weges, der weder den Forderungen Nazim Hikmets noch
denen Orhan Velis entsprach. In der ersten Phase seines lyrischen Schaffens, als die »fremdartigen« Dichter sich der partikulären Dingwelt zuwandten und die Sprache fast skelettierten, fragte Dağlarca mit ebenso
einfachen sprachlichen Mitteln nach der metaphysischen und kosmischen
Bezogenheit des Menschen und stellte zugleich alles Irrationale und Irreale
in Frage: Der Mensch ist in seinem Sosein, in seiner naturhaften und kosmischen Integrität schön, kindhaft frei, unvoreingenommen, unbegrenzt,
weil urkreatürlich und noch unwissend. Eines der in dem 1940 erschienenen Band gedruckten Gedichte heißt *Die Kinder sind furchtbar, mein
Gott:*

> Die Kinder sind furchtbar, mein Gott
> Ihre Hände, ihre Gesichter, ihr Haar.
> Sie schlafen die ganze Nacht,
> Sie brauchen dich nicht.
>
> Die Kinder sind furchtbar, mein Gott
> Puppen machen sie aus Kreuzen
> Und sind unserem Denken fremd,
> Auch wenn sie dieselben Bäume lieben.

Sein zweites Buch machte Dağlarca, der trotz seines Einzelgängertums nie
ein Esoteriker war, in literarischen Kreisen bekannt; seine Eigenart setzte
sich als originär durch. Dabei blieb er keineswegs außerhalb der oppositionellen Grundbewegung, die sich vor allem gegen die alte höfische Diwan-
Dichtung der osmanischen Zeit sowie gegen die Anlehnung an den französischen Symbolismus richtete. Auch er baute auf dem freirhythmischen

Vers auf, auch er ersetzte das tradierte lyrische Sprechen durch eine nur ihm eigene Sprache. Und wie die meisten türkischen Dichter der Moderne benutzte auch Dağlarca die Volksdichtung und die gesprochene Sprache als Ausgangsbasis für seine Lyrik. Kapitel-Überschriften wie *Der Weizen / Nahm das Wort / Hören wir, was er sagte* oder *Das schwarze Kupfer / Nahm das Wort / Hören wir, was es sagte* sind seit der frühtürkischen, epischen Dichtung im 10. Jahrhundert ein Mittel der Volksdichtung. Gleichzeitig spielte Dağlarca in der türkischen Sprachrevolution eine wichtige Rolle. Unter Sprachrevolution versteht man in der Türkei die seit der Jahrhundertwende anhaltende und nach der Ausrufung der Republik im Jahre 1923 durch Atatürk verstärkt eingeleitete Reinigung der türkischen Sprache von arabischen und persischen Einflüssen. Die osmanische Sprache, in der auch die höfische Diwan-Poesie gedichtet wurde, war nämlich eine aus Vokabeln und Grammatikregeln des Türkischen, Arabischen und Persischen zusammengesetzte künstliche Sprache, die von breiten Bevölkerungsschichten weder gesprochen noch verstanden wurde.

Dağlarca gilt nicht nur als der produktivste türkische Dichter, sondern gleichzeitig als der sprachlich kreativste. Der Realitätsbezug in seinen Gedichten unterscheidet sich wesentlich von dem anderer Dichter seiner Zeit. Er reproduziert nicht, rekapituliert nicht nur die gegebene Wirklichkeit, sondern er stellt seine eigene Wirklichkeit in der Sprache neu her. Ganz bewußt und programmatisch werden die Grenzen des lyrischen Sprechens ständig erweitert, nichts wird ausgespart, nichts wird verschwiegen. Gerade auch unter diesem Gesichtspunkt wird der sprachschöpferische Aspekt zu einem wesentlichen Merkmal seiner Lyrik. Darin folgt er zwar Nazim Hikmet, doch im Gegensatz zum betont sozial-revolutionären Hikmet erweitert Dağlarca die Grenzen seines Gedichts auch in transzendente Bereiche. Er macht die menschlichen, gesellschaftlichen und kosmischen Zusammenhänge auf eine intensive, eindringliche Weise der Sprache gefügig. Die Provokation seiner Gedichte liegt vor allem in dieser sprachlichen Verdichtung und Kristallisation des Wirklichkeitsbezugs.

Die in dem 1945 erschienenen Band *Steinzeitalter* gedruckten Gedichte stellen in der Retrospektive einen Übergang von der ersten zur zweiten Phase im lyrischen Schaffen Dağlarcas dar. Der Mensch steckt noch physisch und geistig hinter der Natur, steckt in den frühesten Anfängen seiner intellektuellen Entwicklung. In dem folgenden Gedicht ist der durch das Wasser verschlüsselte Erdgeist dem Menschen vollkommen überlegen:

DIE WASSER SIND WEISER ALS WIR

Die Wasser sind weiser als wir; sie sehen den Abend früher,
Vor dem Himmel steigen sie ins Dunkel hinab,

Wie ein großer Fisch verschwinden sie,
Während die Tiere in die Berge flüchten.

Die Wasser sind weiser als wir, zufrieden
Nur mit den Bäumen.
Und nicht mit anderen,
Die uns verlassen.

Die Wasser sind weiser als wir, schlaflos
Öffnen sie ins Blaue ihre riesengroßen Augen.
Eingebettet im Geheimnis des Todes warten sie
Auf den Ort ihres Lebens.

In dieser zweiten Phase seines lyrischen Schaffens holt Dağlarca den Menschen von kosmisch-transzendenten Höhen auf die Erde, der kosmisch bezogene Mensch wird zum naturbezogenen Menschen. Er wird mit der statuarischen, weltentrückten, zivilisationsfremden, morastigen Natur identifiziert, wie der Dichter die anatolische Landschaft in Beziehung zu ihren Menschen zugleich symbolisch sieht. Der in solcher Landschaft in tiefen Schlaf versunkene Mensch ist mit ihr eins. Zu dieser Einheit gehört auch die Tierwelt. Dağlarcas Mensch ist also naturhaft, kindhaft und animalisch: durch seine kosmische Unwissenheit in der frühen Phase, später durch seine materielle und geistige Armut und Ausbeutung. Das Gedicht *Last* aus dem 1950 erschienenen Band *Mutter Erde* macht dies deutlich:

Im Morgengrauen ging ich zum Markt,
Liebe, müßige Liebe war die einzige Last meines Herzens,
Ich sah Holzfäller mit verwildertem Haar und Bart, in aller Frühe,
Von zehnstündigem Weg müde:
Lade das Holz in meinem Haus ab, Bruder,
Eine Esellast Holz.

Stimmen drängten sich, große und kleine, von vier Seiten zu mir,
– Zieh deinen Karren her, heda, zieh die Last.
Hühner, Eier, Butter, Trauben,
Ich liebte all das plötzlich, liebte und schämte mich:
Lade das Stroh in meinem Haus ab, Bruder,
Eine Esellast Stroh.

Meine frühere Freiheit, mein Müßiggang verflogen,
Auf meine Schulter senkte sich die Last der Gedanken.
Landarbeiter, Düfte, Frauen umringten mich nun,

Ich wurde alt wie Stein, jung wie der Wind:
Lade das Leid in meinem Haus ab, Bruder,
Eine Esellast Leid.

Nach seiner Pensionierung im Jahre 1950 machte Dağlarca seine erste Europareise, und zwar nach Frankreich; andere Reisen folgten. Die persönliche Begegnung mit dem technisch zivilisierten, hochindustrialisierten Europa forderte den Dichter zur Stellungnahme heraus. Dağlarca empfing jedoch seine Eindrücke nicht nur von der Industrie-Landschaft Europas; auf Schritt und Tritt wurde er auch mit der Ruinen-Landschaft des Zweiten Weltkriegs konfrontiert. Das emsige Treiben der vom Krieg gezeichneten Überlebenden zwischen diesen beiden Landschaften rief in ihm ambivalente Gefühle gegenüber dem westlichen Europa hervor, die sich in dem 1958 erschienenen Gedichtband *Der westliche Schmerz* manifestiert haben. In diesem Band ist auch ein Zyklus mit dem Titel *Die Deutschen lieben die Maschinen* enthalten; hier das Titelgedicht:

Die Deutschen lieben die Bäume
Grün
Die Bäume in den Ebenen
Ich liebe die Deutschen.
    Ich liebe die Deutschen
    Die Deutschen lieben die Bäume.

Die Deutschen lieben die Finsternis
Im Kriegslied
Nach großen Siegen größeren Niederlagen
Ich liebe die Deutschen.
    Ich liebe die Deutschen
    Die Deutschen lieben die Finsternis.

Die Deutschen lieben die Maschinen
Dic laufcn
Die blitzend denken,
Ich liebe die Deutschen.
    Ich liebe die Deutschen
    Die Deutschen lieben die Maschinen.

Anfang der fünfziger Jahre begannen in der Türkei junge Dichter wie Ilhan Berk und Turgut Uyar unter dem Einfluß der abstrakten und Nonsens-Poesie Westeuropas, auch unter der zunehmenden Last der gegenständlichen Lyrik der »Fremdartigen« sowie der repressiven sozialen und politischen Bedingungen, eine »nichtgegenständliche Lyrik« zu schreiben. Sie nannten sich, nachdem die »fremdartigen Dichter« als die Ersten Neuen aufgetreten waren, die *Zweiten Neuen*. (Vgl. S. 76 ff.).

Auf dem Weg sozialer Vergegenständlichung und zunehmender Politisierung seines Gedichts, befand sich Dağlarca zeitweilig in einer Phase, die – oberflächlich betrachtet – an die formalen Eigenarten der *Zweiten Neuen* erinnerte. Die jungen Dichter empfanden diese Gedichte Dağlarcas als Schützenhilfe im Kampf gegen die »fremdartige Lyrik«. Doch Dağlarca kümmerte sich wie schon so oft weder um die einen noch um die anderen; er ging seinen eigenen Weg. Die scheinbare Annäherung an die Gruppe der *Zweiten Neuen* entsprang lediglich seiner Experimentierfreude, die auch die Ursache für die nie nachlassende, ja ständig zunehmende Wirkung seiner Gedichte ist. Niemals hat sich Dağlarca in einem der überlieferten Metren versucht. Sein Ziel war immer die Entfesselung des lyrischen Sprechens.

Fazil Hüsnü Dağlarca findet in der Türkei die Anerkennung der jungen wie der alten Dichter- und Kritikergeneration. Der bedeutendste Literaturkritiker der türkischen Moderne, Nurullah Ataç (1898–1957), kennzeichnete diese Sonderstellung mit den folgenden Worten: »Er ist mit keinem der Alten und mit keinem der Neuen unserer Dichter vergleichbar. Seine Themen sind anders, seine Formen sind anders, seine Absicht und seine Sprache sind anders. Dies alles schuf er selber, oder vielmehr: schafft er unaufhörlich weiter; in jedem neuen Buch von ihm sehen wir, wie der Bau etwas mehr Gestalt annimmt und ans Licht tritt. Ich will damit nicht sagen, daß Fazil Hüsnü Dağlarca allmählich zu sich, zu seiner Eigenart findet; wir begreifen erst jetzt, daß er sich als Dichter, seine Kunst und seine Formen schon lange vorgezeichnet hat. Jedes neue Buch von ihm erklärt uns auch die davor liegenden Bücher etwas besser, läßt uns ahnen, daß es Teil eines Ganzen und nur im Kontext dieses Ganzen zu betrachten ist. Jetzt erscheint uns Dağlarca nicht nur als ein Dichter, den wir mögen oder nicht mögen durch dieses oder jenes Gedicht, sondern als der Schöpfer eines Werkes.«

Nurullah Ataç, Literaturpapst in der Türkei der vierziger und fünfziger Jahre, geht in einem Artikel über Dağlarca sogar so weit zu behaupten, er sei einer der Erschaffer des neuen Menschen: »Seine Sprache ist für uns ungewohnt. Sie hat weder mit der Schriftsprache eine Ähnlichkeit, noch stützt sie sich auf die gesprochene Sprache. Es ist eine andere Sprache. Eben weil sie eine vollkommen andere Sprache ist, wird sie zunächst als fremd empfunden; wir sind nicht gleich in der Lage, ihre Schönheit zu erkennen. Mir scheint, daß Dağlarca nicht nur einer der guten, bedeutenden Dichter unserer Zeit ist, sondern gleichzeitig einer von jenen, die den neuen Menschen schaffen werden und die eine neue Art von Verstehen gebracht haben.«

Als man Dağlarca zeitweilig mit den *Zweiten Neuen* in Verbindung bringen wollte, reagierte er mit einer unvermittelt raschen, diametralen Distanzierung von ihnen. Er schwenkte in die Richtung zum sozial engagierten Gedicht ein und entwickelte es weiter. Der leichteren Aufnahme wegen verwendete er häufiger Mittel aus der türkischen Volksdichtung, zum Beispiel Refrain-ähnliche kurze Zeilen als Bindeelement zwischen den Strophen.

In der weiteren Entwicklung Dağlarcas lassen sich zwei Linien beobachten: neben der Politisierung und Sozialisierung des Gedichts tritt die sprachliche Gegenständlichkeit stärker in den Vordergrund. Im Gedicht selbst vollzieht sich eine Reflexion derart, daß die einzelnen Wörter, die bestimmte reale Gegenstände oder Eigenschaften bezeichnen, von diesen Gegenständen und Eigenschaften wieder auf sich selbst zurückgeführt werden, wobei die imaginierende Sprache der ersten Phase in der gesellschaftlich realbezogenen nicht ganz aufgehoben wird, auch nicht durch eine versachlichte Sprache ersetzt wird, sondern sie erfährt eine Umkehrung dadurch, daß in dieser späteren Phase die versachlichte Sprache gleichfalls zu Bildern und Metaphern verarbeitet wird. Der Dichter transponiert die soziale Wirklichkeit in eine poetische Welt aus sprachlichen Bildern. Um mit Brecht zu reden: Gefühl und Verstand sind völlig im Einklang.

Einen besonderen Platz in seinem lyrischen Werk nehmen Gedichtbände wie *Algerisches Lied*, *Unser Vietnam-Kampf*, *Hiroshima* ein. In diesen Gedichten solidarisiert er sich mit den unterdrückten, für ihre Freiheit und Unabhängigkeit kämpfenden Völkern der Welt. Mit der Klage über die sinnlose Zerstörung durch die Gewalt der Kriege verbindet sich in der Poesie Dağlarcas der Aufruf an die Brüderlichkeit der Völker:

AUF DER ERDE

Hier, in Indien, in Afrika
Gleicht alles einander.
Hier, in Indien, in Afrika
Ist die Liebe zum Weizen die gleiche,
Gleich ist der Gedanke an den Tod.

Welche Sprache er auch spricht,
In seinen Augen wird gelesen, was er sagt.
Welche Sprache er auch spricht,
In den Winden, die ich höre, liegt,
Was er belauscht.

Wir Menschen sind getrennt,
Unser Glück geteilt durch Grenzen;

109

Wir Menschen sind getrennt,
Am Himmel brüderlich die Vögel,
Die Würmer auf der Erde.

1960 gab Fazil Hüsnü Dağlarca seinen Posten als Inspektor im Arbeitsministerium, den er nach seiner ersten Europareise angenommen hatte, auf und eröffnete einen Buchladen in Istanbul, der schnell zu einem Treffpunkt für die Schriftsteller des In- und Auslandes wurde. Zwischen 1960 und 1964 gab er die literarische Monatszeitschrift *Türkisch* heraus. Nachdem er das Erscheinen dieser Zeitschrift eingestellt hatte, benutzte er das Schaufenster seines Buchladens als Schaufenster-Zeitung für seine Gedichte. Wenn man in der Nähe der Istanbuler Universität spazierenging, fiel einem mitunter eine Menschentraube auf, die regungslos vor dem Schaufenster eines Buchladens verharrte. Diese Menschen, die vielleicht des Lesens und Schreibens kaum kundig waren, standen vor keinem gewöhnlichen Schaufenster: vielmehr war dort das letzte politische Gedicht Dağlarcas ausgehängt, mit Riesenlettern auf ein menschengroßes Transparent geschrieben.

Die Bauern Anatoliens, die nach Istanbul gekommen waren, um Arbeit und Unterkunft zu finden, oder von dort nach Deutschland zu kommen hofften, standen lange vor dem Gedicht, vertieften sich in die Buchstaben und Wörter und versuchten mit größtem Ernst, sie zu entziffern. Studenten und andere Passanten, die vorbeikamen, lasen das Gedicht und diskutierten darüber. Manche gingen ungeniert in den Laden und schüttelten dem Dichter stumm die Hand. Bezeichnend für Dağlarca war der Titel dieser Schaufenster-Poesie: *Gegen. Gegen* reflektiert nicht nur seine sozialpolitisch oppositionelle Haltung, sondern zugleich ein wichtiges Formprinzip seiner Lyrik: die dialektische Umkehrung.

1974 gab Dağlarca seinen Buchladen auf und damit auch die Schaufenster-Poesie. Die Gedichte, die er jahrelang dort veröffentlichte, liegen in mehreren Bänden gesammelt vor. Eines davon heißt *Arbeitslos*:

ARBEITSLOS

Schicksal nannte er,
Daß er auf die Straße gesetzt wurde.
Drei Jahre schon ohne Arbeit, ohne Furcht, ohne Achtung,
Vom Brot träumte er hundert tausendfach sein Mund
    So hungrig war er Hand und Fuß,
    Seine Faust biß er an.

Gütig berührte ihn der Wind,
Der auch Vögel und Insekten berührte.
Durch seine Frische, die keinen von anderen unterschied,
Machte er zwar nicht satt, aber er gab etwas Trost,
    So hungrig war er im Schweigen gewachsen,
    Seine Lippen biß er an.

Da, Blut blinkte durch die Finsternis.
– Ohne daß die Passanten es sahen,
Ohne daß die Sterne es sahen,
Sogar ohne daß Gott es sah –
    So hungrig war er zum Leben,
    Seinen Atem biß er an.

Dağlarcas Gedichte wurden ins Amerikanische, Russische, Französische, Serbokroatische, vereinzelt auch ins Deutsche übersetzt. Er wird zum Kreis der potentiellen Nobelpreis-Anwärter gezählt.

1956 und 1958 erhielt Dağlarca zwei bedeutende türkische Preise für Lyrik. 1969 folgte ein amerikanischer, 1974 der jugoslawische Preis »goldener Kranz«. Eine fünfköpfige Jury namhafter türkischer Literaten und Kritiker war von dem internationalen amerikanischen Lyrik-Forum in Pittsburgh beauftragt worden, den bedeutendsten lebenden türkischen Dichter zu ermitteln und für den internationalen Lyrik-Preis des Forums zu nominieren. Ohne langes Suchen einigte sich die Jury auf Dağlarca. Jury-Vorsitzender Yaşar Nabi (1908–1981), Verleger der größten seit über 50 Jahren in ununterbrochener Folge erscheinenden Literaturzeitschrift *Varlik* und selbst ein bedeutender Dichter der zwanziger Jahre, begründete die Wahl Dağlarcas mit folgenden Worten:

»In der Tat brachte Dağlarca in unsere Poesie eine neue ästhetische Empfindsamkeit. Sein Werk können wir auf keinen Einfluß eines anderen Autors aus dem In- und Ausland beziehen. Dieser geborene Dichter versuchte sich in allen lyrischen Erscheinungsformen. Und er setzte uns jedesmal mit gleich großem Erfolg – in solch gegensätzlichen Formen wie Epos, in der subjektiven Empfindungslyrik und der realistischen Dichtung – in Erstaunen. Wir bewundern seine mit den Jahren nicht nachlassende Begeisterung, seinen Eifer und seine unerwarteten Vorstöße in Neuland. Dağlarca führt seine Arbeit als eine unaufhörlich forschende, suchende, sich ständig verändernde, doch dabei reifende künstlerische Persönlichkeit fort.«

Tips zum Weiterlesen

Fazil Hüsnü Dağlarca: *Gedichte*. In: Akzente – Zeitschrift für Literatur. München 2/67.
Ders.: *Komm endlich her nach Anatolien*. Ausgewählte Gedichte. Aus dem Türkischen von Gisela Kraft. Berlin 1981.
Gisela Kraft: Fazil Hüsnü Dağlarca – Weltschöpfung und Tiersymbolik. Freiburg 1978.

Die Übersetzung der Gedichtbeispiele dieses Kapitels besorgte Yüksel Pazarkaya.

Die Prosa:
Vom Epos zum modernen Roman

Es gibt zwei Ausgangspunkte für eine Betrachtung der türkischen Erzählprosa. Man kann sie isoliert von der jahrhundertealten Erzähltradition des Volkes, nach europäischen Maßstäben und Formkriterien durchforsten. Dann wird man zum Schluß kommen, die Geschichte der türkischen Erzählprosa lasse sich kaum länger als ein Jahrhundert zurückverfolgen. Man kann sie aber auch in der großen Volkstradition eingebettet betrachten und wird dann feststellen, daß die moderne Prosa in der Türkei, etwa eines Yaşar Kemal, nicht nur von der großen Epopöentradition Europas, sondern zugleich und vor allem von der Erzähltradition des türkischen Volkes sowie anderer Völker des Nahen Ostens genährt wird.

Die volkstümliche Erzähltradition ist in der Regel eine mündliche und mündlich überlieferte. Als eines der ältesten Epen (*Destan*) ist aus dem 10. Jahrhundert *Das Epos des Dede Korkut*, ein frühes Meisterwerk der türkischen Erzählkunst, erhalten, welches in mehrere Sprachen, unter anderem auch ins Deutsche übertragen, bis heute zum unvergänglichen Kanon der Weltliteratur zählt. Rund um den heroenhaften, nach heutigem Sprachgebrauch auch vagabundierenden Helden Deli Dumrul wird über die Beziehungen des Menschen zu anderen Menschen und zur Natur, über kriegerische Auseinandersetzungen, Heldentaten, Leben und Bräuche im Überschwang der Fiktion, im Wechsel von Lyrik und Prosa erzählt.

Die türkischen Volksmärchen, insbesondere die anatolischen, werden seit dem 10. Jahrhundert, als die Türken aus dem Osten und Südosten kommend sich für immer in Anatolien niederließen und verwurzelten, in zahlreichen Variationen, spontanen Abwandlungen weitergegeben. Durch das Erzählen aus dem Stegreif sind sie einem fortwährenden Prozeß der Verschmelzung und Synthese unterworfen. In ihnen finden wir Motive, die nicht nur nach Zentralasien verweisen, sondern auch auf die frühen, in Anatolien bereits bestehenden Kulturen. Sumerische, hethitische Motive sind in anatolischen Märchen genauso auszumachen wie antike, arabische und persische. Die anatolischen Märchen in ihren unterschiedlichen lokalen Fassungen wurden und werden sowohl von einzelnen Forschern wie Pertev Naili Boratav (geb. 1907) als auch von den Universitäten des Landes gesammelt und in kritischen Ausgaben herausgegeben. Dies fördert in der türkischen Moderne die Tendenz, auf Motive und Kunstmittel dieser Tradition zurückzugreifen, sie mit den Mitteln der Kunstprosa zu verschmelzen.

Genau so werden in den turkologischen und volkskundlichen Instituten die sogenannten Volksbücher, die Sagensammlungen erforscht, die für ein dörfliches Leserpublikum meist in Form von billigen Heften heute noch verlegt und auf Märkten verkauft werden. Die Volksbücher enthalten u. a. eine Gattung von Texten, die sich inhaltlich durchaus mit den mittelalterlichen Ritterromanen vergleichen lassen, wie zum Beispiel das *Epos des Seyyit Battal Gazi*. Zeitgenössische Autoren dörflichen Ursprungs wie Ümit Kaftancioğlu (1935–1980) sind mit der Lektüre hunderter solcher Volksbücher aufgewachsen, was sich in ihren Werken auch in frappierender Weise niederschlägt.

In der osmanischen Diwan-Literatur fand die Erzählprosa bei weitem nicht die Beachtung, die der Poesie zuteil wurde. Dennoch gibt es auch dort Beispiele erzählender Prosa. Zu ihnen sind in erster Linie die Werke der Geschichtsschreiber zu zählen, sowie Erbauungsschriften. Die bekanntesten ersten Geschichtsschreiber sind Aşikpaşazade und Neşri (15. Jh.).

Ein hervorstechender Autor der osmanischen Prosa ist Evliya Çelebi (1611–1682). Seine Reiseannalen *Seyahat-name* sind, obgleich es sich um Reisebeschreibungen handelt, ein Beispiel fiktiver Kunstprosa, in der Elemente von Lügengeschichten oder übertriebener Beschreibung und heute noch modern anmutender Kunstsprachlichkeit wie der Vogelsprache, aber auch präziser Beschreibung des Lebens und der Menschen im Reich zueinander in Spannung stehen. Doch am Beispiel Evliya Çelebis stellt der moderne Erzähler Demir Özlü (geb. 1935) zwischen der Diwan-Prosa des osmanischen Reichs und der europäischen Prosa einen ähnlichen Unterschied wie etwa zwischen der osmanischen Miniaturmalerei und der europäischen Perspektivmalerei fest: »Die Personen, über die Evliya Çelebi erzählt, gleichen nicht den lebendigen Personen in den westlichen Romanen. Die Autoren jener Zeit haben keinerlei Beziehung zur Psychologie entwickeln können. Ihre Personen gleichen denen in Miniaturen ohne Perspektive und Bewegung, beziehungsweise den regungslosen Figuren eines Ornaments. In den Vordergrund treten dafür der Stil des Autors sowie manche Eigenheiten seiner Persönlichkeit, aber ohne innere Betrachtung.« (Demir Özlü: Türk Yazininda Gelenek Ve Çağdaşlik [Tradition und Zeitgenössisches in der türkischen Literatur]. In: Nesin Vakfi Edebiyat Yilliği 1981, Istanbul. Seite 529 f.) Dennoch stellt Özlü fest, daß diese Literatur eine eigene, subtile Betrachtungsweise beispielsweise der Mensch-Welt-Beziehungen oder der Lebensanschauungen entwickelte.

Erste europäische Einflüsse

Die Einflüsse der europäischen Literatur intensivierten sich durch die Aufenthalte osmanischer Studenten und Intellektueller in den Metropolen wie Paris und London, später auch in Berlin. Dieser Prozeß der »Verwestlichung« hielt auch in der ersten Zeit der Republik bis zum Zweiten Weltkrieg an. Erst in den vierziger Jahren dieses Jahrhunderts und danach konnte die Zeit der bloßen, oft formal oberflächlichen Nachahmung, mit anderen Worten: des Kennenlernens der neuen Formen, als abgeschlossen betrachtet werden. Junge Generationen, die in der Republik herangewachsen waren, begannen in ihren Werken in Rückbesinnung auf eigene Traditionen, neuartige Synthesen mit der europäischen Epen- und Romantradition zu entwickeln.

Obwohl die ersten Romane und Erzählungen unter europäischem Einfluß im 19. und in den Anfängen des 20. Jahrhunderts gerade bei den Autoren, welche gleichzeitig zu den Erben der Diwan-Tradition zu zählen sind, die Perspektivlosigkeit bei der Darstellung von Individuen als Schwäche zeigen, gibt es doch einzelne Autoren und Werke, die in gewisser Weise originär sind oder zumindest die perspektivische Tiefe haben.

Heute wird allgemein Nabizade Nazims (1862–1893) Roman *Karabibik* (1890 veröffentlicht) als Anfangspunkt der modernen türkischen Erzählprosa angesehen, nicht zuletzt durch die soziale Thematik dieser in einem südanatolischen Dorf angesiedelten längeren Erzählung. Das in der Großstadt, der Metropole Istanbul, angesiedelte Pendant dazu ist der 1896 veröffentlichte Roman *Wagen-Leidenschaft* von Recaizade Mahmut Ekrem (1847–1914). Dieser Roman thematisiert in der Person des reichen Wesiren-Erben Bihruz Bey die allgemeine Mode, europäisches Verhalten nachzuäffen. Bihruz Bey ist ohne ausreichende Bildung, dafür reich durch geerbtes Geld. Sich europäisch kleiden, mit französischen Floskeln parlieren, die er selber nicht immer versteht, Promenadenfahrten mit seiner Luxuskutsche unternehmen, ein vergnügliches Leben führen, dies sind seine Leidenschaften, die doch keine sind und keine sein können. In solcher Illusion des modernen Lebens verrinnt allmählich das geerbte Geld. Die Illusion erreicht in der Liebe zu einem Straßenmädchen, welches er in ihrer Aufmachung für eine feine Dame aus den besten Kreisen hält, ihren Höhepunkt, dann aber auch die niederschlagende Enttäuschung, als er – zu spät – die Wahrheit über sie erfährt.

Die *Neue Literatur* (Edebiyat-i Cedide), die zwischen 1896 und 1911 als Bewegung die Literatur des Landes prägte, brachte in der Erzählprosa wichtige Autoren wie Halit Ziya Uşakligil (1866–1945), Mehmet Rauf (1875–1931) sowie außerhalb dieser Bewegung bedeutende Namen wie Hüseyin Rahmi Gürpinar (1864–1944) hervor.

Der bekannteste Roman Halit Ziya Uşakligils *Mai Ve Siyah* (Blau und Schwarz, 1897) markiert zugleich einen Wendepunkt in der jungen Geschichte des türkischen Romans. Ist Nabizade Nazims *Karabibik* der erste realistische Roman in der türkischen Literatur, der gleichsam einen Anschluß an den europäischen Realismus des 19. Jahrhunderts signalisiert, wird *Blau und Schwarz* als das Werk eingestuft, in dem sich zum ersten Mal eine türkische Romansprache, eine Romanstruktur gebildet hat. Die Hauptfigur Ahmet Cemil ist eine idealistisch dargestellte, romantische Figur, aber alle anderen Gestalten um sie herum werden in ihrem sozialen Bezug realistisch dargestellt. Ahmet Cemil schließt in Istanbul sein Studium ab und beginnt als Landrat eine Karriere in der Verwaltung des Landes. Doch da stirbt sein Vater, durch literarische Übersetzungen sorgt er für den Unterhalt seiner Mutter und Schwester. Gleichzeitig arbeitet er an seinem eigenen Werk, von dem er sich Erfolg und Reichtum erhofft. Von all dem träumt er auf einem der sieben Hügeln Istanbuls, in einer Vollmondnacht, dem Goldenen Horn gegenüber, und auch davon, daß er dann die Schwester seines Freundes heiraten kann. Innerlich hat er sich bereits gegen die Karriere als Verwaltungsbeamter und für die eines erfolgreichen Schriftstellers entschieden. Doch »blauen« Hoffnungen folgen bald »schwarze« Enttäuschungen. Seine unglücklich verheiratete Schwester stirbt, die Schwester seines Freunds, die er liebt, wird mit einem anderen verlobt, sein Werk, auf das er große Hoffnungen setzte, findet bei seinen Freunden keine Gnade. Er übergibt aus Enttäuschung sein Manuskript den Flammen, verläßt in einer finsteren Nacht mit dem Schiff die Stadt seiner Hoffnungen, Istanbul, und nimmt die Stelle eines Landrats in Yemen an.

Mehmet Raufs *Eylül* (September, 1901) gilt als erster psychologischer Roman der türkischen Prosa. Die Handlung ist an sich eine einfache Dreiecksgeschichte, in der die Beziehung zwischen der Frau und dem Familienfreund wegen der Achtung der beiden vor dem Ehemann platonisch bleibt, was zu Gewissenskonflikten und psychischem Leiden führt. Als ihre Liebe zueinander einen unüberwindbaren Höhepunkt erreicht, brennt das kleine Holzschloß des Ehepaares ab. Der verliebte Familienfreund stürzt sich in die Flammen, um die geliebte Frau zu retten. Die beiden und ihre Liebe finden in den Flammen das Ende.

Hüseyin Rahmi Gürpinar gilt als Vertreter des realistisch-naturalistischen Romans. Die beobachtende und registrierende Haltung prägt seine Romane und Erzählungen. Daher sind bei ihm mehr als bei den Autoren vor ihm auch die häßlichen, mißlichen und lächerlichen Seiten des Lebens reflektiert. Zu seinen bekanntesten Werken zählen die Romane *Mürebbiye* (Kindermädchen, 1899) und *Şipsevdi* (Leicht verliebt, 1911).

Der Kampf um die nationale Unabhängigkeit, welche die Türken als letztes nationales Element im Osmanischen Reich noch nicht erlangt hatten, begann nach dem Vertrag von Sèvres im Anschluß an den Ersten Weltkrieg und nach der Besetzung des Landes durch die Alliierten. Die nationale Bewegung hatte bereits im 19. Jahrhundert, noch unter osmanischem Vorzeichen und als Folge der Französischen Revolution, auch in der Literatur ihren Niederschlag bei Dichtern wie Namik Kemal (1840–1888) gefunden. Hinzu kam nach der Jahrhundertwende die Tendenz zur gesprochenen Sprache des Volkes und weg von der osmanischen Kunstsprache, zusammen mit der Reinigung des Türkischen von den arabischen und persischen Fremdelementen als kulturpolitischer Programmpunkt für die Unabhängigkeit in einem neuen Nationalstaat.

Erzähler der Befreiung

Die Wegbereiter dieser Bewegung sowie die Autoren der Gründerjahre der Republik, welche sich mit der Revolution Mustafa Kemal Atatürks, mit dem neuen Staat, identifizierten, werden in der türkischen Literaturgeschichte auch als Schriftsteller der »Nationalen Literatur« bezeichnet. Die bedeutendsten von ihnen sind Ömer Seyfettin (1884–1920), Halide Edip Adivar (1884–1964), Yakup Kadri Karaosmanoğlu (1889–1974), Refik Halit Karay (1888–1965), F. Celalettin (1895–1975), Reşat Nuri Güntekin (1889–1956), Peyami Safa (1899–1961), Memduh Şevket Esendal (1883–1952), Halikarnas Balikçisi (1886–1973), Mithat Cemal Kuntay (1885–1956), Abdülhak Şinasi Hisar (1883–1963) u. a.

Halide Edip, die erste bedeutende Erzählerin in der neueren türkischen Literatur, und Yakup Kadri beteiligten sich am Befreiungskampf. Als direkte Augenzeugen dokumentierten sie, Halide Edip teilweise distanzlos affektiert, Yakup Kadri dagegen realistisch und oft sozialkritisch, in ihren Romanen und Erzählungen den Unabhängigkeitskrieg und die gesellschaftlichen Umstände in den Gründerjahren der Republik. Halide Edips Roman *Ateşten Gömlek* (Das Flammenhemd, 1922) ist nicht nur der erste über den Befreiungskampf, sondern zugleich wohl bis heute einer der eindrucksvollsten. Die Romanheldin Ayşe – ihr Mann und Kind sind im Krieg umgebracht worden – meldet sich freiwillig als Krankenschwester für den Dienst im Frontlazarett. Ihr Verwandter Peyami und dessen Freund, der Offizier Ihsan, verlieben sich beide in sie. Für beide wird diese Liebe zum Flammenhemd. Flammenhemd ist aber gleichnishaft auch der Befreiungskampf für das anatolische Volk. – Ihr Roman *Sineklibakkal* (1936) über das gleichnamige Viertel Istanbuls ist ein realistischer sozialer Querschnitt der osmanischen Metropole gegen Ende des vergangenen Jahrhunderts, wobei auch volkstümliche Bräuche, Theaterformen wie das

Schattenspiel Karagöz und das komische Stegreifspiel *Orta Oyunu* in ihrem Stellenwert im damaligen Leben in das Romangeschehen eingebaut werden.

Mit seinen oft skizzenhaften, ergreifend realistischen Erzählungen und Romanen zählt Yakup Kadri zu den großen Begründern der türkischen Moderne. *Yaban* (Der Fremdling, 1932) hat durch die Thematik und die an der Umgangssprache orientierte, präzise Sprachgestaltung einen besonderen Platz in der Entwicklung des Romans. Die geistig-soziale Kluft zwischen Land und Stadt in den letzten Jahren des Reichs wird hier plastisch klar dargestellt. Ahmet Cemal, der als Offizier im Ersten Weltkrieg einen Arm verloren hat, folgt der Einladung seines Ordonnanzsoldaten in dessen inneranatolisches Dorf, nachdem es ihm unmöglich erscheint, in dem von den Alliierten besetzten Istanbul zu leben. In dieser primitiven, abgeschnittenen Welt wird Ahmet Cemal »Fremdling« genannt und von den Dorfbewohnern gemieden.

Durch die Tendenz, sich von der Metropole ab- und dem anatolischen Land zuzuwenden, weist Refik Halit mit seinen Erzählungen neue Wege. Nicht von ungefähr nennt er seine Erzählungen *Memleket Hikayeleri* (Geschichten von unserem Land). Er gilt daher als Vorläufer der sozialkritischen Literatur über das Dorfleben und über die Dorfmenschen, obwohl seine Perspektive die eines Großstadtmenschen war, während die Autoren der sogenannten »Dorfliteratur« in den fünfziger und sechziger Jahren fast ausschließlich aus dem anatolischen Dorf stammen. Refik Halits Realismus klammert aber die häßlichen Seiten des Lebens noch aus.

F. Celalettin greift in seinen Kurzgeschichten Sonderlichkeiten des Alltags heraus und konzentriert seine akribische Beobachtung auf auffallende Personen und Begebenheiten.

Mit seinen populären Gefühlsromanen zählt Reşat Nuri Güntekin zu den meistgelesenen Autoren, zusammen mit bekannten Trivialromanautoren wie Esat Mahmut Karakurt (1902–1977) und Kerime Nadir (geb. 1917). Größere Erfolge als mit seinen späteren sozialrealistischen Thesenromanen, die er unter Emile Zolas Einfluß schrieb, erlangte Reşat Nuri mit den Werken, die in der zwischenmenschlichen Gefühlswelt zu Beginn des Jahrhunderts angesiedelt sind. Der bekannteste unter ihnen, *Çalikuşu* (Der Zaunkönig, 1922), erzählt die Liebesromanze zwischen der Offizierstochter Feride und ihrem Neffen Kamuran.

Peyami Safa als viel gelesener Romanautor vertritt unter ständig wechselndem Einfluß französischer Autoren des Realismus, Naturalismus, bis hin zum psychologischen Roman einen gewissen Eklektizismus. Dagegen zeigen Autoren wie Memduh Şevket Esendal oder Mithat Cemal Kuntay als sprachbewußte Erzähler einen selbstgeprägten besonderen Stil. In den Erzählungen Memduh Şevkets verschmilzt die Satire mit einer tiefen Liebe zu den Menschen, insbesondere den Menschen der unteren Schichten. Mit seiner schmucklosen, funktionalen Sprache liegt er auf der Entwicklungslinie der türkischen Erzählung und Kurzgeschichte seit Ömer Seyfettin, dem ersten Meister dieser Gattung. In dem bekannten Roman Kuntays *Üç Istanbul* (Die drei Istanbuls, 1938) trägt der betont gesuchte eigene Stil dagegen manieristische und gekünstelte Züge.

Halikarnas Balıkçisi (Der Fischer von Halikarnossos, eigentlich Cevat Şakir) ist nicht nur wegen des Personenkreises in seinen Romanen und Erzählungen – Menschen, die ihren Lebensunterhalt als Fischer und Schwammtaucher dem Meer abverdienen – zu erwähnen, sondern auch wegen des romantisch anmutenden Überschwangs für sie und die Kultur der Ägäis seit den uralten Zeiten. Dieser Überschwang schlägt sich in gewisser Weise in einem ›anarchischen‹ Stil nieder. Sein bekanntester Roman ist *Aganta Burina Burinata*, 1946.

Abdülhak Şinasi Hisar wendet seinen Blick ständig der vergangenen, paradiesischen Zeit, der alten Herrlichkeit der Metropole Istanbul zu, vertritt damit auch, im Gegensatz zu Halikarnas Balıkçisi, mit einem disziplinierten Stil den Konservatismus in der neueren türkischen Prosa.

Die Blüte der Kurzgeschichte

Innerhalb der modernen türkischen Prosa entwickelte sich, bis die drei Kemals – Kemal Tahir (1910–1973), Orhan Kemal (1914–1970) und Yaşar Kemal (geb. 1922) – auftraten, insbesondere die Kunst der Kurzgeschichte. Zu Beginn des Jahrhunderts bahnte Ömer Seyfettin, der erste Vertreter der »Nationalen Literatur«, den Weg zu dieser Entwicklung. Er reflektiert durch seine kritische Linse und in einer plastisch klaren Sprache Denk- und Verhaltensweisen, zwischenmenschliche Beziehungen im Umbruch von der islamischen (paradoxerweise dennoch kosmopolitischen) Gesellschaft des Osmanischen Reiches zur nationalen und laizistischen Gesellschaft der Republik.

Nachdem Erzähler wie Sadri Ertem (1900–1943) und Bekir Sıtkı Kunt (1905–1959) mit einer kunstlosen Sprache die Kurzgeschichte für die Darstellung sozialer Probleme und der täglichen Sorgen des kleinen Mannes entdeckt hatten, erlebte die türkische Kurzprosa mit den großen Erzählern Sabahattin Ali (1906–1948) und Sait Faik (1906–1954) in den vierziger und fünfziger Jahren einen Durchbruch und Höhepunkt. Sabahattin Ali orientierte seine Handlungen auf gesellschaftliche Widersprüche, stellte Zustände und Konstellationen realistisch dar. In seinen Geschichten, besonders in jenen aus dem Leben anatolischer Bauern und Arbeiter, liegt oft eine tragische Schicksalshaftigkeit, die als systemimmanent durchsichtig gemacht wird. Gerade diesem politischen System, das er so kritisch durchleuchtet hatte, fiel er selber auf tragische Weise zum Opfer, als er sich vor einer erneuten Verhaftung wegen seiner Publikationen und Weltanschauung außer Landes retten wollte und dabei an der Grenze erschossen wurde. Bis heute ist sein Grab unbekannt. Sabahattin Ali nimmt fast in jeder Hinsicht die Stellung in der Erzählprosa ein, die Nazim Hikmet in der türkischen Lyrik gebührt.

Sait Faik war ein unbändiger, doch zugleich überaus sensibler Erzähler. (Vgl. S. 126–132) Auf geniale Art und Weise gelang es ihm, verschiedene Stilelemente – realistische, impressionistische und surrealistische – zu einem höchst eigenen Stil zusammenzuschweißen und eine allein ihm eigene Form der Kurzgeschichte zu erreichen. Seine Erzählweise, getragen von einem poetischen Elan, verwandelt die Fiktion in eine fesselnde Welt, in der Zuneigung, Liebe, Solidarität die Perspektive des epischen Ichs zu den erzählten Figuren, Kreaturen und zur Natur ausmachen. In den zwischenmenschlichen Beziehungen rückt Sait Faik oft die gesellschaftlichen Mißstände in den Hintergrund, um die Erzählperspektive um so stärker auf die einzelnen, auf die vor diesem Hintergrund individuell liebenden, denkenden, fühlenden, leidenden Menschen zu richten. Es sind Fischer, Arbeiterinnen, Arbeitslose, fliegende Händler in der Großstadt Istanbul und auf den Marmara-Inseln.

Der anatolische Mensch bei Sabahattin Ali, der kleine Mann, die kleine Frau in der Großstadt bei Sait Faik sind eingebunden in die Lebenszwänge der türkischen Gesellschaft in ihrer ganzen Breite. Auf dieser Entwicklungslinie haben auch Haldun Taner (geb. 1915), Oktay Akbal (geb. 1923), Mehmet Seyda (geb. 1919), Tarik Dursun K. (geb. 1931), Tahsin Yücel (geb. 1933) ihren eigenen Stil gefunden. Die soziale Thematik blieb, ob sie nun ironisch gebrochen reflektiert wird (Haldun Taner) oder die Einsamkeit und Bedrückung des Großstadtmenschen individuell vermittelt (Oktay Akbal), ob Fischer und Schwammtaucher (Tarik Dursun K.), Zechenarbeiter in den Kohlengruben Zonguldaks (Mehmet Seyda) oder die anatolischen Dorfmenschen (Tahsin Yücel und viele andere) im Mittelpunkt der Erzählungen. Der wesentliche Gehalt der erzählenden Kurzprosa in der türkischen Moderne ist der Arbeiter, der Bauer und der kleine Mann in den ihn knebelnden sozio-ökonomischen Verhältnissen einer Übergangsgesellschaft, die vom in- und ausländischen Kapital bestimmt und beherrscht wird.

Wie in der modernen türkischen Lyrik haben sich in den fünfziger und sechziger Jahren auch in der erzählenden Kurzprosa junge Autoren unter dem Einfluß westeuropäischer Strömungen und aus der angenommenen Rolle des jungen zornigen Menschen heraus, die ihrem Ungenügen, sozialen Mißständen und dem Druck des politischen Machtapparats direkt zu begegnen, gerade entgegenkam, in ein erzählendes Wortgeflecht, in ein labyrinthisches Sprachgebilde geflüchtet. Dies hat für die türkische Prosa lediglich formale, erzähltechnische und spracherneuernde Funktion gehabt.

Erzählerinnen melden sich zu Wort

In der Folge, in der zweiten Hälfte der sechziger und in den siebziger Jahren, haben sich vor allem junge Erzählerinnen dieser sprachlich-formalen Errungenschaften angenommen, den partikularisierend sprachimmanenten Stil mit realistisch-dokumentarischen Mitteln zu einem neuen sachlichen wie reflektierenden Stil synthetisiert, wobei die Technik der Kollage und die Vergegenwärtigung der analysierenden Rückschauperspektive eine wichtige Rolle spielte. Als Wegbereiter hatten diese Erzählerinnen, aber auch sprachbewußt sensible Autorinnen wie Nezihe Meriç (geb. 1925) und Sevim Burak (geb. 1931), an die sie anschließen konnten. Die Erzählerinnen beherrschten die Literaturszene; sie bestimmten weitgehend die neueren Tendenzen. Es handelt sich hier gleichsam um eine literarische Emanzipation der türkischen Frau. Leyla Erbil (geb. 1931), Selçuk Baran (geb. 1933), Füruzan (geb. 1935), Sevgi Soysal (1936–1976), Tomris Uyar (geb. 1941) und andere Erzählerinnen nehmen sich nicht allein spezifischer Themen der Frau in der türkischen Gesellschaft an, sondern der türkischen Gesellschaft, des türkischen Menschen schlechthin in ihren historischen Dimensionen – und der Situation der türkischen Frau in ihrer Eingebundenheit in dieser Gesellschaft.

Die türkischen Erzählerinnen traten jedoch nicht nur mit Kurzprosa auf, sondern sie legten auch beachtenswerte Romane vor. Halide Edip Adivar (siehe oben) ging hierbei als die literarische Wortführerin der türkischen Befreiung und der neuen Türkei voran (*Das Flammenhemd*, 1922). So treten heute Adalet Ağaoğlu (geb. 1929), Füruzan und andere im zeitgenössischen türkischen Roman als literarische Wortführerinnen für die Bemühungen der türkischen Gesellschaft auf, sich aus ihrer ökonomisch-politischen Abhängigkeit zu befreien. Füruzans Roman *47er Jahrgang* (1974) soll stellvertretend als Beispiel genannt werden.

Die tiefgreifenden Veränderungen der weltweiten Machtstrukturen durch den Zweiten Weltkrieg, die neuen Konstellationen beeinflußten die Türkei in ihrer antiimperialistischen Entwicklung negativ und zogen sie in den Sog des Imperialismus. Unter amerikanischer Einmischung wurde 1946 das amerikanische Mehrparteiensystem unter Ausschluß aller linken Parteien, aller fortschrittlichen Kräfte eingeführt. Die Türkei wurde gezwungen, sich auf den kapitalistischen Weg zu begeben, ohne die historischen Voraussetzungen der kapitalistischen Entwicklung zu haben, so daß sie sich von Tag zu Tag in eine zunehmende Abhängigkeit von der kapitalistischen Welt hineinziehen ließ und innerhalb weniger Jahrzehnte zu einer ökonomischen Kolonie wurde. Auf diesem Weg stieg die Inflationsrate um mehrere tausend Prozent. Der Staat wurde mehrere Male an den Rand des Bankrotts geführt. Drei Militäreingriffe in den Jahren 1960, 1971 und 1980 gaben als Legitimation vor, dieser staatsgefährdenden und chaotischen Entwicklung ein Ende zu bereiten. Daß die Maßnahmen sich immer gegen die arbeitende Bevölkerung und gegen die Intellektuellen richteten, ist in der Türkei die Regel. Gerade in der Zeit des Kriegsrechts 1971–1973 erhielt der Faschismus einen solchen Auftrieb, daß er sich seit 1975 an allen Regierungskoalitionen unter Süleyman Demirel beteiligen konnte. Zustände wie am Vorabend und während der Hitlerschen Machtergreifung haben sich mit dem Ausklang der siebziger Jahre auch in der Türkei eingestellt, bis der Militäreingriff vom 12. September 1980 eine endgültige Entscheidung hinausschob.

Angesichts solcher Entwicklung kommen auch dem türkischen Dichter und Erzähler, neben der grundsätzlichen Einstellung gegen den Faschismus, spezifische Funktionen in einem grundsätzlich aufstreben wollenden Land mit einer großen kulturellen und politischen Tradition zu. Im großen und ganzen haben sich moderne türkische Autoren dieser Verantwortung gestellt. Wie sie sich der Wortführerschaft der nationalen Befreiung und der Reformen annahmen, so haben vor allem nach dem ersten Militäreingriff im Mai 1960 gegen das Regime des Amerika-Vasallen Adnan Menderes und des Staatspräsidenten Celal Bayar (»Wir werden die Türkei zum ›Klein-Amerika‹ machen«), Erzähler wie Fakir Baykurt (geb. 1929), Talip Apaydin (geb. 1926), Kemal Bilbaşar (geb. 1910), Samim Kocagöz (geb. 1915) den unvorstellbaren sozialen und wirtschaftlichen Rückstand des anatolischen Hinterlandes, die Leiden und die Armut der Vernachlässigten, der Ausgestoßenen, aber auch die Jahrtausende überdauernden Qualitäten des anatolischen Menschen ins Bewußtsein der Stadtbevölkerung, der Intellektuellen und der politischen Verantwortlichen gerufen. Die Grundlage zu dieser Literatur, für den türkischen Sozialrealismus der fünfziger und sechziger Jahre, lieferten die Aufzeichnungen des Dorflehrers Mahmut Makal (geb. 1933), *Bizim Köy* (Unser Dorf in Anatolien, 1950). Dieser aufsehenerregende Auftakt, welcher dem Autor die Bekanntschaft mit dem Gefängnis einbrachte, hatte bedeutende Werke wie z. B. *Die Rache der Schlangen* (1959) von Fakir Baykurt zur Folge.

Die drei Kemals

Das Aufblühen des zeitgenössischen türkischen Romans ging aus der Symbiose zwischen dem Protokollstil dieser Aufzeichnungen Makals über den erschütternden Alltag in einem anatolischen Dorf und dem epischen Elan der Märchen- und Erzähltradition der Türken hervor. Die Sachlichkeit des Protokollierens wird zum Beispiel in den Romanen eines Yaşar Kemal in der unbändig poetisierenden Breite des Epos aufgelöst, als unverkennbarer und unverwechselbarer Beitrag der türkischen Moderne zur Weltliteratur. Aus der Fülle der Werke Yaşar Kemals soll hier *Ince Memed* (1955) dem er seinen nationalen wie internationalen Durchbruch verdankt, und *Kimsecik* (Niemand, 1980), sein vorläufig letzter Roman, erwähnt werden. (Vgl. S. 133–142)

Mit Kemal Tahir und Orhan Kemal seien zwei weitere Romanautoren mit einem besonderen Stellenwert in der türkischen Literatur dieses Jahrhunderts genannt. In seinen Thesenromanen setzt sich Kemal Tahir mit der neuen Gesellschaft, der neuen Staatsordnung auseinander. Das Dorf- und Kleinstadtleben, die in der osmanischen Tradition tief verwurzelten sozialen Beziehungen werden unter dem Aspekt des Osmanischen Niederganges und des Befreiungskrieges sowie der teilweise gegen die traditionellen Verankerungen durchzusetzenden Aufbaubemühungen behandelt.

Orhan Kemal brachte den türkischen Industriearbeiter und die Slumbewohner der Großstädte, die durch die strömende Landflucht in die Großstädte gekommen sind, in den türkischen Roman ein. Die soziale Stellung seiner Romanfiguren teilt der Autor selber. Die Probleme des Übergangs von der Agrar- zur Industriestruktur, des werdenden Industriearbeiters auf der einen, der fehlenden gesetzlichen Sozialabsicherung auf der anderen Seite, werden in den Romanen Orhan Kemals ergreifend dargestellt (z. B. in *Murtaza*, 1952).

Eine besondere Stellung in der heutigen türkischen Literatur nehmen die satirischen Erzählungen und Romane von Aziz Nesin (geb. 1915) ein. Er rückt die unmittelbaren Widerspruche des Alltags der kleinen Menschen und die das System tragenden Institutionen in eine ironisierende Distanz, stellt die konkreten Mißstände mit den Mitteln der Satire systemimmanent dar. Aziz Nesin, der in viele Sprachen übersetzt und mit vielen internationalen Preisen bedacht wurde, zählt zu den hervorragendsten Autoren der satirischen Weltliteratur dieses Jahrhunderts.

Attila Ilhan (geb. 1925), der sich primär als Dichter einen Namen verschafft hat, ist mit seinen Romanen gleichzeitig ein frappanter, doch umstrittener Autor. In einem mehrteiligen Zyklus versucht Ilhan einen Querschnitt gesellschaftlicher Strukturen und Situationen verschiedener Epochen dieses Jahrhunderts mit auch dokumentarischem Anspruch. Sein bisher letzter Roman in diesem Zyklus, *Dersaadette Sabah Ezanlari* (Morgenrufe des Muezzins in der Hohen Pforte, 1981), in dem die Besatzungszeit Istanbuls nach dem Ersten Weltkrieg zwischen dekadentem Verfall und ungebrochenem Befreiungswillen dargestellt wird, löste eine Lawine von Kritiken aus, die dem Autor insbesondere seine Sprache ankreideten. Ilhan ordnet hier seinen Personen stockkonservatives Osmanisch zu mit der Begründung, die Menschen von damals hätten so gesprochen und die Glaubwürdigkeit des Romans sei nur auf diese Weise zu gewährleisten. Diese Sprache versteht der heutige Leser kaum noch. Außerdem ist es sehr zu bezweifeln, ob die Menschen von damals tatsächlich ein so dick aufgetragenes Osmanisch gesprochen haben.

Dieser kurze Abriß läßt auch in der erzählenden Prosa der Türkei eine Vielfalt von Themen, Formen und Stilmitteln erkennen. Obwohl sich, von Ausnahmen einmal abgesehen, in dieser Literatur kaum Gruppierungen nachweisen lassen, gibt es gewisse Gemeinsamkeiten in den Individualstilen: die soziale Problematik, die gesellschaftlichen Mißstände und Widersprüche eines am Rande des Chaos stehenden, sozial dynamischen Landes bilden oft die gemeinsame Thematik, und die Tendenz, neue Synthesen aus traditionellen und modernen poetischen und epischen Kunstmitteln und Techniken zu ziehen, läßt sich allgemein beobachten. Und die Nicht-Konformität mit dem System, das gegen die Arbeiter, Kleinbauern, Lohn- und Gehaltsabhängigen funktioniert, zeichnet fast alle bedeutenden Autoren der zeitgenössischen türkischen Literatur aus.

Zum Schluß sei noch eine stark ausgeprägte Tendenz bei einer Reihe von zeitgenössischen türkischen Erzählern erwähnt. Es handelt sich hierbei um die Thematisierung der Sprache an Stelle eindeutiger Handlungsstränge. Thematische Ausgangs- beziehungsweise Schwerpunkte bilden in diesen Erzählungen Reminiszenzen und Erinnerungen vergangener Lebensabschnitte oder auch konzentrische und partikular aufgelöste Impressionen aus dem täglichen Leben. Sie werden bei Bilge Karasu (geb. 1930) sprachlich verinnerlicht oder bei Orhan Duru (geb. 1933) beispielsweise in der sprachlichen Komposition ironisch durchbrochen. Autoren wie Demir Özlü (geb. 1935) und Ferit Edgü (geb. 1936) reflektieren das alltäglich Erlebte oder aus der Erinnerung Erdachte, das sich jedoch auch zu kafkaesken Bewußtseins- oder Gedächtnislabyrinthen verwandeln kann, mit existentialistischer Betroffenheit. Bei Selim Ileri (geb. 1949) werden in Romanen wie Erzählungen die ganz individuellen, egozentrischen Gefühlszerknitterungen, die innere Vereinsamung versprachlicht. Dagegen versuchen junge Erzähler wie Necati Tosuner (geb. 1944), Hulki Aktunç (geb. 1949) und der in Paris lebende Nedim Gürsel (geb. 1951) das Erlebte oder das Erinnerte in der Sprache gleichsam gesellschaftsbezogen zu brechen.

Klarheit in der sprachlichen Vermittlung sozialer Problematik suchen dagegen Erzähler wie Demirtaş Ceyhun (geb. 1934), Erdal Öz (geb. 1935) und Necati Güngör (geb. 1949) in ihren Werken. Der dem in den siebziger Jahren eskalierten politischen Terror zum Opfer gefallene Ümit Kaftancioğlu (1935–1980) löst kraft seiner literarischen Herkunft vom großen Reichtum der anatolischen Volksepen, -romane und -erzählungen die aktuelle soziale Kritik in den sprachlichen Besonderheiten des volkstümlichen Redens und Erzählens. Er wird zugleich zu den Vertretern der sogenannten »Dorfliteratur« gezählt.

Tips zum Weiterlesen

Halide Edip Adivar: *Das Flammenhemd.* Roman. Ins Deutsche übersetzt von Heinrich Donn, Interterritorialer Verlag »Renaissance«, Wien o. J. (1923).
Yakup Kadri Karaosmanoğlu: *Der Fremdling.* Roman. Ins Deutsche übersetzt von Max Schultz, A. H. Payne Verlag, Leipzig o. J. (1939).
Spies, Otto: *Türkische Prosaliteratur der Gegenwart.* Leipzig 1943. Aus: Die Welt des Islam. 25.
Sabahattin Ali: *Anatolische Geschichten.* Deutsch von Herbert Melzig. Berlin 1953.
Spies, Otto: *Türkische Chrestomathie aus moderner Literatur.* Wiesbaden 1957.
Spies, Otto: *Das Geisterhaus. Türkische und ägyptische Novellen.* Kevelaer 1949.
Yakub Kadri: *Flamme und Falter. Ein Derwisch-Roman.* Übertragen von Annemarie Schimmel. Gummersbach 1947.
Yakub Kadri: *Madur. Türkische Erzählungen.* Übertragen von Hans Joachim Kissling. Bonn 1958.
Brands, H. Wilfrid: *Die Pforte des Glücks und andere türkische Erzählungen.* Tübingen und Basel ²1969.
Für weitere Hinweise auf die aus dem Türkischen übersetzte Literatur siehe auch das Kapitel *»Übersetzungen türkischer Literatur ins Deutsche«* (s. S. 176–194).

Sait Faik –
Ein unsteter Punkt auf der Landkarte

Mit der Stellung Orhan Velis in der modernen türkischen Lyrik (vgl. S. 92–102) ist die Bedeutung Sait Faiks in der Prosa vergleichbar. Beide Bohemiens, beide auf Istanbul fixiert, beide durch das Ungenügen der sozialen Umwälzung der ersten republikanischen Jahrzehnte Künstler der sogenannten »leidenden Generation«. Orhan Veli lebte nur 36 Jahre, Sait Faik 48 Jahre.

1906 in Adapazari geboren, besuchte er dort auch die Grundschule, ging danach einige Jahre in der alten osmanischen Metropole Bursa, der Seidenraupen- und Bäderstadt, zur Schule, um dann nach Istanbul, in die Stadt seines künstlerischen Wirkens, überzusiedeln.

Dem Wunsch des Vaters folgend, der Handel trieb, versuchte er sich in der Schweiz und in Frankreich als Student der Ökonomie. In Lausanne hielt es ihn ganze zwei Wochen, in Grenoble kaum zwei Jahre (1931–1933). Mit abgebrochenem Studium kehrte er nach Istanbul zurück. Nach ein paar Monaten als Schullehrer für Türkisch, dann als Kaufmann und nach einem Monat Arbeit als Journalist stellte er fest, daß sein unruhiger, unsteter Geist nicht geeignet war, einer geregelten Tätigkeit nachzugehen. Er lebte fortan auf der Marmara-Insel Burgaz bis zuletzt ohne eine geregelte Arbeit mit seiner Mutter zusammen; und da die Autorenhonorare für den Lebensunterhalt nicht ausreichten, vom Geld des Vaters. 1954 starb er in Istanbul. Nach dem Tod seiner Mutter (1964) wurde das Haus auf Burgaz in ein Sait-Faik-Museum umgewandelt: die Darüşşafaka, die Waisenschule in Istanbul, bekam das Vermögen der Mutter vermacht unter der Bedingung, dieses Museum zu gründen und zu erhalten. Außerdem stiftete die Mutter einen Literaturpreis. Der Sait-Faik-Preis sollte aus den Einkünften seiner Bücher dotiert werden. Er zählt zu den wenigen in der Türkei, die Ansehen genießen.

Seine ersten Kurzgeschichten schrieb Sait Faik als Gymnasiast in Bursa, sein Name wurde jedoch erst durch die Publikation der Kurzgeschichten in der Literaturzeitschrift *Varlik* ab 1934 bekannt. 1936 erschien auch sein erstes Buch *Semaver* (Samowar). Durch Sait Faik erhielt die Kurzgeschichte in der türkischen Moderne ihre Bedeutung. Nur zweimal versuchte er sich in einem Roman, einmal mit einem Lyrikband, dagegen enthielt seine Bibliografie genau dreizehn Bände Kurzgeschichten, als er nach nur zwanzigjähriger Schaffenszeit starb.

Den Bahnbrechern Nazim Hikmet und Orhan Veli in der Lyrik entsprechen die beiden Erneuerer Sabahattin Ali und Sait Faik in der erzählenden Prosa der dreißiger und vierziger Jahre. Sabahattin Ali wandte sich den Arbeitern und kleinen Bauern in ihrer ideologischen Unterwerfung und Eingebundenheit zu und deckte wohl zum ersten Mal in der erzählenden Prosa die gesellschaftlichen Widersprüche dialektisch auf. Darin bildet er das Pendant zu Nazim Hikmet, hatten sich aber insbesondere der kleinen Menschen in der Großstadt Istanbul, der abgerückten Inselwelt der Fischer im Marmara-Meer an. Als beklemmter Geist konnte sich das epische Ich bei Sait Faik nicht lange bei sozialen Widersprüchen aufhalten, flüchtete sich oft hinaus in die Natur, aufs Meer, auf die Inseln und in das Innenleben der Menschen. Das epische Ich suchte dabei nicht die Einsamkeit, sondern die Geborgenheit in der Natur, das Einkehren in die furchterregende und genüßlich kitzelnde Gewalt und Kraft der Natur jenseits der Gesellschaft, es suchte die Gesellschaft der Tiere, der Fische und der Pflanzen, das Gespräch mit den schweigsamen Menschen in dieser Naturentrückung, zum Beispiel den Fischern. Die Winde, die Wellen, die Fische und andere Elemente und Kreaturen der Natur werden in den Kurzgeschichten Sait Faiks personifiziert und individualisiert.

Das epische Ich hetzt sich voll innerer Unruhe, Erregtheit und auch Erfülltheit, gleich einem leuchtenden Signalzeichen von einem prägnanten Augenblick zum anderen, pendelnd zwischen Mensch und Natur, zwischen Innenwelten und -zuständen des Menschen und der Natur. Mit ihnen allen identifiziert sich das epische Ich in seinem tiefsten Innern. Es sucht in ihnen sich selbst, seine eigene unstete Beständigkeit, seine eigene beklemmende Unruhe, doch auch seine eigene Freude und Beglückung im harmonischen Selbst- und Sosein der Natur und der einer geregelten Beschäftigung nachgehenden Menschen.

Diese Ambivalenz zwischen Stadt und Natur, Mensch und Kreatur, Innen und Außen zeigt sich auch im Personal seiner Kurzgeschichten: eine oft chaotisch wirkende Fülle von Personen in den Großstadtgeschichten auf der einen Seite, auf der anderen die Konzentration auf einzelne Individuen in den Geschichten, die draußen in der Natur angesiedelt sind.

Ambivalenz, Bewegtheit, Unstetigkeit, ständiges Werden und Treiben sind hier gleichsam Kriterien und Kennzeichen der Ein- und Ganzheit der Welt und des Lebens, des individuellen und des globalen Seins. Und in diesem Ganzen ist das epische Ich selbst ein seismographisch sensibilisiertes Individuum, welches insbesondere die Feinheiten und Schönheiten bei den anderen Individuen registriert, vor Gefahren und Ängsten zutiefst menschlich reagiert. Sait Faiks Werk ist als Ganzes ein Zeugnis der Vermenschlichung des Lebens und der Welt.

Sait Faik verleiht den prägnanten Augenblicken, die er in seinen Kurzgeschichten aufgreift, Spontaneität, weil er diese Augenblicke nicht selektiv, sondern sensitiv erfährt. Dies führt zu einer induktiven Wirkung beim Leser. Der dargestellte Augenblick wird in seiner Intensität als das Weltganze erfahren.

Das künstlerische Selbstverständnis Sait Faiks deckte sich nicht mit dem sozialkritischen Anspruch der Zeit, durch das Schreiben, durch künstlerische Tätigkeit Gerechtigkeit und Ordnung in die Welt zu bringen. Ihm ging es vielmehr darum, die Welt in ihrer Mikrostruktur, unter der Oberfläche der gesellschaftlich-ideologischen Verhältnisse zu erfahren und erfahrbar zu machen. Daher empfand er die Kritik der sogenannten Sozialrealisten als bedrückend und beengend. Mit Ausnahme seines dritten Buches *Şahmerdan* (1940) läßt sich in seinen Geschichten so etwas wie makrostrukturale Gesellschaftskritik und -problematik kaum ausmachen, was jedoch nicht heißt, daß er sich den Zuständen des Menschen verschließt. Ganz im Gegenteil, der Mensch als individuelle Folge der gesellschaftlichen, aber auch natürlichen Kräfte und Rahmenbedingungen steht stets im Mittelpunkt seiner Geschichten. Sait Faik bekennt dazu:

»Ich hab's satt, die Leiden oder Nichtleiden der Menschenkinder zu erzählen. Abgesehen davon, ich konnte sie erst gar nicht erzählen. Ich schrieb davon, konnte es jedoch nicht bewältigen. Ich konnte mich weder im Spiegel, noch im Traum, noch in der Illusion, noch in der Fotografie sehen; daher sagte ich einfach, er hatte blonde Haare. Ich sagte, seine Augen schielten den Schöpfer an. Ich sagte, er trank abends gern zwei Gläschen. Dieses machte ihn freudig, jenes traurig, sagte ich. Ihm taten sie zu viel Unrecht an, sagte ich. Den Reichen beschimpfte ich. Den Armen bedauerte ich beinahe idiotisch. Fast hätte ich mich angeschickt, der Welt eine Ordnung zu verpassen.« (Aus der Kurzgeschichte *Die Frau im Schwalbennest*)

Sait Faiks Kurzprosa lebte und lebt heute noch wie am Tag ihrer Erstveröffentlichung. Die Gefahr geistigen Verharrens besteht für ihn nicht, vielmehr ist sein ideologischer Standpunkt die Verherrlichung des So- und Selbstseins des Individuums und der Natur; das Pulsieren des Lebens, im Menschen wie beispielsweise im Meer, ähnlich wie das ewige Pulsieren des Herzens als Kunstobjekt bei Dali; bei Faik jedoch ist es mit Gefühl und Liebe ausgestattet. Die Liebe wird im Ein- und Ausatmen des Individuums unausgesprochen zur Ideologie erhoben, wenn überhaupt bei Sait Faik von Ideologie gesprochen werden soll.

Sait Faiks Sprache weist oberflächlich gesehen eine gewisse Zerstreutheit auf, eine Nachlässigkeit in der Grammatik, doch dies ist das Stilmittel eines Bohemiens und inneren Anarchen. Dies ist eine Form des Auflehnens gegen das normativ Verordnete, Konservierende, weil es dem Leben, dem Pulsieren, dem immer wieder in Staunen versetzenden prägnanten Augenblick abträglich ist. In kurzen, sogleich einwirkenden, doch normativ unbekümmerten und reizvollen Sätzen findet das unstete epische Ich, findet der im Werden, in Bewegtheit festgehaltene Augenblick, findet der innere Zustand des Individuums die kongruente Form und Gestalt.

In Kurzgeschichten wie *Die Frau im Schwalbennest, In Alemdağ gibt es eine Schlange, Kalinikhta* erweckt Sait Faik beim Leser den Eindruck surrealistischer Betrachtungsweise der Welt und der Dinge. Sait Faik verschmolz von Anfang an verschiedene Stilelemente des epischen Redens – realistische, impressionistische, surrealistische und immer wieder poetische Elemente – zu eigenem Stil. In seinen späten Kurzgeschichten erfährt die poetische Qualität seiner Sprache eine Steigerung; ein stärkeres Eindringen in die Geheimnisse, in die tieferen Schichten der Wünsche und Empfindungen ist wohl die Ursache dieses surrealistischen Eindrucks. Surrealistisch im Sinne bewußter Übersteigerung und Verzerrung sind sie aber nicht, eher schon durch den spontanen und ebenso natürlichen Drang nach inneren Dimensionen des Seins.

Sait Faiks Romane *Manche Menschen* (1944) und *Verschollener gesucht* entziehen sich der Romanstruktur, sind als verlängerte Erzählungen einzuordnen. Auch seine Reportagen zeugen von seinen Qualitäten als großer Erzähler von Kurzgeschichten. Deshalb veröffentlichte er manche von ihnen zusammen mit den Kurzgeschichten.

Sait Faik zog nicht nur junge Erzähler in der Türkei in seinen Bann. Seine Wirkung hält an, seine Bücher erleben alle paar Jahre Neuauflagen. Bis heute fällt sein Name als erster, wenn von der Kurzgeschichte die Rede ist.

Tips zum Weiterlesen

In deutscher Sprache gibt es von Sait Faik bis heute kein einziges Buch. Einige seiner Kurzgeschichten sind übersetzt:
Der Strick; Das Veilchental; Papas Efendi; Das verschwundene Bündel. In: *Die Pforte des Glücks und andere türkische Erzählungen.* Hg. H. Wilfrid Brands, Tübingen ²1969. *Die letzten Vögel; Brief an eine Geliebte.* In: Akzente, Zeitschrift für Literatur. Heft 6, Dezember 1980.

Der Fischer und die lahme Möwe

Es wurde sogar beobachtet, daß die lahme Möwe und der Fischer miteinander sprachen. Daß zuerst die Möwe ihn angesprochen hat, dafür bürge ich, möchte ich meinen. Daß der Fischer zuerst die Möwe angesprochen hat, ist einfach nicht möglich.

Die Überlieferung berichtet von dieser Unterhaltung so:

Die Möwe: »......« – Der Fischer: »Wirst du wohl still sein, du Lahme, Hinkebein, so früh am Morgen? ...« –

Die Möwe: »......«

Der Fischer: »Wirst schon nicht platzen! Wir sind noch nicht am Ziel.«

Die Möwe: »......«

Der Fischer: »Ich fleh' dich an, Hinkebein, schweig ... Schweig, damit wir so schnell wie möglich zum Ziel kommen.«

Die Möwe: »......«

Der Fischer: »Mensch, mußt du aber hungrig sein, wenn du so viel quatschst?«

Die Möwe: »......«

Der Fischer: »Warte, wenn das so ist, ich schneide dir einen Stöcker.«

Die Möwe: »......«

Der Fischer: »Fällst aber auf die Nerven mit deinem Geschwätz!«

Er warf der Möwe einen Stöckerkopf und ein vom Fleisch abgeschabtes Grannenskelett zu, dessen Schwanz zitterte. Er faßte die Ruder. Kurz darauf lagen die Oxia-Inseln vor uns, die im Nebel größer schienen. Die Möwe schwieg. Sie sprachen nicht mehr.

Da wandte sich der Fischer zu mir: »Immer wenn ich zum Fischfang rausrudere, erkennt sie im Nu das Boot; klebt an meinem Kiel. Bringt auch viel Glück, der Vogel; kannst dir gar nicht vorstellen.«

»Warum nennst du sie Hinkebein, Varbet?«

»Weil sie eben hinkt.«

»Was ist denn mit ihrem Bein?«

Er gab keine Antwort. Wir schwiegen. Der Wind trug Landgeruch an meine Nase. Es umgab uns der Geruch von leicht angefaulten Wassermelonen. Der Fischer schwieg, als würde er sein Schwätzchen bereuen. Ein Fischer ist ein Mann, der mit sich selbst spricht, würde ich meinen, aber das ist falsch. Der Fischer ist nicht einmal zu sich selbst geschwätzig. Ich bin noch nie einem geschwätzigen Fischer begegnet. Wenn der Mensch geschwätzig ist, ist er kein Fischer. Wenn er ein Fischer ist, ist er nicht geschwätzig.

Aus der Art, wie er um sich sah, schien es, als hätten wir folgendes Gespräch geführt: »Siehst du dort das Kap der Insel Kinali?«

»Ich sehe es.«

»Dort oben ist weiße Erde. Siehst du sie auch?«

»Nein.«

Der Fisch mag die Stille. Er schätzt Menschen, die schweigsam sind wie er. Mir dreht sich wieder der Kopf. Noch einmal zum Fischen? Nein. Was für eine riesige, taub tiefe Stimme, die Stimme des Meeres. Wie winzig ist der Mensch in diesem kleinen Boot. Oh Land! Dort sind Stimmen, Menschen, Lärm. Bäume. Winde. Wie angenehm ist es, mit festem Boden unter den Füßen in die Weite zu schauen. Aber es flößt dir Angst und Schaudern ein, in einem Boot auf hoher See dieses taube Geheule zu hören, das dem Atmen eines riesigen Mauls gleicht, während dich eine lahme Möwe anschielt. Ach, würden wir doch endlich zurückkehren! Ich gelobe Opfertiere zu schlachten, wenn ich meinen Fuß je wieder auf Land setze. Opfertiere? Wie fürchterlich, wie barbarisch ist das Opfern, mein Gott! Wie sie vor Kindern, Frauen und Mädchen den Tieren die Kehle durchschneiden. Was für eine primitive Sitte!

»Das Meer ist sehr schlimm! Und du wirst gleich in Ohnmacht fallen, laß uns zurückkehren!«

»Kehren wir doch zurück ...«

Als wir im Café in Kumkapi ankamen, strömte eine warme Blutwelle in mein Gesicht. Oh, hier war die Welt! Der Fischer blickte mich streng an: »Noch einmal mit dir zum Fischfang gehen ...« sagte er, »du bist ein nervöser Mensch, du.«

Er tat tagelang so, als grollte er mir. Wem grollte er eigentlich nicht. Anscheinend war er auch in Trauer, er hatte an seinen Kragen ein schwarzes Band geheftet. Seine Bekannten sagten: »Wer ist wohl bei Varbet gestorben? Man kann ja den Kerl gar nicht fragen ... das Pulverfaß!«

Mich verlangte es wieder sehnlichst, auf Fischfang zu gehen, jenen sonderbaren Zustand von neuem zu erleben. Sich fürchten und gleichzeitig in Träumen zu vergehen, was für ein furchterregender Genuß. Diesen Genuß wollte ich noch einmal kosten.

Ich sah ihn, während er mit seinen vom Rauchen bernsteinfarbenen Nägeln die Angelschnur polierte. »Agop Aga, zum Fischfang?« fragte ich ihn. Er gab keine Antwort. Zum Kellner: »Mach einen Kaffee für Varbet.«

»Ich hab schon meinen Kaffee getrunken, will nicht.«

»Zum Fischfang, Varbet?«

»Ja zum Fischfang ... Was ist damit?«

»Nimmst du mich mit?«

Auch Varbet hat in dieser Welt sicherlich Ansprüche, Schulden und Bedürfnisse. Einige Groschen von einem Herrn zu bekommen, bedeutet doch nicht gleich, das Gesicht zu verlieren ... »Aber«, sprach er, »sogar wenn du im Boot stirbst, kehre ich nicht zurück, klar.«

»An jenem Tag war ich etwas schlecht beieinander.« – »Es wird dir wieder schlecht gehen; mach dir nichts draus. Mit diesen Nerven kannst du auch an Land keine Ruh' haben. Wird schon nichts passieren. Aber was ist schon dabei, sogar wenn du stirbst. Wenn die Stunde einmal gekommen ist, ist es gleich an Land oder zu Meer.«

»Wo ist die lahme Möwe?«

»Gestorben.«

»Wie?«

»Wie, weiß ich nicht. Eines Morgens kam ich zum Ziel, da schwamm ihre Leiche, genau am Ziel.«

»Ist sie deshalb zum Ziel gekommen und dort gestorben, damit du sie siehst, was meinst du?« Er antwortete nicht. Plötzlich schoß der Gedanke mir durch den Kopf, daß er das Trauerband an seinem Kragen vielleicht wegen der toten Möwe angeheftet hatte.

»Trägst du vielleicht das schwarze Band für die Möwe, Varbet?«

Er schaute mir in die Augen: »Gottlob«, sagte er, »heute hast du einen klaren Kopf wie auf dem Land. Ohne Angst.«

Yaşar Kemal –
Das Lied der Çukurova

Jedes Jahr am Vortag der Bekanntgabe des neuen Nobelpreisträgers für Literatur klingelt mein Telefon einige Male. Literaturredaktionen bei Funk und Presse geben den Auftrag, für 13 Uhr am nächsten Tag, den Zeitpunkt der Bekanntgabe, einen Bericht über Yaşar Kemal bereitzuhalten, welcher telefonisch abgerufen würde, falls Kemal der neue Preisträger wäre. Und das seit Jahren. Er zählt zum engsten Anwärterkreis. Wenn er den Nobelpreis bis heute doch noch nicht erhielt, so ist das auch ein Politikum – oder vielleicht hält man ihn, der 1922 geboren ist, noch für zu jung dafür.

Sein erster Roman *Ince Memet* erreichte in der Türkei bis heute eine Auflagenhöhe von über einer halben Million. Rekordauflagen erreichen auch seine anderen Romane. In über vierzig Sprachen wurde er übersetzt. Auf den Straßen schwedischer Städte wird er oft von seinen Lesern angehalten, die ihn besser kennen als manch einen schwedischen Autor. Er ist einer der Lieblingsautoren des französischen Präsidenten Mitterrand. Volkstümliche, wandernde Märchen- und Epenerzähler in anatolischen Dörfern tragen seine Romane vor, als wären sie ihre ureigenen Stoffe. Sein großartiges episches Werk wurde mit in- und ausländischen Preisen ausgezeichnet – zuletzt erhielt Yaşar Kemal 1979 den französischen Literaturpreis für den besten ausländischen Roman.

Obwohl seine ersten Bücher relativ früh ins Deutsche übersetzt wurden (*Ince Memet*, 1960; *Anatolischer Reis*, 1962), zeigte sich die deutschsprachige Literaturkritik ihm gegenüber lange verschlossen. Dies muß wohl mitunter daran gelegen haben, daß die Kritik nicht den nötigen soziokulturellen Hintergrund und Kemals literarische Traditionen kannte, um ihn einstufen zu können.

Yaşar Kemal ist ein Jahr älter als die türkische Republik. Seinen genauen Geburtstag kennt er nicht. An irgendeinem Tag des Jahres 1922 kam er in dem Dorf Hemite in der südtürkischen »Tiefen Ebene« (Çukurova) auf die Welt. Çukurova liegt zwischen dem Mittelmeer und den Taurusgebirgen. Yaşar Kemals Eltern stammen jedoch nicht aus dieser Gegend, sondern aus dem ostanatolischen Dorf Ernis am Van-See nahe der persischen Grenze. Das Gebiet wurde ersten Weltkrieg von den Russen besetzt, die der dortigen türkischen Bevölkerung das Leben schwer machten. Daraufhin zog der Vater nach Adana in der »Tiefen Ebene« aus, wollte sich aber als armer Mann nicht in der Stadt niederlassen und kam in das Geburtsdorf Yaşar Kemals, das auch Göğceli genannt wird.

Vater Sadik verdient seinen Lebensunterhalt als Orangenverkäufer. Mit einem Korb Orangen auf dem Rücken zieht er zwei Jahre lang von Ort zu Ort, bis er schließlich mit Hilfe eines kleinen Darlehens einen Esel kauft und die Orangen fortan nicht mehr selbst tragen muß. Die Kenner der heutigen Verhältnisse im anatolischen Dorf können sich diese Verhältnisse von vor sechzig Jahren vorstellen. Armut und Entbehrungen bestimmen das Leben. Vater Sadik arbeitet sich durch sein unermüdliches Herumziehen mit seinem Esel zu einem relativ »wohlhabenden« Mann des Dorfes empor, bleibt dennoch ein Freund der Ärmsten, hilft diesen, soweit er kann. Dies erweckt bei den Ağas, den Herren des Dorfes, Argwohn und Mißbehagen. Sie befürchten durch das Verhalten Vater Sadiks die Gefährdung der sozialen Schranken zwischen Arm und Reich im Dorf, die sie immer als unerschütterlichen Schutzwall erhalten wollten. Wer so »reich« wird wie er, muß sich entweder zu den Reichen bekennen, oder er lebt gefährlich. Er wird, als er einmal gerade zum Gebet geht, hinterrücks mit einem Messer erstochen und stirbt. Der erst vier-fünf Jahre alte Yaşar bleibt mit seiner Mutter zurück.

Vor diesem Meuchelmord muß Yaşars Vater zweimal um das Leben seines Sohnes bangen. Beim Spiel mit den Kindern fällt einmal Yaşar von einem Pferdewagen herunter und bleibt am Boden bewußtlos liegen. Der Vater gelobt, fünf Widder für die armen Dörfler zu opfern, wenn sein Kind wieder gesund wird. Yaşar wird wieder gesund; fünf Widder werden feierlich geschlachtet. Dabei passiert das zweite Unglück. Der kleine Yaşar schaut zu, wie sein Onkel – der Schwager des Vaters – die Tiere schlachtet; dabei rutscht das große scharfe Messer dem Onkel aus und die Messerspitze trifft genau das rechte Auge des Kindes. Der Vater gelobt wieder: »Ich werde sieben Widder und einen Ochsen opfern, wenn mein Kind gesund wird.« Zwar wird Yaşar wieder gesund, aber er verliert sein rechtes Auge. Dennoch wird das Gelöbnis eingelöst, und die Opfertiere werden für die Dörfler geschlachtet.

Nach dem Tod des Vaters ist auch das bißchen, das er hinterläßt, schnell ausgegeben. Die Armut begleitet das weitere Leben Yaşar Kemals und seiner Mutter. Als er das Schulalter erreicht, muß er täglich zu Fuß in das nächste Dorf (Berhanli) gehen, weil es in seinem Dorf keine Schule gibt. Er wechselt nach kurzer Zeit mit Hilfe eines Verwandten zu einer Schule in der Kreisstadt Kadirli, so daß dieses Pendeln bei Wind und Regen ein Ende hat. Nach Abschluß der fünfjährigen Grundschule geht er in die Provinzhauptstadt Adana, um dort die Mittelschule zu besuchen. Er muß gleichzeitig in der Baumwoll-Egrenier-Fabrik arbeiten und muß in der dritten und letzten Klasse die Mittelschule verlassen, um zu arbeiten und seine Mutter zu ernähren.

Ich versuchte, die Verhältnisse zu umreißen, in denen der langjährige Nobelpreisanwärter für Literatur aufgewachsen ist. Er mußte sich mit einer siebenjährigen Schulausbildung begnügen und sich als Arbeiter in verschiedensten Bereichen durchs Leben schlagen, bis er sich aus diesen Verhältnissen heraus zum namhaftesten türkischen Schriftsteller der Gegenwart emporarbeitete.

Er war Landarbeiter auf den Baumwollfeldern, fünf Jahre lang Wasserwächter in den malariaverseuchten Reisfeldern, Aushilfslehrer im Dorf. Nach seinem Militärdienst versuchte er sich als Straßenschreiber in Kadirli für Gesuche und Briefe der Analphabeten. Wegen seiner sozialkritischen Ansichten wurde ihm das Leben dort schwer gemacht. 1951 übersiedelte er nach Istanbul.

Schon in der Grundschule schrieb Yaşar Kemal Gedichte in den traditionellen Formen der Volkslyrik. Als er sein erstes Gedicht unter seinem eigentli chen Namen, Kemal Sadik Göğceli, veröffentlichte, war er erst in der sechsten Klasse. Bereits in seiner Kindheit entwickelte er ein besonderes Verhältnis zur Folklore, die bei ihm die Schulausbildung ersetzte. Die volkstümliche Wendung von der »Schule des Lebens« trifft für Yaşar Kemal genau zu. Folkloristische Texte zu sammeln begann er in der Mittelschule. Nachdem er die Schule verlassen hatte, konnte er diese Arbeit intensiver und zielgerichteter weiterführen. In dieser Zeit sammelte er die mündlich überlieferten, volkstümlichen Oden, die dann vom Volkshaus Adana herausgegeben wurden (1942).

Bevor er nach Istanbul überwechselte, schickte er der bekanntesten Literaturzeitschrift des Landes *Varlik* Kurzgeschichten und Erzählungen, aber erst die Publikationen nach 1951 machten seinen Namen bekannt.

Wie fast jeder türkische Schriftsteller versuchte sich auch Yaşar Kemal zuerst mit Gedichten. Und wie viele andere hat er die Lyrik aufgegeben, nachdem er seiner erzählerischen Stärke bewußt wurde. Seither veröffentlichte er nur Romane, Erzählungen, Epen und Reportagen. Und durch seine Reportagen in der Istanbuler Tageszeitung *Cumhuriyet* machte er auf seinen Namen aufmerksam. Das Jahr 1955 wurde für Yaşar Kemal zum Jahr des Durchbruchs. Gleich zwei Preise, der Preis des Journalistenverbandes für die beste Reportage und der Romanpreis der Zeitschrift *Varlik* für seinen Roman *Ince Memed*, wurden ihm zugesprochen. *Ince Memed* bildet nicht nur im Schaffen Yaşar Kemals, sondern in der modernen türkischen Literatur überhaupt einen Meilenstein, ja sogar einen Wendepunkt.

Schon in der Anlage von *Ince Memed* sind die Grenzen zwischen Legende und Wirklichkeit verwischt, doch der reale Gehalt wird im Gesamtkontext des Romans deutlich herausgestellt. Der Autor verlegt die Handlungsgeschichte in die zwanziger Jahre, aber reflektiert dauernd die sozialen Verhältnisse seiner Gegenwart. Aus dem Klassenkonflikt zwischen den Großgrundbesitzern und den von ihnen abhängigen Landarbeitern wächst die Handlung. Der erniedrigte, entrechtete Ince Memed wird, um dem Joch des Großgrundbesitzers zu entkommen, zum Räuber, kommt so auch mit dem Gesetz in Konflikt. Die sozialen Verhältnisse trieben ihn zu diesem Konflikt mit dem Gesetz.

Selbstverständlich nicht bloß der außerordentlich fesselnde Handlungsstrang macht den besonderen Stellenwert dieses Romans in der modernen türkischen Literatur aus, sondern in erster Linie seine durch und durch poetisch schildernde und beschreibende Sprache. Die Menschen Yaşar Kemals sind zugleich naturhaft und, gezeichnet von den sozialen Verhältnissen, machtlos, gleichsam animalisch ausgeliefert. Landschaftsbeschreibungen und die Beschreibung von »Menschen-Landschaften« fließen ineinander. Die Handlung fungiert als der durchgehende, verbindende Faden. Nicht sie, sondern die Beziehungen zwischen den Menschen sowie zwischen Mensch und Landschaft und soziale Verschachtelungen bilden das Erzählgewebe. Aus diesen Beziehungen heraus entwickelt sich die äußere Handlung. In seiner Sprache greift Yaşar Kemal zwar auf die Tradition zurück, aber die Fülle seiner Bilder und Metaphern sind neuartig in ihren ungewöhnlichen Konstellationen und in ihrer Ausdruckskraft. In einem zweiten Teil des Romans erzählt Yaşar Kemal das weitere Leben und Tun Ince Memeds (1969).

In der Novelle *Anatolischer Reis* schildert Yaşar Kemal die aussichtslose Lage eines jungen, idealistischen Landrats in der »Tiefen Ebene«, der gegen die Mißstände und die gewinnsüchtigen Großgrundbesitzer durchgreifen will.

Die Stärke Yaşar Kemals liegt hier wie in seinen anderen Romanen darin, den sozialkritischen Gehalt und die unzweifelhaft vorhandene Tendenz meisterlich in Sprache und Poesie umzuwandeln. In einer Romantrilogie *Ortadirek* (Hauptstütze, 1960), *Yer Demir Gök Bakir* (Eisenerde, Kupferhimmel, 1963) und *Ölmez Otu* (Unsterblichkeitskraut, 1969) schildert er in epischer Breite das Leben der Landarbeiter, die in der Saison Baumwolle pflücken und dafür von den Bergdörfern in langen Mehrtagesmärschen in die Ebene ziehen.

Im Ensemble der Dörfler und der Großgrundbesitzer werden neben den sozialen Widersprüchen auch einzelne Personen in die Tiefe ihrer Psychen und Charaktere hinein dargestellt. Davon sind auch die sogenannten sozial »negativen« Typen nicht ausgeschlossen. Über alle sozialen Schranken hinaus versteht sich Yaşar Kemal in erster Linie als Erzähler: Jeder Mensch wird durch das Zusammenwirken seiner eigenen, von seinen subjektiven und objektiven Bedingungen entstehenden Ängsten und Hoffnungen, Sorgen und Freuden, Regungen und Empfindungen, aber auch Intrigen und Bösartigkeiten bestimmt. Die Sympathien für die Unterdrückten hindern den Autor nicht daran, auch und gerade ihre menschlichen Schwächen, Widersprüchlichkeiten und Unvollkommenheiten zu zeigen.

Denken und Handeln, Empfinden und Wahrnehmen, Träumen und Erkennen, kurz jegliches Sein und Werden machen bei Yaşar Kemal das Erzählen, die Totalität des Erzählens aus. Mit anderen Worten: alles Sein und Wirken ist im Erzählen wahr und wirklich. So ist auch das erlebte Gedächtnis der Welt, der Natur und der Menschheit die Erzählung an sich. Daher gibt es bei Yaşar Kemal bis heute zum Beispiel keine historischen Romane, aber in Konsequenz seines epischen Selbstverständnisses, als Memoiren des Gewesenen, des Gewordenen und des Erlebten, aber auch des sich gerade vollziehenden prägnanten Augenblicks, Epopöen, die an die jahrhundertealten Traditionen des Märchens, der Legende in der Gestaltung moderner, originärer Romane anschließen. In ihnen ist das Erzählen zugleich beinahe selbständig wirkende Artistik der Sprache von eigenkosmischer Dynamik. Die auch ins Deutsche kongenial übersetzten Romane *Binboğalar Efsanesi* (Das Lied der Tausend Stiere) und *Ağrı Dağı Efsanesi* (Ararat-Legende) sind beeindruckende Beispiele Kemalscher Erzählkunst.

Der Niedergang einer jahrtausendealten Kultur wird in dem Roman *Das Lied der Tausend Stiere* in ein Epos verwandelt. Die Nomadenkultur der Turkmenen, die Höchstwerte des Menschlichen hervorbrachte, wird in der Çukurova, zwischen den Taurus-Ketten und dem Mittelmeer von der Technologie ereilt, die ihr nur Tod und Verderben, die totale Vernichtung bringt, ohne an die Stelle der zerstörten Werte neue, bessere zu setzen. Kemal schreibt den Roman der entfremdenden, den Menschen entleerenden Veränderung als Abgesang auf eine niedergehende Kultur und setzt ihr zugleich ein episches und sprachliches Monument. Die entfesselte Erzählfreude, der unbändige Sprachfluß, der unvorstellbare Reichtum der Sprache kann gleichnishaft als die herrlichste und kraftvollste, letzte Blüte vor dem Tod der besungenen Kultur verstanden werden.

Nach seinen literarischen Wurzeln gefragt, antwortete Yaşar Kemal einmal wie folgt:
»Zum einen kenne ich die großen Dichter Yunus Emre, Pir Sultan, Karacaoğlan, Dadaloğlu sehr gut. Ich kenne eine ungeheure Kultur. Ihre Kelims, ihre palastartigen Zelte, ihre menschlichen Umgangsformen, wie sie sich Freundschaft, Liebe, Menschlichkeit entgegenbringen, kenne ich.

Während ich mit einer Hand in meiner eigenen Erde, in meinen eigenen Liedern, Epen stecke, stecke ich mit der anderen in der großen alten Tradition Anatoliens seit Homer. Das ist auch meine Tradition. Wenn einerseits Köroğlu, Karacaoğlan, Dadaloğlu, Aşik Veysel und Homer meine Meister sind, sind andererseits Stendhal, Tolstoi und Dostojewski meine Meister. Das heißt, wir, die heutigen türkischen Autoren sind aus einer Kreuzung entstanden. Ein Nazim Hikmet beispielsweise ist daraus entstanden. Seine ›Menschenlandschaften‹ sind das größte Weltepos seit Homer, seitdem die Ilias geschrieben worden ist. Warum kommt Nazim Hikmet gerade aus Anatolien? Weil Anatolien ein Verknotungspunkt ist. Eine große, glanzvolle Vergangenheit hat, eine sehr reiche Sprache und eine wahre Achtung vor dem Westen. Wir achten die westliche Kultur sehr, so sehr, daß unsere Vorgänger dies sogar falsch verstanden und 200 Jahre lang den Westen nachgeahmt haben, und zwar das Schlechteste im Westen. Wir ahmen heute nicht nach, meine Generation, also Orhan Kemal, Fakir Baykurt, Ahmed Arif und andere, wir ziehen unseren Nutzen aus dem Westen. Wir ahmen nicht nach, aber wir lehnen die westliche Kultur auch nicht ab. Die westliche Kultur hat sehr starke humane Wurzeln, wenn auch sie heute immer mehr absterben.«

Gerade sein bisher letzter Roman *Kimsecik* (Niemand, 1981) bestätigt diese Worte eindrucksvoll. Der sehr stark autobiographisch geprägte Roman ist in den Kindheitsjahren Kemals angesiedelt und thematisiert gleichsam das Erzählen an sich, ohne aber auf Handlungen und Schilderungen zu verzichten. Die Handlung wird zum Träger der dialektischen Erzähldynamik, so daß im Vordergrund die erzählte Landschaft, die Menschen, ihre Charaktere und Psychen und nicht zuletzt die zwischenmenschlichen Beziehungen stehen. Der Erzählimpetus an sich wird hier zum gestaltenden Prinzip des Romans erhoben. Gedankengänge, Handlungen, Vorgänge, Beziehungen werden durch das Prinzip des in Frage stellens und des völlig entgegengesetzten Neuerzählens vielschichtig gemacht, vervielfacht. Dadurch wird jegliche Verabsolutierung ausgeschlossen, der Blick in die tieferen Schichten der Vorgänge und Charaktere gerichtet – sie werden in ihrer widersprüchlichen Vielschichtigkeit konkretisiert und zugleich versprachlicht. Hier wird die gestalterische, immer lebendige Wandelbarkeit des Märchen- und Legendenerzählers zum Gestaltungsprinzip eines hervorragenden modernen Romans.

Yaşar Kemals Werken wurde in der Türkei die offizielle Anerkennung jahrelang verweigert, weil die politischen Aktivitäten des Autors den Herrschenden ein Dorn im Auge waren. 1961 gründete er die türkische Arbeiterpartei (TIP) mit und arbeitete einige Jahre aktiv an ihrer Spitze. Er gab mit anderen die linksgerichtete Wochenzeitung *Ant* heraus, bis sie nach dem Militärputsch am 12. März 1971 zusammen mit der Arbeiterpartei und zahlreichen anderen demokratischen Institutionen und Organen verboten wurde. Yaşar Kemal befand sich unter den Verhafteten, wurde jedoch bald wieder auf freien Fuß gesetzt, während beispielsweise die Vorstandsmitglieder der Partei bis zu 30 Jahren Haft verurteilt wurden. Während der Eskalation der Gewalt und des Terrors unter der »Nationalistischen Frontkoalition« von Süleyman Demirel und Alparslan Türkeş verbrachte er vorsichtshalber über zwei Jahre, 1978–80, in Europa, vor allem in Schweden.

Heute lebt er wieder in der Türkei. Die unumstrittene Anerkennung des großen Romanautors im In- und Ausland führte inzwischen auch zu einer stillschweigenden offiziellen Anerkennung in der Türkei. Während unter Demirel-Regierungen zum Beispiel Fernsehserien nach seinen Romanen abgesetzt wurden, können heute selbst die staatlichen Medien vor der Bedeutung seines Werks die Augen nicht mehr verschließen.

Tips zum Weiterlesen

Yaşar Kemal: *Anatolischer Reis*. Aus dem Türkischen von Horst Wilfrid Brands. Societäts-Verlag, Frankfurt 1979.
Ders.: *Das Lied der Tausend Stiere*. Aus dem Türkischen von Helga Dağyeli-Bohne und Yildirim Dağyeli. Unionsverlag, Zürich 1979.
Ders.: *Memed mein Falke*. Aus dem Türkischen von Horst Wilfrid Brands. Unionsverlag, Zürich 1980.
Ders.: *Die Ararat-Legende*. Aus dem Türkischen von Helga Dağyeli-Bohne und Yildirim Dağyeli. Mit Zeichnungen von Abidin Dino. Unionsverlag, Zürich 1981.

YAŞAR KEMAL

Aus: Das Lied der Tausend Stiere

Von Khorassan sind wir gekommen, die hell glänzenden Lanzen ge-
schultert. Wir haben die Welt überrannt wie Rudel von Wölfen, sind
ausgeschwärmt nach Westen und Osten. Auf unseren langhalsigen,
rubinäugigen Pferden bis an die Wasser des Indus und des Nils gerit-
ten. Haben Länder und Festungen und Städte erobert, Staaten gegründet. Wie Adler gingen wir nieder auf die Ebene von Haran, auf
Mesopotamien, auf die Wüsten Arabiens, Anatolien, den Kaukasus,
auf die weite russische Steppe, mit unseren zehntausend, hundert-
tausend Zelten ... Unseren langen Zelten aus schwarzem Ziegenhaar, mit den sieben langen Stützen, ein jedes von ihnen ein Meisterwerk menschlicher Arbeit, in den zartesten Farben, mit den präch-
tigsten Mustern ... Und unsere Lanzen, unsere Schwerter und Dol-
che ... Unsere Musketen mit dem goldgravierten Elfenbeinschaft ...
Unsere holzgeschnitzten Mörser, unsere Nasenringe und Halsketten
und Stirnbänder ... Unsere Kelims und Filzläufer und Ziegenhaar-
decken ... In der Ebene von Haran wirbelten wir im Rhythmus der
Semah, zu Tausenden, und die Gazellen der Ebene mit uns. Wie
stolze Falken waren wir und feierten große Feste und heilige Zusam-
menkünfte. Welle um Welle brausten wir von einem Ufer zum anderen, von Meer zu Meer. Festungen, Städte, Länder, Rassen, Dyna-
stien gingen vor uns auf die Knie. Ein ganzes Zeitalter haben wir
unterjocht und manches Leid denen zugefügt, die wir unterwarfen.
Aber nie, nie haben wir ihnen die Ehre geraubt. Menschen zu demü-
tigen, hat uns unsere Sitte immer verboten. Wir haben uns nie an den
Armen, den Waisen, den Gestrauchelten, an den Frauen und Kindern vergriffen, welches auch ihre Rasse, Herkunft oder Religion
war. Freund oder Feind, wir haben sie immer in Ehren gehalten und
behandelt wie unsere eigenen gefallenen Brüder, unsere eigenen
Kinder und Frauen, wie die Alten unseres eigenen Stammes. Und
dem Feind, der um Gnade rief, krümmten wir nicht ein Haar. Unsere starken Filzzelte, bestickt und bedruckt mit all unseren Zeichen,
hielten uns warm. Sie waren von unvergleichlicher Pracht, kein Palast kam ihnen gleich. Überallhin führten uns unsere Wege, oft frei,
oft gefangen, oft siegreich, oft besiegt ... Die Jahrhunderte zogen
vorüber, und wir brachen auseinander, zerstreuten uns, schwanden
dahin, und die schwarzen Zelte wurden bleich ... Den mächtigen
Bergen und Flüssen, den Ländern und Staaten haben wir ihre Namen geschenkt, wir haben ihnen unser Zeichen aufgedrückt. Wir

kamen nach Anatolien, und vor uns erhob sich das Kayseri-Gebirge, der Ararat, der Süphan, der Nemrut, das Gebirge der Tausend Stiere und die Cilo-Berge ... Vor uns schlängelten sich breite Flüsse, der Kizilirmak, der Yeşilirmak, der Sakarya, der Seyhan, der Ceyhan ... Und die anatolische Hochebene, der Salzsee und die Ebenen der Ägäis mit ihren bernsteinfarbenen Trauben ... Und all diesen Seen und Flüssen, Ebenen und Bergen schenkten wir ihre Namen. Auf jedem Flecken Anatoliens hinterließen wir unsere Spur, die Namen und Zeichen unserer Stämme. Damit man uns nie vergesse. Damit in all diesen Ländern unsere Rasse Wurzeln schlage und gedeihe ... Sie haben uns vorwärts getrieben auf den staubigen Wegen, über die verschneiten Berge gejagt, uns in manches Abenteuer verwickelt. Wir sind eins geworden mit Anatolien, verwachsen mit seiner Erde, seinen Steinen, den fließenden Wassern und wehenden Winden, den verwitterten Karawansereien, seinen Palästen, Tempeln und Moscheen, den großen Städten. Verwachsen mit den Liedern und Sitten, der Weisheit und Kenntnis, die diesem Land entsprungen sind, mit allem was auf dieser Erde wächst und grünt und blüht, in tausendjährigem Kommen und Gehen. Verbunden wie Haut und Knochen, wie Regen und Erde ... In jeder Provinz ließen wir einen Teil von uns, in jeder Gegend, unter jedem Himmelsstrich. Überall an unserem Weg eingefallene, vergessene Zelte, dem Untergang anheimgegeben. Aus einer einzigen Quelle sind wir entsprungen und wurden zum reißenden, kochenden Sturzbach, zu einem mächtigen, unbezwingbaren Strom. In tausend Bäche teilten wir uns auf, liefen auseinander, schrumpften, versiegten, trockneten aus. Und jetzt werden unsere Lieder vielleicht nie mehr gesungen. Gläubige, Heilige und Ordensmeister werden sich nie mehr im Herzen vereinen und gemeinsam den Semah tanzen. Mond und Sonne werden auf- und untergehen, aber für fremde Augen. Unser Wissen, unsere Sitten und Traditionen werden ins Meer der Vergessenheit sinken. Niemand wird mehr wissen, wie wir dachten, wie wir fühlten über den knospenden Baum, über das Wehen des Windes, über Leben, Wachsen und Tod des Menschen. Das Keimen der Blume, das Röhren des Tigers, das Fallen des Regens, das Sprießen der Saat ... Wie der Adler sein Ei legt, wie man den jungen Falken, das langhalsige, wilde Fohlen abrichtet ... Gar nichts wird man wissen von unserer Liebe zu dieser Welt, unserer Freundschaft zu jedem einzelnen ihrer Geschöpfe, von der wunderbaren Kraft, die uns geschenkt ist, ein Teil jedes einzelnen Geschöpfes dieser Welt zu werden, in ihm aufzugehen. Unser Name wird Schall und Rauch sein für die kommenden Generationen. Nicht über Nacht, aber nach und nach, im Verlauf von

Tausenden, Abertausenden von Jahren verschwinden wir, lösen uns auf, gehen dahin und lassen in all diesen Landstrichen ein Stück von uns selbst zurück ... Wie klares Wasser flossen wir über diese Erde ... Und kamen nach Anatolien und sahen das Kayseri-Gebirge vor uns, hochragend und rein und schön, in Licht gebadet. Unsere langhalsigen, rubinäugigen Pferde ... Unsere schwarzen Zelte aus Ziegenhaar gingen wie tausend majestätische Adler über Mesopotamien und Haran nieder ... Zu Tausenden haben wir uns nach der Semah gedreht, mit tausend Gazellen, drei Tage und drei Nächte, vierzig Tage, vierzig Nächte ...

Das Theater:
Dorfspiel, Stegreiftheater
und moderne Dramaturgie

Die Türken kannten das Theater schon, als sie im 11. Jahrhundert nach Anatolien kamen. Anna Komnini, die Tochter des byzantinischen Herrschers Alexios Komninos I., berichtet in ihrer zeitgeschichtlichen Schrift *Alexios*, daß ein Schauspiel, das sich über ihren Vater lustig macht, im Jahre 1116 im türkisch-seldschukischen Serail oft gespielt wurde. M. M. Nikolic, ein jugoslawischer Wissenschaftler, hatte 1934 in einem Vortrag in Belgrad sogar von teilweise bis heute erhaltenen, 2000 Jahre alten türkischen Stücken berichtet. Aber von einer bedeutsamen alten türkischen Theaterliteratur kann keine Rede sein. Aktuelle Anlässe, wie Siegesfeiern nach Kriegen oder aber die Erkrankung des byzantinischen Kaisers, der einen Feldzug gegen die Türken vorgehabt hatte, bildeten den Grund zu Spielen ohne textliche Fixierung, deren Erscheinungsform durch den Begriff »Imitatio« charakterisiert werden kann.

Der Imitatio eignet die Spontaneität beziehungsweise das Stegreifspiel, das Wesensmerkmal jedes volkstümlichen Theaters. Somit war schon in diesen frühen Spielen das Zeichen für die weitere Entwicklung des türkischen Theaters bis hin in unsere Tage gesetzt. Die türkische Dramaturgie basiert, sieht man einmal von den Nachahmungen europäischer Dramen seit der Mitte des vergangenen Jahrhunderts ab, auf der freien Konversation der Achsenfiguren. Von hier aus läßt sich auch eine Querverbindung zu den literarischen Formen der frühen Tradition herstellen. Nicht nur die bei den Türken ausgeprägten Erzählformen Märchen, Sage, Legende, Epos stellen freie Fiktionen aus dem Augenblick heraus dar, sondern auch die tradierten Formen der Volksdichtung entstanden aus dem spontanen Spiel auf dem langstieligen Zupfinstrument *Saz*.

Nach dem elften Jahrhundert blieb das türkische Schauspiel den Kulturmetropolen fern und lebte lediglich auf dem Land in der Form von Dorfspielen fort. Zu verschiedenen Anlässen wurden auf den Dorfplätzen Spiele veranstaltet, wie sie zum Teil noch heute in anatolischen Dörfern zu sehen sind. Sie unterliegen keiner künstlerischen Formgebung, vielmehr bilden sie einen Bestandteil des dörflichen Lebens. Das über Jahrhunderte hinweg unverändert überlieferte, feste Repertoire von Spielen mit Prototypen wird von den Dorfbewohnern gespielt. Eine Trennung zwischen Zuschauern und Darstellern, wie sie durch die europäische Guckkastenbühne gegeben ist, kennt man in diesen Dorfspielen nicht. Die Zuschauer bilden ein aktiv am Spielgeschehen teilhabendes, »mitspielendes« Glied des Dorfspiels.

Die besonderen Themen der Dorfspiele sind: Ernte-Dank-Spiel, Mädchenentführung, Heirat, Tod, Vertreibung von bösen Geistern, Kampf, Gebet um Regen u. a. Die spielerische Gestaltung solcher Themen weist in der Türkei örtliche Variationen und Modifikationen auf. Die Spielebene entspricht in moderner Terminologie dem »zeigenden« Stil mit Tier- und Geisterdarstellungen durch Menschen und mit der Darstellung von übernatürlichen Wirkungskräften wie Wiederbelebung von Toten. Dieses Zeigen unterscheidet sich jedoch von der modernen zeigenden Dramaturgie, wie beispielsweise bei Brecht, durch das völlige Fehlen des Zuschauers, weil dieser im Spiel selbst aufgeht, und durch das Fehlen einer Sachhälfte in der thematischen Darstellung. Es werden keine Modellfälle konstruiert, sondern die Handlung als Klischee wird mit immer wiederkehrenden Allegorien und Symbolfiguren dargestellt. Die Dorfspiele sind heute in erster Linie von volkskundlichem beziehungsweise soziologischem Interesse.

Orta Oyunu – die türkische Commedia dell'arte

Wahrscheinlich erst durch die Gastspiele, vor allem italienischer Ensembles in Istanbul im 18. Jahrhundert und später, konnte die Stadtbevölkerung wieder Theater sehen. Der Name des türkischen volkstümlichen Schauspiels *Orta Oyunu* taucht zum erstenmal im 18. Jahrhundert in dieser Form auf, obwohl seine Geschichte sich weiter zurückverfolgen läßt. Manche Wissenschaftler sehen in dem Wort »orta« eine türkische Abwandlung von »arte« des italienischen »Commedia dell'arte«. Andere vertreten die Meinung, daß *Orta Oyunu* aufgrund wesentlicher Übereinstimmung ihrer dramaturgischen Strukturen vom türkischen Schattenspiel *Karagöz* abgeleitet und entwickelt worden ist. Wie dem auch sei, es gibt heute in- und ausländische Belege dafür, daß durch die Gassen ziehende, kleine Truppen vor Haustüren oder auf kleinen Plätzen auch vor dem 18. Jahrhundert lustige Gespräche aus dem Stegreif geführt haben.

Der Name könnte auch die Spielform bezeichnen. Er bedeutet wörtlich »Spiel in der Mitte«. Es wurde auf einer Spielfläche gespielt, die man gelegentlich durch vier, mit einem Seil umzogene Pfähle an den Ecken markierte. An vier Seiten der Spielfläche standen die Zuschauer. Das *Orta Oyunu* ist ein Typenspiel mit einem ganz bestimmten Katalog von Typen, die von den Spielern imitiert werden. Der Imitationscharakter des Spiels wird in manchen Stücken unmittelbar reflektiert, indem der Imitator eines Typs mit dem Darsteller des Typs konfrontiert wird. Das Spiel wird jedoch dramaturgisch nicht von diesen Typen, sondern von den beiden Achsenfiguren *Pişekar* (Spielführer) und dessen Gegenspieler *Kavuklu* (der Volksheld mit dem wattierten Turban auf dem Kopf) getragen. Zum Ensemble gehören neben den Darstellern auch Musiker und Tänzer, die den ohnehin sehr lockeren Aufbau des Spiels durch Musik- und Tanzeinlagen, die in keiner bestimmten Wechselbeziehung zum Spiel stehen, beliebig zerhacken. Tanzeinlagen sind folkloristischer Art oder Bauchtänze, während der Musik auch eine dramaturgische Funktion eignet: jede der Spielfiguren wird beim ersten Auftreten von einer bestimmten, dem Typ eigenen Melodie eingeführt und begleitet.

Orta Oyunu besteht aus zwei Teilen: der *Muhavere* (Konversation) zwischen den Achsenfiguren *Pişekar* und *Kavuklu* und dem *Fasil* (Handlungsteil). Der Handlungsteil wird mehr oder weniger aus dem anonymen Spielrepertoire festgelegt, während die Konversation oft spontan erfunden wird. In ihr kann auf aktuelle Tagesereignisse, Persönlichkeiten und anwesende Zuschauer kritisch beziehungsweise ironisch Bezug genommen werden. Der Handlungsteil besteht aus den Begegnungen verschiedener Typen und Typennachahmungen. In ihm ist keine prozessuale Entwicklung, das heißt keine Handlung im Sinne von Konflikten und einer Spannungserzeugung enthalten. Nicht nur die Figurenbegegnungen werden locker aneinandergereiht, sondern auch zwischen der Konversation und dem eigentlichen Teil besteht kein dramaturgisch zwingender Übergang, keine inhaltliche Verknüpfung.

Eine besondere Form des *Orta Oyunu* entwickelte sich etwa seit der Mitte des letzten Jahrhunderts durch das Transponieren auf die Bühne. Zwar vermochte das Guckkastentheater *Orta Oyunu* nicht von Grund auf zu ändern, doch die Rahmenbühne hatte zur Folge, daß sich aus dem völlig lockeren Bau des Spiels ein relativ handlungsgebundenes Improvisationstheater (*Tuluat Tiyatrosu*) formte. Erst in jüngster Zeit wurde das Repertoire des *Orta Oyunu* mit seinen wichtigen Stücken schriftlich fixiert. Mit dem letzten namhaften Vertreter, Ismail Dümbüllü (1897–1973), scheint auch diese Art des volkstümlichen türkischen Theaters ausgestorben zu sein.

In diesem Zusammenhang sei auch das Einmannspiel, *Meddah*, erwähnt, das seinen Ursprung in der türkischen Erzähltradition findet. Es ist nicht nur eine Untergattungsbezeichnung, sondern gleichzeitig der Name des einzigen Spielers. Er unterbricht die Erzählung durch personifiziertes Reden, Rollenspiel, fingiertes Gespräch oder imitiertes Sprechen. Sie werden derart ins Erzählen eingelegt, daß ein dramatisches Gefüge entsteht, das von einem einzigen Spieler, dem *Meddah*, getragen wird. Modernisierungsversuche des *Meddah* in neuester Zeit hatten keinen Erfolg, werden jedoch insbesondere im Ramadan-(Fasten)Monat im Fernsehen adaptiert. Durch diese Entwicklung wandten sich bekannte Bühnenschauspieler wie Erol Günaydin und Toron Karacaoğlu in den letzten Jahren dem *Meddah* zu.

Gastspiele im Serail

Die Fühlungnahme der türkischen Schauspielkunst mit der europäischen läßt sich auf die Reformbestrebungen der türkischen Sultane in der Armee und Verwaltung im 18. Jahrhundert zurückführen. Die ersten italienischen und französischen Gastspiele wurden meistens im Sultan-Serail gezeigt und fanden die Gunst der Sultane. Unter dem Einfluß dieser Gruppen wurden im 19. Jahrhundert die ersten türkischen Ensembles gebildet. Das bedeutendste unter ihnen, das *Gedikpaşa-Theater*, begann 1869 mit türkischen Aufführungen.

Der europäische Einfluß setzte sich daneben unvermindert fort. Das Repertoire der Schauspielhäuser umfaßt heute neben den in letzter Zeit zunehmenden einheimischen Stücken das gesamte klassische und moderne europäische Repertoire, sofern Stücke von Autoren wie Bert Brecht von der politischen Macht nicht verboten werden. Eine Zensur im Theater wie im Film findet in der Türkei häufig statt. Auch Autoren und Übersetzer sind davon betroffen und werden nicht nur unter Militärregierungen zu Gefängnisstrafen verurteilt.

Das Programm der Oper besteht neben relativ wenigen türkischen Werken vorwiegend aus dem klassischen europäischen Repertoire. Auch die Ballette und Operetten, die aufgeführt werden, sind fast ausschließlich europäischer Herkunft. In diesem Zusammenhang muß erwähnt werden, daß das junge türkische Ballett in Ankara, das sich in den Gründungsjahren der künstlerischen Betreuung durch Dame Ninette de Valois erfreute, von den Kennern zu den wenigen Ballettzentren zwischen London und Moskau gezählt wird.

Bis 1959 wurde der Einakter *Dichterheirat* von Şinasi (1826–1871) – entstanden 1858 – als das erste türkische Stück im europäischen Sinne betrachtet. In dieser Komödie übt Şinasi an der alttürkischen Sitte, nach der der Mann erst in der Hochzeitsnacht seine Frau zum erstenmal zu Gesicht bekommen darf, Kritik und schildert die groteske Situation des neuverheirateten Dichters in der Hochzeitsnacht, als er sieht, daß die ihm als schöne Braut geschilderte Frau in Wirklichkeit eine körperbeschädigte, häßliche Frau ist.

Erst 1959 wurde in der Wiener Nationalbibliothek ein 1809 niedergeschriebenes türkisches Stück (*Schuster Ahmed* von Iskerlec) von Prof. Fahir Iz entdeckt. Dieses Stück wurde seinerzeit auch ins Italienische übersetzt. Dasselbe Stück wurde bereits zweimal bei den Studentenfestspielen in Erlangen (1960, 1965) von türkischen Studentenbühnen dargeboten. Interessant waren diese Aufführungen vor allem deshalb, weil sie die weitgehenden Grenzen der Möglichkeit zeigten, Elemente der heute folkloristisch gewordenen türkischen Schauspielarten im modernen türkischen Theater zu verweben.

Bedingt durch die soziale und politische Situation des Landes, beschäftigen sich moderne türkische Stücke neben historischen Themen in erster Linie mit gesellschaftlichen Problemen. Das bedeutet, daß die türkischen Stücke heute in ihrer Wirkung meist national beschränkt bleiben. Der einheimische Anstrich haftet noch so stark an ihnen, daß sie andernorts teils unverständlich, teils uninteressant sind. Es gibt jedoch Bestrebungen, die der nationalen Problematik durch tiefergreifende Studien überregionale Bedeutung abzugewinnen versuchen. Die türkischen Dramatiker und Regisseure haben zweierlei Schwierigkeiten zu bewältigen: Erstens sind geeignete folkloristische Elemente von dem allgemeinen Ballast der Folklore abzutrennen, zweitens sind die türkischen Elemente behutsam in die modernen Dramenformen zu verweben. Eine andere Tendenz versuchte die antike Tragödie zeitgemäß wiederzubeleben. Als Beispiele zu diesem Versuch kann man den *Großen Jüstinien* von Refik Erduran, den Einakter *Keziban* von Turan Oflazoğlu und Güngör Dilmens Medea-Stoff *Kurban* (Opfer) nennen. Im türkischen Theaterschaffen ist nach dem Militäreingriff am 12. März 1971 eine Zäsur eingetreten, die in der Folge teilweise zum politischen Proklamationstheater führte. Nach dem neuerlichen Eingriff der Militärs am 12. September 1980 ist solches Theater jedoch unmöglich geworden.

Neue türkische Stücke

1914 sollte in Istanbul ein Konservatorium gegründet werden. Die weitere Entwicklung lief jedoch darauf hinaus, daß unter den damaligen Umständen keine abgeschlossene Theaterschule entstehen konnte, statt deren aber ein Theater, das sich selbst erhielt. Hier haben die jungen »Schauspielbeflissenen« als »Lehrlinge« angefangen und sich je nach Talent weitergebildet. So trat erst im Jahre 1923 (am 29. Oktober 1923 rief Atatürk die Republik aus) die erste islamisch-türkische Darstellerin auf dieser Bühne auf. Die vielen Proteste des Publikums gegen das Auftreten islamischer Frauen auf der Bühne konnten dies nicht verhindern. Bis dahin spielten armenische und griechische Schauspielerinnen, die teilweise die türkische Diktion ausgezeichnet beherrschten, oder verkleidete türkische Männer die Frauenrollen in türkischen Theatern. Nach der Emanzipation der türkischen Frau durch den ersten türkischen Staatspräsidenten Atatürk wurden auch die türkischen Schauspielerinnen in starkem Maße gefördert. Die schauspielerische Tätigkeit der türkischen Frau, die noch vor zwanzig bis dreißig Jahren als etwas Unanständiges angesehen wurde, erfreut sich heute eines großen Ansehens auch im Volk.

Der Name Muhsin Ertuğrul (1892–1979) ist unzertrennlich von der neueren türkischen Theatergeschichte. Er hat nicht nur die ersten, ernsthaften Versuche, dem türkischen Publikum die bedeutenden alten und neuen Dramen des europäischen Theaters bekannt zu machen, programmatisch verwirklicht, sondern auch die türkischen Dramatiker stets gefördert. Auch die Regiekunst im europäischen Sinne, die Ausbildung von Schauspielern und die Schulung der Zuschauer gehen in erster Linie auf seinen Namen zurück. Die Gründung fast jeder der heute bestehenden Bühnen ist auf irgendeine Weise mit seinem Namen verknüpft. Jahrzehntelang stand er als der kompetenteste türkische Theatermann an der Spitze der Städtischen Bühnen in Istanbul sowie des Staatstheaters in Ankara. Der heutige Aufschwung des türkischen Theaters basiert auf der großen Pioniertat von Muhsin Ertuğrul.

In diesem Zusammenhang sei auf drei wichtige Namen hingewiesen. Ahmet Vefik Pascha (1823–1891) hat mit seinen Molière-Übersetzungen und -Adaptationen und mit seinen Theaterarbeiten von 1879 bis 1882 in der Provinzhauptstadt Bursa, wo er Gouverneur war, dem türkischen Theater in den Anfängen große Dienste erwiesen. Heute trägt das Staatstheater in Bursa seinen Namen.

Beeinflußt von *Karagöz* und *Orta Oyunu* und von Ahmet Vefik Pascha schrieb Muhasip-Zade Celal (1870–1959) zahlreiche satirische Komödien. Lokale, farbenreiche Vorgänge im osmanischen Volksleben wurden in seinen Stücken sozialkritisch bearbeitet. Er kritisiert, karikiert die alten Maßstäbe des Lebens und der Moral. Die Karikierung und die klischeehaften komischen Typen und andere Lustspielelemente hat er von *Karagöz* und *Orta Oyunu* übernommen und versucht, sie mit der europäischen Technik, die er wenig kannte, zu erfassen.

Schließlich ist der bekannte deutsche Theatermann Carl Ebert zu nennen, der, von Atatürk beauftragt, das Konservatorium und das Staatstheater in Ankara gegründet und den Stil dieses Theaters geprägt hat (1936).

Nach dem Inkrafttreten der demokratischen Verfassung von 1961 erlebte das Theater in der Türkei in den sechziger Jahren einen Aufschwung. Die Theaterbesucher hatten in Istanbul Abend für Abend die Wahl unter rund zwanzig Stücken, in Ankara waren es etwa zehn. Aus anderen Städten Anatoliens trafen Tag für Tag Berichte über neue Bühnen ein. Neue Formen des Theaters, wie etwa das Straßentheater, Stadtteiltheater in den Slums oder Aktionen wie »Theater überall« und neue, gute Stücke türkischer Autoren, verdeutlichen diesen Aufschwung, von dem man damals auch in Europa stärker Kenntnis nahm. Durch den Militäreingriff vom 12. März 1971 nahm dieser Aufschwung ein abruptes Ende.

Erfolgreiche Beispiele des neuen türkischen Theaters bieten Güngör Dilmen mit seiner Trilogie um den »König Midas«, Nazim Hikmet mit den Stücken *Legende von der Liebe* und *Joseph in Ägyptenland*, Orhan Asena mit *Hurrem Sultan* und *Der kahle Mehmet*, Haldun Taner mit dem *Epos des Ali aus Keschan* und *Des Esels Schatten*, Sermet Çağan mit *Fabrik der Beine und Füße*, Aziz Nesin mit *Meister Mateh*. Wenn neben den aktuellen auch historische Stoffe in diesen und vielen anderen Dramen verarbeitet werden, so wird die historische Person beziehungsweise das historische Geschehen immer auf die heutigen Verhältnisse reflektiert und ihr gegenwärtiger Realbezug hergestellt. Realitätsbezogenheit kennzeichnet überhaupt das moderne türkische Theater.

Legenden und antike Stoffe

Auch die Stücke des bekanntesten türkischen Dichters Nazim Hikmet, die in den dreißiger Jahren von Muhsin Ertuğrul an den Städtischen Bühnen Istanbul inszeniert worden waren, werden wieder gespielt; und die neuen, im Exil geschriebenen Stücke werden in der Heimat des Dichters zum erstenmal aufgeführt. Zu den besten Stücken Hikmets zählen *Joseph in Ägyptenland* und die *Legende von der Liebe*. Das letztere, 1948 im Gefängnis in Bursa geschrieben, wurde 1967 auch an den Städtischen Bühnen Krefeld-Mönchengladbach auf deutsch mit Erfolg aufgeführt. Die Legende von der Liebe zwischen der Prinzessin Schirin und dem volkstümlichen Ornamentenmaler Ferhad ist bis heute in der Türkei lebendig geblieben und diente bedeutenden persischen und türkischen Epen als Vorlage. Nazim Hikmet gewinnt dem alten Märchenstoff einen neuen, sozialen und realistischen Aspekt ab. Aus Liebe zu Schirin nimmt Ferhad die Bedingung an, einen Gang durch den Eisenberg zu schlagen, um Wasser in die Stadt zu leiten. Bevor die Bedingung nicht erfüllt ist – und das wird Jahrzehnte in Anspruch nehmen –, darf er Schirin nicht einmal sehen. In den folgenden Jahren wird Ferhad in den Augen des Volkes, das in der Stadt ohne Wasser dahinsiecht, zum Helden. Seine Wandlung wird zur inneren Handlung des Dramas. Er schlägt den Gang durch den Eisenberg nun nicht mehr aus Liebe zu Schirin, sondern aus Liebe zum Volk.

Im Ernst-Deutsch-Theater in Hamburg wurde 1981 eines der erfolgreichsten Stücke der sechziger Jahre in deutscher Übersetzung von Cornelius Bischof erstaufgeführt: *Ali, Held von Keschan* von Haldun Taner. In dem Milieu der Großstadtslums, das der Autor als Modell für eine faule Gesellschaft hinstellt, werden die wahren Hintergründe des Heldenkults an Beobachtungen dargestellt. Ali, ein im Grunde harmloser Mensch, wird unschuldig ins Gefängnis geliefert. Das Volk aber glaubt, daß er den unbeliebten Ihsan, den »Schlamm«, heldenhaft niedergestochen habe. Die »Gesetze« des Gefängnisses hängen dem harmlosen Ali auch nach der Entlassung durch eine Amnestie wie ein Damoklesschwert über dem Haupt. Er paßt sich den »hierarchischen« Umständen an und wird wirklich zum Vagabunden. Er bekennt sich des Mordes, den er in Wirklichkeit nicht begangen hat, schuldig und schlägt bei einer Auseinandersetzung mit dem Gefängnisdirektor einen Holzstuhl auf dessen Kopf entzwei. Er wird für das Volk zum Helden. Wenn er am Ende des Stückes den wirklichen Mörder, der ihn herausfordert, niederschießt, wird die Legende seines Heldentums zur Wirklichkeit. Die Gesellschaft hat ihn dazu gebracht, das zu werden, was es in ihm sehen wollte.

Taner bedient sich in diesem Volksstück epischer Elemente des europäischen Theaters (vom Botenbericht der klassischen Tragödie bis zum Szenenbau bei Brecht) und der traditionellen Formen türkischen Volkstheaters.

Haldun Taner führte in den sechziger Jahren auch die Form des Kabarett-Theaters in der Türkei ein. Den ersten Versuch von 1962 unterbrach er zunächst, weil er sich seinen Versuchen des Volkstheaters widmete. Er gründete 1968 das »Kabarett Vogel Strauß« in Istanbul, schrieb den Text *Schaban, der Retter des Vaterlandes* und übertraf damit seine bisherigen Erfolge. Humor und feiner Witz sind Taner als Autor angeboren und zeichnen schon seine frühen Erzählungen und Stücke aus. Entsprechend dem stärkeren aktuellen Bezug des Kabaretts wird im *Schaban, der Retter des Vaterlandes* der Humor zum kritischen, auch zum »schwarzen Humor«. Haldun Taner stützte sich bei seinem Versuch nicht allein auf seine Erfahrungen mit dem deutschen Kabarett, sondern auch auf die volkstümlichen Theaterformen und auf Aristophanes. Beeindruckt von dem Erfolg Taners wurde in Istanbul gleich ein zweites »Kabarett drei Affen« eröffnet. Namhafte türkische Dichter und Autoren haben Texte dafür verfaßt. So hat sich das Kabarett in der Türkei auf Anhieb etabliert.

Sozialkritik und Freude am Spiel

Das Stück *Fabrik der Füße und Beine* von Sermet Çağan (1929–1970) ist eines der wichtigsten im modernen türkischen Theater. Bei seiner Erstaufführung bei den Studentenfestspielen in Erlangen 1964 erregte es großes

Aufsehen. Dann wurde es in Ankara vom »Kunsttheater« mehr als 200mal gezeigt. Çağan sucht in diesem Stück von den Gegebenheiten des türkischen Theaters und der Gesellschaft ausgehend nach neuen Möglichkeiten des epischen Theaters. Im Stück wird die volksfeindliche Maschinerie eines Feudalsystems in einem nicht entwickelten Land auf wirkungsvolle Weise bis in die Details bloßgestellt. Anlaß für das Stück bildet eine soziale Wirklichkeit in der südöstlichen Türkei, wo die Menschen gezwungen sind, ihre für sie nicht ausreichende Weizenernte gegen größere Mengen einer Art Schwarzkorn umzutauschen. Diese Nahrung führt auf lange Sicht zur Lähmung. Die Parabel Çağans zeigt, wie die ausbeutenden Feudalherren, die den Weizen der Bevölkerung gegen das wertlose Schwarzkorn einnehmen, mit der ausländischen Entwicklungshilfe eine Krückenfabrik aufbauen und den gelähmten Menschen jetzt Krücken verkaufen. Die aktuellen Probleme eines Entwicklungslandes werden in diesem Stück kritisch zur Debatte gestellt: Entwicklungshilfe, Spekulanten und Wucherer, Polizeistaat und durchfäulte Justiz. Die Parodie ist hier das Hauptmittel zur kritischen Distanz.

Güngör Dilmen (geb. 1930) ist eine der interessantesten Erscheinungen im neueren türkischen Theater. Nicht nur mit seinen originären Stücken wie der Trilogie um den *König Midas* oder dem makaber sozialkritischen Stück *Das Restaurant des lebendigen Affen*, sondern auch mit seiner Bearbeitung antiker oder historischer Stoffe gab er dem Theater in der Türkei wichtige Impulse. *Das Opfer* nach dem »Medea«-Modell siedelt er bruchlos in der traditionellen anatolischen Gesellschaft an. Die Thematik des Stückes zeigt starken Zeit- und Realbezug und damit den Unterschied von der antiken Tragödie und vielleicht auch deren Unmöglichkeit heute. Es geht um ein anatolisches Sozialproblem. Die Frau in der anatolischen Familie ist wirtschaftlich stark vom Mann abhängig, obwohl sie zur Produktion mindestens soviel beiträgt wie der Mann. Diese Abhängigkeit bewirkt das soziale Abhängigkeitsverhältnis. Der Mann hat noch immer sein traditionelles »Recht«, eine zweite oder gar dritte Frau nach Hause zu bringen, wann es ihm beliebt. Die erste Frau, die meistens älter ist als die neugekommene, findet sich mit diesem traditionellen Brauch ab, sicht sogar manchmal eine Hilfe in ihrer *Kuma* (der anderen Frau) für die anstrengende Haus- und Feldarbeit. An Stelle der tragischen Helden der höheren Stände treten hier die Bauern Anatoliens. Auch das Schicksalhafte der klassischen Tragödie erfährt im entschiedenen Widerstand Zehras (der ersten Frau) gegen den Versuch ihres Mannes, eine zweite Frau ins Haus zu bringen, einen Bruch, so daß der Konflikt auf eine reale, soziale Ebene heruntergeholt wird: »Ich teile alles, was ich habe, aber nicht meinen Mann«, sagt Zehra und stellt sich zum Kampf mit dem Schicksal (hier mit einem zum Schicksal gewordenen traditionellen, sozialen Brauch). Dilmen baute sein Stück formal regelrecht nach der alten Tragödie. Obwohl die Handlung im anatolischen Dorf angesiedelt ist, ist seine Sprache lyrisch; den Chor teilt er in einen Männer- und einen Frauenchor, der Bote, der Musikant haben die gleiche Funktion wie in der alten Tragödie.

Güngör Dilmens *Einheit und Fortschritt* spricht schon im Titel eine konkrete Zeit und Begebenheit an. »Einheit und Fortschritt« (Ittihat ve Terakki), als eine politische Partei und Bewegung, kennzeichnet eine bewegte und kritische Zeit gegen das Ende des Osmanischen Reiches, zu Beginn dieses Jahrhunderts: eine Zeit der Reaktion und Revolution, der Dekadenz und Aufklärung, der Unterdrückung und Freiheit, eine chaotische Zeit, die in den Ersten Weltkrieg mündete und den endgültigen Zusammenbruch des Osmanischen Reiches herbeiführte. – Dilmens Stück ist kein Dokumentarstück, obwohl es die tragenden Personen und Geschehnisse der Zeit zeigt. Es geht Dilmen dabei in erster Linie um die Problematik der Unaufhaltsamkeit eines Niederganges. Und gerade in diesem Punkt gewinnt das Stück für uns Aktualität. Die Vertreter der »Einheit und Fortschritt«-Bewegung waren gutwillige Idealisten und wollten den unaufhaltsamen Niedergang des Reiches noch im letzten Augenblick aufhalten. Leichter als vermutet glückte ihnen die Revolution (Ausrufung der zweiten konstitutionellen Monarchie von 1908), und sie kamen an die Macht, auf die sie geistig und weltanschaulich nicht vorbereitet waren.

Anlaß zu Diskussionen gab das Zweipersonenstück *Mikados Stäbchen* des namhaften Lyrikers Melih Cevdet Anday. Im schweren Schneesturm einer Winternacht nimmt eine junge Frau mit einem Säugling das Angebot eines Mannes an, in seiner Wohnung Zuflucht zu nehmen, weil keine Verkehrsmittel mehr verkehrten. Für den Zuschauer fängt das Stück an, wenn die beiden in die Wohnung des Mannes eintreten. Die eminente Schwierigkeit zwischenmenschlicher Kommunikation wird bereits in den ersten Dialogen deutlich. Sie sind einander so nahe bzw. so fremd wie jeder jedem anderen. Unterschwellig zeichnet sich die Schwierigkeit der Kommunikation als eine Folge etablierter gesellschaftlicher Werte ab. Im Grunde haben sich die beiden Fremden nichts zu sagen. Was sie sich aus Höflichkeit oder Verlegenheit sagen, ist absurd, banal. Der Gedanke, als eine hergelaufene Frau angesehen zu werden, beunruhigt die Frau. In ihr brennt der Wunsch, zu zeigen, daß sie kein Ding, keine Ware ist. Dasselbe auch beim Mann. Aus Verlegenheit schlägt er zum Zeitvertreib ein Mikado-Spiel vor. Auch ihre Dialoge sind ein Spiel wie »Mikados Stäbchen«. Anday erweist sich mit diesem Stück als Autor brillanter Bühnendialoge, deren Funktion das Spiel an sich ist. Die Situation, die Welt, die zusammenhanglosen Gedanken, die Empfindungen der beiden Menschen werden versprachlicht. Andays Stück ruft Assoziationen an Beckett hervor. Aber im Gegensatz zu Beckett metaphysiert er die Situation und die Verhältnisse nicht, sondern er konkretisiert sie.

Eine Darstellung des türkischen Dramas im 20. Jahrhundert muß ohne Berücksichtigung von Dramatikern wie Reşat Nuri Güntekin (1889–1956), Cevat Fehmi Başkut (1905–1971), Orhan Asena (geb. 1922), Turgut Özakman (geb. 1930), Cahit Atay (geb. 1925), Turan Oflazoğlu (geb. 1932), Recep Bilginer (geb. 1922), Sabahattin Kudret Aksal (geb. 1920), Aziz Nesin (geb. 1914), Çetin Altan (geb. 1926) unvollständig bleiben.

Güntekin und Başkut bringen durchschnittliche Menschen in alltäglichen Begebenheiten nicht ohne den moralisierenden Zeigefinger auf die Bühne. Mit Cahit Atay ist auch die Dorfliteratur der Nachkriegszeit im Theater vertreten. Necati Cumali (geb. 1921) war ihm dabei vorausgegangen. Özakman und Altan wandten sich in ihren Stücken den Problemen der Großstadtmenschen in politischen Umbruchs- bzw. existentiellen Krisensituationen zu. Aziz Nesin, der bekannte satirische Erzähler, ist mit seinen Dramen wohl der einzige bedeutende Vertreter des satirisch-grotesken Theaters in der Türkei. Oflazoğlu behandelt mit Vorliebe Stoffe aus der osmanischen Geschichte und soziale Themen nach antiken Tragödien-Modellen.

Orhan Asena hat ebenfalls mit seinen historischen Stücken einen besonderen Platz, wie mit dem Stück *Hurrem Sultan*. Asenas Œuvre spannt sich von antiken bis hin zu den aktuellsten Themen. So wird in *Götter und Menschen* die Legende um Gilgamesch modern bearbeitet, und die Trilogie *Jagd in Chile, Herzschlag einer toten Stadt* und *Allende* stellt die politischen Ereignisse in Chile zur Zeit Allendes theatralisch dar. Sozialkritisch aktualisierte Stoffe um historische Volkshelden wie *Scheich Bedreddin* und *Atçali Mehmet* zählen jedoch zu den originärsten Dramen von Orhan Asena.

Zu den wichtigen Dramatikern der siebziger Jahre zählt noch Adalet Ağaoğlu (geb. 1929), die in ihren Stücken (*Der Riß im Dach, Das Mann-und-Frau-Spiel* u. a.) die Verlassenheit der Menschen mittelständischer Familien, die Einsamkeit alternder Menschen dramatisiert, sowie Autoren wie Vasif Öngören (geb. 1938), Bilgesu Erenus u. a. Gerade mit seinen dem Brechtschen Theater formal nachempfundenen Stücken zählt Öngören heute zu den wichtigsten Vertretern des epischen Theaters in der Türkei: *Wie kann Asiye gerettet werden?* (Asiye Nasil Kurtulur?); *Die Küche des Reichen* (Zengin Mutfağı).

In dem erzwungenen Prozeß, die türkische Gesellschaft in eine kapitalistische Wirtschaftsordnung hineinzumanövrieren, und durch die unverminderte Landflucht sowie durch die Bevölkerungsexplosion verhärten sich vor allem in den Städten die Klassengegensätze. An konkreten und aktuellen Geschichten führt Bilgesu Erenus diese Gegensätze lebhaft vor

Augen. Sie zeigt in Verlängerung dieser ungesunden Entwicklung auch das Phänomen der Migration. In ihrem besten Stück *Ortak* (Der Teilhaber), entlarvt sie die kapitalistische Machenschaft in einem unterentwickelten Land wie der Türkei, auf Kosten der Kleinsparer, durch das sogenannte Holding-System die Kapitalakkumulation doch noch in Gang zu setzen.

Tips zum Weiterlesen

Brands, Wilfrid Horst: *Zum Stand der Theaterdichtung in der Türkei*. In: Die Welt des Islam. Bd. 13. E. J. Brill, Leiden 1971.
Duda, Herbert W.: *Das türkische Volkstheater*. In: bustan (Wien). 1961.
Meinecke, Max: *Hundert Jahre türkisches Theater*. In: Mitteilungen der Deutsch-Türkischen Gesellschaft (Bonn). 1959, 31.
Nazim Hikmet: *Legende von der Liebe. Josef in Ägyptenland*. Ins Deutsche übertragen und mit einem Nachwort versehen von Prof. Alfred Kurella. Leipzig 1961.
Spuler, Christa-Ursula: *Das türkische Drama der Gegenwart*. Eine literaturhistorische Studie. Diss. Bonn 1968.
Yalman, Tunc: *Das türkische Theater*. In: Europa aeterna (Zürich). 1, 1956.

Karagöz –
Das Schattenspiel als Vorwegnahme
des epischen und absurden Dramas?

Nach der romantischen Proklamation des Romans als »Poesie der Poesie« durch Friedrich Schlegel kam es im neunzehnten Jahrhundert zu einer langanhaltenden Krise des europäischen Dramas. 1888 spricht August Strindberg in seinem bekannt gewordenen Vorwort zu *Fräulein Julie* von der »dauernden Theaterkrisis, die jetzt in ganz Europa herrscht«. Der erste Versuch, dieser Krise ein Ende zu setzen, kommt aus der Sphäre des Epischen. Das moderne Drama setzt daher mit einer permanenten Paradoxie ein, die sich in steigendem Maße bis heute fortgesetzt hat. Die Vorherrschaft einzelner literarischer Gattungen ist in unserem Jahrhundert unmöglich geworden. Davon ist, nach der dominierenden Rolle des Romans im neunzehnten Jahrhundert, das Drama am meisten betroffen. Die einzige Existenzberechtigung des Theaters in unserem Jahrhundert scheint in dem dauernden paradoxen Kampf um seine Selbstrechtfertigung zu liegen. Seit 1880 wurde häufiger versucht, das Theater zu verändern als während seiner ganzen übrigen Geschichte.

In den neuen gesellschaftsbezogenen Stoffen des Romans im neunzehnten Jahrhundert glaubte man auch einen neuen Weg für das Drama gefunden zu haben. Strindberg sieht in der dramatisierten *Therese Raquin* Zolas einen neuen Anfang, »aber, da aus einem Roman geholt, noch nicht vollkommen in der Form«. Diese Vollkommenheit lag für ihn in seinem »Intimen Theater«, das sich mit der Form des Einakters deckt. Strindberg möchte den Zuschauer durch das Überführen des Illusionären ins Intime an das Bühnengeschehen fesseln.

Intimes, absurdes und episches Theater

In seiner Dramaturgie gibt er eine Beschreibung dieses »Intimen Theaters«: »Wenn man nun fragt, was ein Intimes Theater will und was man mit Kammerspielen bezweckt, so kann ich so antworten: Im Drama suchen wir das starke, bedeutungsvolle Motiv, aber mit Begrenzung. In der Behandlung vermeiden wir alle Mätzchen, alle berechneten Effekte, Applausstellen, Glanzrollen, Solonummern. Keine bestimmte Form soll den

Dichter binden, denn das Motiv bedingt die Form. Also Freiheit in der Behandlung, die nur an Einheit und Stilgefühl der Konzeption gebunden ist.«

Die Forderung, keine bestimmte Form solle den Dichter binden, erfährt jedoch in der Praxis eine Umkehrung. Die Form des Einakters wird von Strindberg zum Programm erhoben; er bezeichnet sie als die »Formel des Dramas«. Die gleiche Feststellung gilt auch für das naturalistische Drama, denn es wird nicht durch die soziale Thematik des Romans, sondern durch seine epische Form bestimmt. Bertolt Brecht äußert sich in seinen »Schriften zum Theater« über die paradoxe Dramaturgie der Naturalisten: »Die Naturalisten (Ibsen, Hauptmann) suchten die neuen Stoffe der neuen Romane auf die Bühne zu bringen und fanden keine andere Form dafür als eben die dieser Romane: eine epische. Als ihnen nun sofort vorgeworfen wurde, sie seien undramatisch, ließen sie mit der Form sofort auch die Stoffe wieder fallen, und der Vorstoß kam ins Stocken, anscheinend der Vorstoß in neue Stoffgebiete, in Wirklichkeit aber der Vorstoß in die epische Form.«

Bekanntlich hat Brecht selbst diesen Vorstoß unternommen. Sein episches Theater hat das moderne Theater entscheidend bestimmt und wird es auch weiterhin bestimmen. Parallel zu dieser Entwicklung vom naturalistischen zum epischen Drama stellen wir eine zweite grundlegende Entwicklung fest, die von Alfred Jarry über Yvan Goll bis zu Ionesco und Beckett führt. Wenn man nach der Dramenkrise des letzten Jahrhunderts überhaupt von einer Theaterrevolution sprechen kann, so war diese zweite Richtung des grotesken und absurden Theaters nicht weniger progressiv als das politisch-epische Theater. Erst nachträglich wurde man sich dessen bewußt, daß die scheinbar neuen Themen des Naturalismus nicht im naturalistischen, sondern im burlesk-komischen, grotesken Drama ihre adäquate Form gefunden haben und dadurch erst zu wirklich neuen Themen geworden sind. An die Stelle der naturalistischen Wiedergabe der Wirklichkeit trat hier die konstituierte Bühnenwirklichkeit. Dies bedeutete soviel wie die Negation des bürgerlichen Theaters und stellte die naturalistischen Mittel der Bühne, die Wirklichkeit abzubilden, in Frage.

Alfred Jarrys Theater wurde zum revolutionären Gestus des aufkommenden modernen Theaters: Jarry ignorierte nicht das Objekt der Krise, das bürgerliche Theater, sondern wollte es ad absurdum führen.

Gegen die Psychologisierung des Theaters, gegen die Transformation ins Intime stellte er seine ins Groteske überzogenen Masken, die totale Entfesselung des Spielspaßes. Er ersetzte den nicht mehr möglichen Dialog, die Behelfsdramaturgie des Aneinandervorbeiredens, durch die Scheinkommunikation des absurden Dialogs.

Im Anschluß an Jarry proklamierte Ivan Goll das Drama des Überrealismus und der Alogik. Nicht durch den nicht mehr funktionierenden Dialog, sondern durch die Alogik wollte er die Phrasenhaftigkeit der Welt im Theater wiedergeben. Durch Negation des Realismus sollte die Bühnenwirklichkeit als Entlarvung der Scheinwirklichkeit hergestellt werden. Er schreibt dazu: »Die Wirklichkeit des Scheins wird entlarvt, zugunsten der Wahrheit des Seins. ›Masken‹: grob, grotesk, wie die Gefühle, deren Ausdruck sie sind. Nicht mehr ›Helden‹, sondern Menschen. Nicht Charaktere mehr, die nackten Instinkte. Ganz nackt.«

Seit dem Ende des vorigen Jahrhunderts weisen alle Bemühungen um das Drama neben der Paradoxie, die aus der Vermischung der epischen und dramatischen Gattung hervorgeht, die evidente Dialektik des Theaters auf: Einerseits wird das bestehende Theater negiert, andererseits wird aber immer wieder auf traditionelle Mittel des Theaters zurückgegriffen. Untersucht man Alfred Jarrys und Yvan Golls Dramen, so stellt man leicht Elemente, Mittel und Motive fest, die bis zu den Dionysosspielen zurückverfolgt werden können.

Auch im Intimen Theater Strindbergs, im naturalistischen und epischen Theater, haben wir es mit Erscheinungsformen zu tun, die nicht aus dem Nichts und auch nicht allein aus der Negation des Vorhandenen oder durch Übernahme gattungsfremder Mittel und Elemente entstanden sind, sondern mehr oder weniger bewußt aus früheren Formen des Theaters hervorgegangen sind. Brecht macht dies ganz bewußt, wenn er sagt: »Die Frage, was für Kunstmittel gewählt werden müssen, darf nur die Frage sein, wie wir Stückeschreiber unser Publikum sozial aktivieren können. Alle nur denkbaren Kunstmittel, die dazu verhelfen, sollten wir, ob alte oder neue, zu diesem Zweck erproben.«

Es ist bekannt, daß Brecht die Kunstmittel seines epischen Theaters teilweise aus dem altchinesischen und elisabethanischen Theater abgeleitet hat. Welche Folgen dies für das heutige Theater haben kann, macht ein Beispiel neueren Datums deutlich: die Stuttgarter »Toller«-Inszenierung des früheren Brecht-Mitarbeiters Peter Palitzsch. Diese Inszenierung zeigt mit ihren sieben oder mehr Spielebenen, ihrem akt- und pausenlosen Spielverlauf, inwieweit das »Public Theatre« der Elisabethaner und das Theater Shakespeares auf das heutige Theater einwirken kann. Ich möchte damit dem modernen Theater keine restaurativen Tendenzen vorwerfen, sondern vielmehr verdeutlichen, daß das Theater trotz aller Negationen und scheinbarer Abbrüche doch immer mit relativ gleichen spielimmanenten Mitteln arbeitet, welche selbst von einer Form des Theaters in eine wesensverschiedene, andere Form übergreifen können, wie dies im Falle des Schattenspiels und des modernen Theaters gezeigt werden kann.

Eine Untersuchung des Karagöz zeigt, daß es zwar keine Vorwegnahme des epischen, des grotesken und absurden Theaters ist, aber viele ähnliche Mittel und Elemente enthält. Wir wollen hier in kleinem Rahmen eine derartige Untersuchung einleiten.

Ursprung und Entstehung des Schattentheaters sind noch ungeklärt. Es gibt zwei Thesen, von denen die eine einen asiatischen, die andere einen europäischen Ursprung des Schattenspiels annimmt. Während die meisten Forscher die erste These vertreten, wurde die zweite vor allem von Hermann Reich verteidigt. Man ist sich auch nicht über das Ursprungsland einig. Die Vertreter der ersten These tippen auf Jawa, Indien und China; Reich führt das Schattenspiel auf das antike Griechenland zurück. Heute wird allgemein angenommen, daß das Schattenspiel aus dem Osten stammt, da Reichs These sich mehr auf das antike Puppentheater stützt und er keine Belege für die Existenz des Schattenspiels im antiken Griechenland anführen kann.

Obwohl das Schattenspiel vor unserer Zeitrechnung entstand, stammen alle uns erhaltenen Belege und Hinweise aus späteren Jahrhunderten. Ein chinesisches Lexikon aus dem elften Jahrhundert gibt an, das Schattenspiel sei im zweiten Jahrhundert vor unserer Zeitrechnung erfunden worden. Im selben Lexikon wird ferner berichtet, daß im elften Jahrhundert auf Chinas Marktplätzen Schattenspiele mit Figuren aus Tierhaut vorgeführt wurden.

Die ersten Belege über das Schattenspiel im Nahen Osten haben wir aus dem zwölften Jahrhundert in Ägypten. Man nimmt an, daß es mit den mamelukischen Türken dorthin gekommen ist. Aus dem dreizehnten Jahrhundert sind sogar drei Schattenspiele von Ibn-Danyal erhalten. Über die türkischen Schattenspielarten gibt es zahlreiche Belege aus dem sechzehnten Jahrhundert. Die Eroberung Ägyptens im Jahre 1517 durch die Türken läßt annehmen, daß das Schattenspiel von Ägypten nach Anatolien gekommen ist. Diese These kann jedoch nicht ausschließen, daß man in Anatolien das Schattenspiel schon früher kannte.

Das türkische Schattenspiel hat sich vor allem im siebzehnten Jahrhundert entwickelt. Auch auf die Namen der beiden Hauptfiguren *Karagöz* und *Hacivat* stoßen wir erst in diesem Jahrhundert. Welchen Weg auch das türkische Schattenspiel genommen haben mag, so tragen doch alle Schattenspielarten, die wir im Nahen Osten, in Nordafrika und im Balkan antreffen, seinen Stempel. Das Karagöz-Spiel ist vereinzelt noch heute in all den Ländern zu sehen, die zum Herrschaftsbereich des alten osmanischen Reiches gehörten.

Trotz vieler Abwandlungen haben sich diese Spiele von den Spuren türkischer Eigenart nicht befreien können. Den türkischen Einfluß erkennen wir heute noch in vielen Ländern an den Namen der Schattenspiele: es wird in Griechenland »Karaghiozis«, in Syrien, Ägypten und anderen nahöstlichen Ländern »Karagoz«, »Karakon«, »Karakoz« genannt. In diesen Ländern wurde das Schattenspiel bis ins neunzehnte Jahrhundert hinein oft sogar in türkischer Sprache gespielt.

Die Türken verstehen unter der Bezeichnung *Hayal Oyunu* (das heißt Scheinspiel) nicht nur die Schatten-, sondern auch die Puppenspiele. Schattenspiele werden als »Schein-Schatten« bezeichnet. Diese Bezeichnung deutet auf den besonderen, zeigenden Charakter des Karagöz hin. Die Spielfiguren sind Scheinfiguren, deren Schatten man auf der Leinwand sieht.

Karagöz-Figuren, aus Tier-, meist aus Kamelhaut geschnitten und mit Wurzelfarben angemalt, werden zwischen der angespannten Leinwand und einer Lichtquelle von dem Karagöz-Spieler an ihren Stäbchen bewegt. Sie sind etwa 35 bis 40 Zentimeter groß. Eine Besonderheit des Karagöz ist, daß seine Figuren von einem einzigen Spieler betätigt werden, der sie auch sprechen läßt. Dieser spieltechnische Vorgang führte zu einer eigenen Philosophie des Karagöz. Es wurde islamisch-metaphysisch gedeutet, indem die Leinwand des Karagöz der Welt gleichgesetzt wurde. Die Menschen und alle anderen Wesen wurden durch die Schatten der Scheinfiguren abgebildet. Wie diese Figuren hinter der Leinwand von einem Schattenspieler, der für den Zuschauer unsichtbar bleibt, geführt werden, so werden auch die Menschen von einem für sie unsichtbaren Schöpfer geführt. Aus dieser gleichnishaften Interpretation seiner Technik geht auch der lehrstückhafte Charakter des Karagöz als »Leinwand der Lehre« hervor. Der Mensch als Zuschauer soll aus dem, was er auf der Leinwand sieht, Lehren für sein irdisches Dasein ziehen, das so vergänglich ist wie die Schatten der Karagöz-Leinwand. Diese mittelalterlich klingende Mystik findet formal gesehen in der sogenannten »inneren Sicht« des psychologischen, intimen Theaters seit Strindberg eine Entsprechung. Die Technik des Karagöz bedingt nicht die Spielhandlung, sondern sie determiniert eher die metaphysische Reflexion. Ähnlich erscheint das Zurücktreten der Handlung in den Dramen von Strindberg, Maeterlinck und Tschechow, in denen die Figuren nicht durch ihr freies Handeln bestimmt sind, sondern puppenartige Abhängigkeit aufweisen. Bezeichnend für diesen Zusammenhang ist, daß Hofmannsthal von einem »schattenhaften Leben« der Ibsenschen Menschen spricht. Im Karagöz führen jedoch die Scheinfiguren kein schattenhaftes Leben, sondern ihre Schatten leben auf der Leinwand. Und dieser Unterschied macht gerade die doppelte Perspektive des Karagöz aus: die Lustspielperspektive durch das Leben der Schatten.

Den im elften Jahrhundert zum Islam übergetretenen Türken schien die metaphysische Interpretation des Schattenspiels zwar annehmbar, sie vermißten jedoch einen Realbezug. Denn gerade sie hatten seit dem dreizehnten Jahrhundert der islamischen Mystik einen starken Realitätsbezug vermittelt und eine eigene Mystik, *Tasavvuf*, entwickelt. Die zentrale These dieser Mystik wurde bereits im neunten Jahrhundert von dem islamischen Denker Hallac Mansur formuliert: »Enel Hak«, das heißt: Ich bin Gott. Alles in der Welt und im All bildet dieser These entsprechend ein Ganzes, und alles ist ein Abbild Gottes. Folglich ist jedes Wesen ein Abbild des unsichtbaren Schöpfers. (Vgl. S. 22 ff.)

Auf Karagöz übertragen bedeutet dies: Alle Figuren zusammen machen den einen Schattenspieler aus. Nur weil es ihn gibt, können die Figuren auf der Leinwand als Schatten erscheinen. Daher heißt es hier: ich bin der Schattenspieler, statt: ich bin Gott.

Die Wirklichkeit im Schein

Zu der durch die Spieltechnik bedingten mystischen Perspektive im Karagöz kommt eine zweite, die auf die Realität bezogen ist. Diese zweite Perspektive wird durch die satirische Reflexion des durch Sitten, Religion und Staatsverwaltung unterdrückten Menschen bestimmt. In dem totalitären osmanischen Staat und in seiner theokratischen Gesellschaftsordnung war das Durchbrechen der triadischen Interessentotalität unmöglich. Der Mensch mußte daher zu den leblosen Figuren der Karagöz-Leinwand fliehen und sich durch die Schein-Schatten entladen, um zu einer Scheinfreiheit zu gelangen. Dadurch wurden zwar seine Unterdrückung und deren Ursachen nicht aufgehoben, diese Scheinfreiheit war aber notwendig, um die Unfreiheit innerhalb der Realität zu bewältigen.

Untertan ist auch der Schattenspieler, der sich durch seine Schattenfiguren entlädt. Dies steht jedoch im Gegensatz zur mystischen Interpretation des Schattenspielers, denn der sozial unterdrückte Mensch als Gott wird sofort irrelevant. Daher haben die türkischen Interpreten des Karagöz bis heute die beiden Interpretationen getrennt und gegensätzlich vertreten. Für sie waren die beiden Perspektiven unvereinbar. Für mich sind sie jedoch historisch untrennbar. Der Spielmacher bringt nämlich innerhalb der abstrakten Scheinrealität der Leinwand eine Ordnung zustande, deren Herr er ist, solange die Kerze hinter der Leinwand brennt. Die Kerze ist die Sonne der Leinwandwelt, der arme, unterdrückte Karagözspieler ihr Gott.

In den Zeiten der wirtschaftlichen und sozialen Blüte, im sechzehnten und siebzehnten Jahrhundert, überwog trotz seines Lustspielcharakters die Auffassung des Karagöz als religiös-moralische Anstalt. Später, als das Reich wirtschaftlich und politisch niederzugehen begann und damit auch die autoritäre Herrschaft immer totalitärer wurde, prägte sich der satirische, sozialkritische Charakter in ihm stärker aus. Die gleiche Beobachtung ist auch heute bei allen ernstzunehmenden Karagöz-Versuchen zu machen. Selbstverständlich hat heute die metaphysische Interpretation des Karagöz nur noch historische Relevanz. Sie kann und muß durch die Interpretation der Spieltechnik des Karagöz als eine zeigende, verfremdende Spieltechnik abgelöst werden. Unter diesem Aspekt scheint jedoch der erstarrte, viergliedrige Aufbau mit der auf den einen Teil eingeschränkten Handlung unzeitgemäß geworden zu sein.

Wie bereits erwähnt, war das Karagöz-Theater eine moralische, aber auch eine kritische Anstalt. Man durfte in ihm, abgesehen von Gott und Sultan, alle Mißstände, alle Personen und Institutionen kritisieren. Satire und Ironie gehören zu seinen wesentlichen Eigenschaften. Dennoch überwiegt im Karagöz der reine Spaß. Das mehrschichtige Zeigen überschlägt sich ins Spiel, in den reinen Spaß. Auch die Zahl der im klassischen Repertoire enthaltenen Karagöz-Spiele verdeutlicht diesen Spaß. Da das Karagöz vor allem im Fastenmonat Ramadan gespielt worden ist, der 29 Tage dauert, umfaßt das klassische Repertoire 28 Spiele, da an einem Abend unbedingt gebetet werden mußte. Es gibt allerdings weit mehr als 28 Karagöz-Spiele. Jeder Spieler stellte sein eigenes, 28 Spiele umfassendes Repertoire zusammen, doch meistens deckte sich das Repertoire der verschiedenen Spieler. So zeigten beispielsweise am ersten und letzten Ramadanabend alle Karagöz-Spieler dieselben Stücke. Am ersten Abend spielte man das Stück *Die Molkerei*, am letzten *Die Kneipe*. Mit dem ersten Stück verkündete man, daß die Kneipen während des ganzen Ramadanmonats geschlossen bleiben mußten, mit dem letzten die Wiedereröffnung der Kneipen. Die Verbote des Islam, wie zum Beispiel das Alkoholverbot, hatten im Karagöz eine bestimmte Funktion: der Ungehorsam diesen Verboten gegenüber wurde zum Lustspielelement.

Das Karagöz war immer ein anonymes Spiel. Die bekannten Stücke waren Eigentum jedes Karagöz-Spielers. Jedoch nahmen die Karagöz-Spieler natürlich auch neue, aktuelle Stücke in ihr Repertoire auf oder wandelten die alten Themen ab.

Der dramaturgische Aufbau

In der Forschung wurden die Karagöz-Spiele unterschiedlich kategorisiert. Die Einteilung der Spiele nach ihren Themen und Motiven bezieht sich natürlich in erster Linie auf den Ablauf der Handlung. In den Karagöz-Spielen werden häufig Sitten, Gebräuche und bestimmte Berufe parodiert. Komisch-dramatische Verwicklungen können diese Parodien jedoch nicht entwickeln. Sie beschränken sich darauf, die interessanten und komischen Seiten einer Sitte oder eines Berufes zu zeigen. Eine zweite Gruppe bilden die sozial bestimmten Satiren. Die sozialkritische Behandlung religiös-nationaler Traditionen ist die zentrale Thematik dieser Spiele. Die Arbeitssuche der Hauptfigur Karagöz, die ihn mit den verschiedensten Typen des kosmopoliten Reiches zusammenführt, ist ein Grundmotiv der sozialkritischen Spiele. Karagöz ist ein Typenlustspiel. Vor allem in diesen satirischen Spielen kommt sein Typencharakter stark zum Vorschein. Die Nachahmung und Sprechkomik sind weitere Kennzeichen dieser Spiele.

In einer weiteren Gruppe der Karagöz-Spiele werden bekannte Geschichten und Legenden adaptiert und zugleich parodiert. Denn die anatolischen Volkslegenden nehmen meist einen düsteren Ausgang. Ihre Helden sprechen eine pathetisch-symbolische Sprache, die im Karagöz ironisch gebrochen wird.

Das Schattenspiel Karagöz zeigt, vielleicht gerade wegen des Fehlens einer schriftlich fixierten Literatur, einen für jedes Stück geltenden Aufbau, der aus Prolog, Konversation, Handlung und Epilog besteht. Äußerlich kann man diesen Aufbau mit der klassischen Aktdramaturgie vergleichen. Die Einteilung in Exposition, Steigerung, Höhepunkt, Peripetie und überraschende Lösung charakterisiert diese Dramaturgie. Zwischen den beiden Dramaturgien besteht aber ein sehr wesentlicher Unterschied. Während im Karagöz die einzelnen Teile inhaltlich nicht zusammenhängen, zielt die klassische Aktdramaturgie auf die Steigerung der Spannung bis zum Höhepunkt im dritten Akt, um nach der Peripetie die überraschende Lösung herbeizuführen. In den einzelnen Gliedern im Karagöz kommt es gar nicht auf die Entwicklung einer Handlung vom Prolog bis zum Epilog an. Die Handlung ist auf den dritten Teil beschränkt, während Prolog, Konversation und Epilog unabhängig von der Handlung sind und in keinem gegenseitigen Zusammenhang stehen. Dies deutet auf eine teilweise offene Form im Karagöz hin. Die Aktdramaturgie ist dagegen eine Dramaturgie der geschlossenen Form. Die Einschränkung der offenen Form im Karagöz liegt hauptsächlich in den formal und sprachlich klischeehaft erstarrten Teilen Prolog und Epilog. Die Konversation und die Handlung zeigen dagegen stärker eine offene Form. Trotz seines festen, viergliedrigen Aufbaus weist Karagöz also keine Aktdramaturgie auf, sondern eine besondere Form der aktlosen Dramaturgie. Sehr locker ist besonders die Bindung zwischen der Konversation und der Handlung, während der Prolog der Konversation und der Epilog der Handlung zugeordnet werden können. Die aktlose Dramaturgie des Karagöz wird durch das dramaturgische Verhältnis der Figuren reflektiert. Dieses Verhältnis weist in jedem Teil einen anderen Stellenwert auf.

Die Zahl der Figuren im Prolog und in der Konversation ist auf zwei, und zwar auf die beiden Hauptfiguren, Karagöz – zu Deutsch Schwarzauge – und seinen verschmitzten Gegenspieler Hacivat festgelegt. Ohne eine dieser beiden Figuren sind der Prolog und die Konversation nicht denkbar. Zu ihnen kommt aber auch in keinem Fall eine dritte hinzu. Die Bezeichnungen Prolog und Konversation scheinen uns mit ihrer durch die Aktdramaturgie vorbelasteten Bedeutung für Karagöz unangebracht. Prolog bedeutet Vorbereitung der Handlung und Einführung in die Handlung. Im Karagöz hat aber die Einführung, wie schon erwähnt, keine Beziehung zur Handlung. Sowohl die Figuren der Leinwand, wie auch das Publikum werden hier in den Spaß eingeführt, in den lustigen Streit mit Stockschlägen zwischen Karagöz und Hacivat. Auch Konversation ist keine zutreffende Bezeichnung. Es müßte vielmehr Anti-Konversation heißen. Der bewußt nicht funktionierende Dialog zwischen Karagöz und Hacivat hat keinen psychologischen und gesellschaftlichen Hintergrund. Durch das reflektierte Mißverständnis der Wörter, Ausdrücke und Begriffe wird ein alogischer Dialog geführt, die beiden Sprachebenen werden dadurch in eine komische Distanz gebracht. Auf der einen Seite die Sprache des volkstümlich derben, spaßigen, aber in der »Schule des Lebens« ausgebildeten Karagöz, auf der anderen Seite die Sprache des gekünstelt feinen, gern belehrenden, opportunistischen Kleinbürgers Hacivat. Gerade durch sein opportunistisches Verhalten stellt er in der auf die Konversation folgenden Handlung das dramaturgische Verbindungsglied zu den sozial höher stehenden Typen dar. Er hat in der Handlung meist die Funktion eines Initiators. Nachdem er die Handlung in Gang gebracht hat, verläßt er oft die Leinwand und taucht erst zum Schluß der Handlung wieder auf, um die Verwicklung zwischen Karagöz und verschiedenen anderen Figuren aufzulösen. Der Partner des Karagöz ist also oft nicht Hacivat, sondern die durch ihn vermittelten anderen Typen. Zu ihnen gehören die Frauentypen, Tänzerinnen, Prostituierte und auch sozial höher stehende weibliche Figuren, die Istanbuler Hochtürkisch sprechen. Dann folgen die anatolischen Typen, die an ihrem Dialekt und ihrem markanten Verhalten erkenntlich sind; ferner eingewanderte Typen, wie Perser, Araber, Albanier und nichtislamische Figuren, wie Griechen, Armenier, Juden und die in Istanbul lebenden Europäer. Hinzu kommen asoziale, körperlich und geistig behinderte Figuren, wie der Betrunkene, der Landstreicher, der Verrückte, der Stotterer, der Krüppel, der Taube, der Rauschgiftsüchtige; und Künstlertypen, wie die Tänzer, Spieler, Musikanten, Jongleure. Ferner gibt es Legenden- und Kinderfiguren und nicht zuletzt die verschiedenen Tiere und Gegenstände. Sie alle werden von dem einen Karagözspieler geführt und gesprochen. Alle diese Figuren kommen fast ausschließlich nur im Handlungsteil vor. Dies unterscheidet ihn von den anderen Teilen, in denen nur die beiden Hauptfiguren vorkommen. Die Handlung entwickelt sich auf der Grundlage der Beziehung zwischen dem Karagöz und ihnen. Das Verhältnis dieser Typen untereinander ist dramaturgisch von untergeordneter Bedeutung.

Der ganz kurze Epilog wird an den Handlungteil angehängt und führt die beiden Hauptfiguren wieder zueinander. Karagöz macht seinen Gegenspieler für die entstandenen Wirren verantwortlich und daraus entsteht ein Streit zwischen beiden, mit dem das Stück endet. Das dramaturgische Verhältnis zwischen diesen beiden Figuren ist, trotz ihrer Gegensätze oder gerade deshalb, ein Lustspiel-Verhältnis. Die Streitereien können ihre Freundschaft niemals beeinträchtigen. Die sprachlichen Mißverständnisse, ihre Interessen- und Anschauungsgegensätze rufen die derb ausgetragenen Streitereien hervor, die meist durch einen Stockschlag aus der Welt geschafft werden. Die neuen Streitereien im nächsten Stück werden schon in der Schlußformel eines jeden Stückes durch Karagöz angekündigt: »Hacivat, du fällst morgen abend in dem Stück ›Der Schreiber‹ wieder in meine Hände, dann wirst du sehen, was dir alles blüht.« Dann folgt die formelhafte Entschuldigung beim Publikum für die begangenen Fehler.

Vor allem durch die verschiedenen Typen der Handlung, die die soziale Struktur der osmanischen Gesellschaft reflektieren, wird der Realitätsbezug des Karagöz-Spiels deutlich. Prolog und Epilog bilden also gleichbleibende Formeln. Was sich von Stück zu Stück ändert, sind die Konversation und die Handlung. Die Handlung wird vom Karagöz-Spieler mehr oder weniger vorher festgelegt und auswendig gelernt. Das klassische Karagöz-Repertoire steht ihm dafür zur Verfügung.

Die Konversation hingegen kann er den neuesten Tages- und Gesellschaftsereignissen und dem jeweiligen Publikum anpassen. Daher wird sie oftmals improvisiert, nicht zuletzt, um das Publikum oder einzelne Personen im Publikum direkt anzusprechen. Dasselbe Stück kann daher bei verschiedenen Aufführungen verschieden lange dauern. Der Karagöz-Spieler kann die Konversation kurz oder lang halten. Die künstlerische Qualität des Karagöz-Spielers zeigt sich gerade in seinem Improvisationstalent und im gekonnten Verstellen der Stimme. Karagöz macht, obwohl es ein Schattenspiel ist und im verdunkelten Raum gespielt wird, keine Trennung zwischen dem Spielgeschehen und dem Publikum.

Improvisieren ist immer ein spannungsgeladenes und gelegentlich auch

für den Spieler gefährliches Spiel. Gefährlich war es vor allem bei den Hof-
aufführungen. Der kleinste Fehler beim Improvisieren konnte der Lauf-
bahn des Karagöz-Spielers ein Ende setzen. Die Geschichte einer Kara-
göz-Aufführung am Hofe des Sultans Selim III. im achtzehnten Jahrhundert ist uns anekdotisch überliefert. Der berühmte Karagöz-Spieler der
Zeit, Hafiz Süleyman wurde einmal an den Hof eingeladen. Das Stück, das
er zeigte, hieß »Karagöz als Herr«. Im Verlauf des Spiels lebte sich Hafiz
mehr und mehr in die Welt seiner Leinwand ein. An einer Stelle saß Karagöz mit gekreuzten Beinen auf seinem Sitzkissen und rief nach seinem
Diener: »He, Selim!« Der Sultan, der dort saß und selbst Selim hieß, ent-
gegnete spontan: »Bitte, mein Herr.« Die Stimme des Sultans brachte den
Karagöz-Spieler Hafiz wieder zu sich.

Er begriff seinen improvisierten Fehler. Während die Anwesenden über
den Spaß des Sultans lachten, änderte er sofort den Spielverlauf, ließ an der
Leinwand den Hacivat vor Karagöz treten und ihn sagen: »Karagöz! . . .
der du dich schon so lange als Meister ausgibst! . . . Und deshalb hast du
selbst die Anerkennung unseres Sultans gefunden und sein Brot gegessen.
Aber du hast dich dessen unwürdig erwiesen. In Anwesenheit unseres Sultans und Herrn hast du heute solch einen irreparablen Sprachschnitzer
gesprochen, daß die Ausübung dieser Kunst, die du nicht beherrschen
kannst, dir für immer untersagt bleibt.«

Und Hafiz pustete die Kerze, seine Sonne, aus. Er übte seine Kunst nie
wieder aus. Diese Anekdote zeigt sehr deutlich den volkstümlichen Charakter des Karagöz, bzw. die Kunst des Improvisierens. Das Stegreifthea-
ter war immer volkstümlicher Natur. Der Adressat der formelhaften Entschuldigung für die vorgefallenen Sprachschnitzer am Ende jeder Auffüh-
rung ist nicht der Sultan und nicht der Hof, sondern das Volk, das als
Publikum vor der Karagöz-Leinwand sitzt. An den Sultan und seinen Hof
gerichtet funktioniert die formelle Entschuldigung plötzlich nicht mehr,
da es keine echte Verbindung zwischen der Karagöz-Leinwand und dem
Hofpublikum gibt. Der Realbezug des Karagöz trifft für die Hofgesell-
schaft nicht zu. Sie amüsiert sich an der exotisch-fremdartigen Untertänig-
keit. Das unterdrückte Volk aber macht sich in dem von ihm geschaffenen
Karagöz Luft, es entlädt sich durch das Lachen über sich selbst und über
seine Herrscher.

Elemente des Karagöz im modernen Theater

Wie aus seinem schematischen Aufbau ersichtlich ist, bekam das Karagöz
allmählich so etwas wie eine feste Form. Dieselbe Erstarrung haben wir
heute in seinem Typenverzeichnis, seinem Repertoire, seiner Beleuch-

tung, seinen Requisiten, in den immer wiederkehrenden Liedern und Bewegungen und in seinen klischeehaften Redewendungen. Diese Erstarrung hat sicherlich, wenn dies auch nicht der einzige Grund ist, mit zum Absterben des Karagöz geführt.

Die für bestimmte soziale oder ethnische Gruppen stellvertretend agierenden Typen wurden mit der Zeit alt, oberflächlich und abgegriffen, da nichts Neues mehr hinzukam. In dieser kurzen Beschreibung und Analyse des Karagöz kam die Verbindung zum modernen Theater ansatzweise zum Vorschein. Wir wollen uns nun etwas eingehender mit den Eigenschaften und Kunstmitteln des Karagöz beschäftigen, die auf das moderne Theater hindeuten oder sogar direkt zu ihm führen.

Das Schattenspiel Karagöz kennt kein Bühnenbild im gewohnten Sinne, sondern es arbeitet mit sehr sparsam verwendeten, ausschließlich funktional eingesetzten Requisiten, zu denen auch ein Haus, ein Garten, ein Berg gehören kann. Ihre Funktionalität kann auch daran erkannt werden, daß sie bei schriftlicher Fixierung der Stücke in neuerer Zeit im Personen- und Sachverzeichnis zusammen mit den auftretenden Typen genannt werden. Die Funktionalität des Bühnenbildes und der Requisiten ist eine wesentliche Eigenschaft im epischen Theater Brechts oder im grotesken und absurden Theater.

Die Sparsamkeit im Bühnenbau bringt die Kargheit mit sich, die zu einer Eigenschaft der Brechtschen Bühne wurde. Brecht sagt: »Karg wirkt auch, daß der nichtillusionistische Bühnenbau sich mit Andeutungen der Merkmale begnügt, mit Abstraktionen arbeitet, so dem Beschauer die Mühe des Konkretisierens aufbürdet. Er tritt der Lähmung und Verkümmerung der Phantasie entgegen.«

Voll auf ihre Kosten kommt die Phantasie des Zuschauers im Karagöz. In ihm wird alles nur angedeutet. So steht die weiße Kargheit der Karagöz-Leinwand im Kontrast zu den starken Farben der Figuren. Karagöz begnügt sich mit dem Notwendigsten. Das deckt sich mit Brechts Forderung: »An Stätten, wo gearbeitet wird, liest man oft: ›Unbeschäftigten ist der Zutritt untersagt‹. Das sollten die Bühnenbauer über ihr Spielfeld hängen. Was auf der Bühne steht, muß mitspielen, und was nicht mitspielt, muß nicht auf die Bühne.«

Ein eindrucksvolles Beispiel hierfür ist der Marketenderwagen in Brechts »Mutter Courage« oder der Löffel der Courage, um zwei Requisiten von völlig verschiedenem Ausmaß zu nennen. Sie haben die Funktion, den zeigenden Charakter des Stückes zu verdeutlichen. Dieses Zeigen wird mit Hilfe des Marketenderwagens im Verlauf des Stückes zunehmend verstärkt, wenn nämlich der Wagen durch die beiden Söhne der Courage gezogen wird, statt durch Maultiere.

Dann muß die stumme Kattrin den Wagen ziehen und zum Schluß Mutter Courage allein. Im Karagöz gibt es zwei Arten des Zeigens durch Requisiten. Einmal geschieht dies durch die Stilisierung der Gegenstände zu zweidimensionalen Schatten und zum anderen durch die Verzerrung der Dimensionen der Gegenstände und durch ihre alogische Zuordnung zu den Figuren des Spiels. Die etwa 35 bis 40 Zentimeter große Figur des Karagöz beispielsweise steht in keinem logischen Verhältnis zu seinem etwa 50 Zentimeter großen zweistöckigen Haus oder zu einem etwa gleichgroßen Berg. Durch dieses Mißverhältnis gewinnt der Zuschauer reflektierende Distanz zu diesen Gegenständen und zur Leinwand. Und durch diese Distanz wird er sich des Zeige-Vorgangs bewußt. In einem Stück schaut Karagöz morgens aus dem Fenster hinaus und sieht einen Berg vor seinem Haus stehen. Diese absurde, unerwartete Situation reflektiert er schlagfertig mit der Frage, wer denn diesen Morast vor seinem Haus ausgeschüttet habe. So wird der Zuschauer gleich zu Beginn auf die Funktion des Berges in der Handlung vorbereitet. Brecht fordert, daß dem Bühnenbau die Absichten der Personen angesehen werden können. Er schreibt in den »Schriften zum Theater«: »Die Auswahl der Merkmale aller Bautätigkeit aber muß erfolgen nach den Bedürfnissen unseres zu zeigenden Vorgangs.«

Man muß also die Merkmale nach der ihnen zugedachten Funktion auswählen, wie dies im Karagöz konsequent geschieht. Alogik im Karagöz folgt auch aus der Mißachtung der Einheiten des klassischen Dramas.

Die Einheit der Zeit, des Ortes und der Handlung sind freie Variablen im Karagöz. Auch dieses dramaturgische Prinzip deutet auf das moderne groteske, absurde und epische Drama hin. Für Brechts episches Theater »ist der Raum gegeben durch Stellungen, welche die Personen zueinander einnehmen und die Bewegungen, die sie vollführen.«

Auch die relativ kleine Leinwand, 1 zu 1,2 Meter groß, hat neben ihrer Funktion als Medium des Karagöz noch eine zweite, aktiv spielerische Funktion, wie dies seit der Verwendung des Films durch Piscator auch im modernen Theater für die Bühnenrückwand zutrifft. Brecht sagt, daß Piscator durch die Einführung des Films die Kulisse zur Schauspielerin gemacht habe. Piscator hat den Film als Rückwand verwendet und somit einen bislang toten, passiven Teil der Bühne zum aktiven, dynamischen Partner gemacht. Während die nicht angeleuchtete Leinwand vor dem Karagöz-Spiel ein toter Gegenstand in der Ecke des Saales ist, wird sie, sobald die Lichtquelle hinter ihr angeht, zur mitspielenden Partnerin.

Wir hatten darauf hingewiesen, daß die Handlung im Karagöz nicht durchläuft, sondern auf einen Abschnitt eingeschränkt wird, und daß der Prolog im Karagöz nicht mit dem Prolog im klassischen Theater gleichzusetzen ist. Die durchgängige Fabel wird im modernen Drama entweder unkontinuierlich oder sie wird, wie bei Ionesco und Beckett, völlig aufge-

hoben. So verweisen die Abschnitte Prolog und Konversation beziehungsweise Anti-Dialog eher auf das absurde Theater und der Handlungsabschnitt auf die Handlung im epischen Theater. Brecht gibt in seinen Stük-
ken keineswegs die durchgängige Fabel auf. Er verfremdet und unterbricht
ihre Kontinuität nur an jenen Stellen, an denen er glaubt, dort fühle sich
der Zuschauer in das Geschehen und in die Personen auf der Bühne hinein.
An derartigen Stellen möchte er den Zuschauer zur Reflexion führen. Dies
tut er mit verschiedenen Verfremdungseffekten und epischen Mitteln. Zu
diesen Mitteln zählt auch der auf die Gardine projizierte Szenentitel, den
er als Kunstmittel dem klassischen Abenteuerroman entnimmt. Die Szenentitel »versetzen«, nach Meinung Brechts, »das Publikum in leichte
Spannung und veranlassen es, etwas ganz Bestimmtes in der folgenden
Szene zu suchen.«

Im Karagöz gibt es zwar keine Szenentitel, aber auf jeden Auftritt wird
vorher aufmerksam gemacht: entweder hört man die Stimme einer Figur
vor ihrem Auftritt, oder eine der beiden Hauptfiguren sieht eine andere
Figur von weitem kommen und teilt dies dem Publikum mit. Manche Auftritte, vor allem die der Zentralfiguren, werden auch mit Tamburin-Schlä-
gen angekündigt. Tamburin-Musik, ein kennzeichnendes Element des Karagöz, wird also gestisch-zeigend eingesetzt. Und mit jeder der stereoty-
pen Figuren verbindet das Publikum eine bestimmte Erwartung. Das, was
es erwartet, sucht es dann in der darauffolgenden Szene.

Der Verfremdungseffekt

Ein bewährtes Mittel der Brechtschen Verfremdung ist die Zuordnung einer Sprache zu einer Person, die in keinem »natürlichen«, »gewöhnlichen«
Verhältnis zu dieser Sprache steht.

Die Sprache Arturo Uis im gleichnamigen Stück Brechts ist dafür ein
gutes Beispiel. Auch im Karagöz hat die Sprache verfremdende und gesti-
sche Funktion. Da das Schattentheater unplastisch ist, kommt der Sprache
als Gestus eine wesentliche Rolle zu. Jede Figur im Karagöz bewegt sich in
ihrer besonderen Sprachebene, jede Figur hat ihre eigene Sprechweise: Alle diese Sprachen werden stilisierend überhöht. In dieser Stilisierung liegt
auch die eigentliche Sprachverfremdung im Karagöz. Denn all diese Sprachen werden, wie bereits erwähnt, von einem einzigen Menschen gesprochen. Wenn immer ein Typ, eine Figur spricht, so muß der Gesprächspart-
ner zwangsweise schweigen. Jeder Übergang von einer zur anderen Sprache kann in der entstehenden kurzen Pause vom Zuschauer reflektiert werden. Sprache ist Gestus und entlarvende Maske zugleich. Bewußte und
unbewußte sprachliche Mißverständnisse und der absurde Dialog sind die

entlarvenden Lustspielelemente in der Sprache des Karagöz. Vor allem der absurde Dialog wird dem modernen Theater vorweggenommen. Lied- und Gedichteinlagen und ihre Parodien bewirken einen Brechtschen Verfremdungseffekt. In der unplastischen Art des Schattenspiels sind die Figuren auf die Sprache angewiesen. Die Schein- und Schattenhaftigkeit der Figuren wird zu etwas Wirklichem, zu Gesprochenem in Bezug gesetzt. Dies bedeutet, daß die optische und die akustische Dimension einander als wesensfremde Elemente zugeordnet werden. Zwischen der Brechtschen Verfremdung und der im Karagöz besteht aber ein entscheidender Unterschied.

Brecht erklärt die Funktion der Verfremdung in seinem Theater so: »Es handelt sich hier um Versuche, so zu spielen, daß der Zuschauer gehindert wurde, sich in die Figuren des Stückes lediglich einzufühlen. Annahme oder Ablehnung ihrer Äußerungen oder Handlungen sollten im Bereich des Bewußtseins, anstatt wie bisher in dem des Unterbewußtseins des Zuschauers erfolgen.«

Bei Brecht ist die Verfremdung daher zweckgebunden. Im Karagöz hingegen ist sie im Sinne seines Lustspielcharakters Selbstzweck. Verfremdung funktioniert hier wie im klassischen Lustspiel als durchschauende, entlarvende Distanz. Dieser Selbstzweck des Schatten- und des Puppentheaters wurde im Theater Alfred Jarrys, Yvan Golls und Eugène Ionescos fortgeführt. Jarry und Ionesco vor allem wurden vom Puppentheater in dieser Hinsicht stark beeinflußt. Ionesco gesteht diesen Einfluß offen ein: »Ich war wie betäubt vom Anblick dieser Puppen, die sprachen, sich bewegten, sich schlugen. Das war das eigentliche Welttheater, ungewöhnlich, unwahrscheinlich und doch, in seiner unendlich vereinfachten und karikierten Form, wahrer als der Realismus – so, als ob es die groteske und brutale Wahrheit gleichsam unterstriche.«

Trennen wir das Theater nach der Formel Brechts »Zeigen ist mehr als sein« ganz grob in ein »zeigendes« und ein »seiendes« Theater, so fällt das türkische Schattenspiel Karagöz selbstverständlich und unbedingt unter die »Gattung« des zeigenden Theaters.

Dennoch ist das Zeigen im Karagöz, wie wir schon wiederholt angedeutet haben, grundsätzlich ein anderes als das Brechtsche Zeigen im epischen Theater. Der Unterschied beruht auf den verschiedenen Voraussetzungen und auf den grundsätzlich verschiedenen Medien des Schatten- und des Schauspiels. Das Zeigen im Karagöz wird in zwei Stufen verwirklicht. Anstelle der lebenden Schauspieler treten im Schattenspiel die Hände und Finger des Schattenspielers, die die leblosen Figuren an ihren Stäbchen halten und betätigen. Durch diese Betätigung und mit Hilfe einer Lichtquelle kommt das Zeigen der ersten Stufe zustande, welches durch die Zweidimensionalität der Leinwand und weiter durch die radikale Verkleinerung, das heißt, durch Stilisierung und Abstraktion der Figuren und Gegenstände unterstrichen wird.

Symptomatisch für das Zeigen der ersten Stufe sind auch die auf die Leinwand fallenden Schatten der Betätigungsstäbchen. Die Beleuchtung der Leinwand steht in einem dialektischen Verhältnis zu diesem Zeigen. Erstens ist sie Voraussetzung des Zeigens, zweitens hebt sie das Zeigen auf, indem die Illusion einer Welt auf der beleuchteten Leinwand geschafft wird, das zeigende Theater schlägt in ein gezeigtes um. Mit der Entfernung oder Ausschaltung der Lichtquelle hinter der Leinwand wird sowohl das Zeigen wie auch die Illusion gelöscht. Dieses Zeigeverhältnis wird auch in der Bezeichnung »Schein-Schatten« für Karagöz deutlich. Der Mensch, hier der Schattenspieler, versteckt sich erstens hinter seinen eigenen Fingern, zweitens hinter den Schein-Schatten-Figuren der Leinwand. Nur in den Schatten wird er reflektiert.

Die zweifache Abstraktion über die Finger und Figuren zu den Schatten hebt dialektisch die formale Distanz auf, die eine Voraussetzung der kritischen Reflexion im Brechtschen Sinne ist. Die Leinwand mit Schatten ist zunächst als eine metaphysische Abstraktion zu verstehen.

Erst das Zeigen der zweiten Stufe können wir mit dem Zeigen des epischen Theaters vergleichen. Wir hatten bereits verschiedene Kunstmittel, Lustspiel- und Verfremdungselemente im Karagöz genannt. Erst sie machen in der zweiten Stufe dem Zuschauer der Leinwandwelt eine gleichnishafte künstliche Welt bewußt, welche Zustände, Beziehungen und Verhältnisse der wirklichen Welt abbildend zeigt.

Wir haben im Karagöz folgende Kunstmittel festgestellt: sprachliche Reflexion über das, was die Figuren tun oder sagen; Erzählen als Kunstmittel und direktes Ansprechen des Publikums; Übertreibungen, Absurditäten; Abstraktion und Stilisierung; Nachahmung und Parodie; Gegensätze, Widersprüche; Personifizierung der Tiere und Gegenstände; Musik-, Lied- und Gedichteinlagen; verstümmelte, verballhornte Sprache, verschiedene Sprachebenen und Redefiguren; fehlende Kausalität und Einheit im Raum, in der Zeit und in der Handlung; Situationskomik; Mißverständnisse, Verkehrungen und die Kargheit der Requisiten.

Dieser Katalog, der noch erweitert werden könnte, bezeichnet die Verwandtschaft des Karagöz mit dem Lustspiel und zugleich mit dem epischen und dem absurden, grotesken Theater. Es gibt sogar Kritiker, die Karagöz eine offene Form zusprechen. Dies würde eine weitere, wichtige Gemeinsamkeit mit dem modernen Theater bedeuten. Doch die offene Form, die wir im Karagöz feststellen, ist nicht ohne weiteres mit der offenen Form der Brechtschen Dramen gleichzusetzen. Volker Klotz stellt in seiner Poetologie »Geschlossene und offene Form im Drama« fest: »Vielheit, Dispersion und der Zug zur empirischen Totalität, wodurch die geistigen Zusammenhänge häufig verdeckt werden, geben dem atektonischen Drama den Charakter des Offenen, Unabgerundeten. Während das geschlossene Drama sich auf einen repräsentativen Ausschnitt beschränkt und dadurch ein in sich geschlossenes Ganzes, Gerundetes, zustande kommen läßt, ergibt gerade der unerfüllbare Anspruch auf allseitige empirische Totalität ein Fragmentarisches, ein im Sinne Wölfflins über sich Hinausweisen dessen, was unbegrenzt wirken will. Der Einheit von Handlung, Raum und Zeit dort steht hier eine Vielfalt von Handlung, Raum und Zeit gegenüber. Während dem geschlossenen Drama ein einheitliches Konstruktionsschema genügt, bedarf es hier vielfältiger Mittel, die auseinanderstrebenden Geschehnispartikel zu steuern.«

Die von Volker Klotz konstatierten Merkmale des offenen Dramas treffen zum Teil auch für Karagöz zu. Vor allem hat es deutlich Fragmentarisches an sich. Der Fragmentcharakter des Karagöz ist jedoch ein anderer als der im offenen Drama. Jedes Karagöz-Stück bildet einen Ring in einer längeren Kette, wobei die Schlußformel: »Hacivat, du fällst morgen abend in dem Stück ›Der Schreiber‹ wieder in meine Hände, dann wirst du sehen, was dir alles blüht« als Verknüpfungsmittel fungiert und es mit dem nächsten Stück am folgenden Abend verbindet. Die empirische Totalität als eine Eigenschaft des offenen Dramas trifft für ein einzelnes Karagöz-Stück, das ein in sich geschlossenes Ganzes, wenn auch ein anderes als im tektonischen Drama, darstellt, kaum zu. Sie trifft vielmehr für die Gesamtheit des Karagöz-Repertoires zu. Die einzelnen Ringe der offenen Kette weisen jedoch formale Geschlossenheit auf. Die Offenheit eines einzelnen Karagöz-Stückes besteht lediglich in seiner improvisierten Konversation und vielleicht noch im Aufreihungsprinzip der Auftritte. So wird die Zahl der nacheinander auftretenden Typen im Handlungsabschnitt vom Karagöz-Spieler willkürlich bestimmt. Die Improvisation im Karagöz ist schon dadurch gegeben, daß es keine schriftlich fixierte Literatur besaß. Diese Improvisation beeinflußt aber mehr die Länge des Stückes, weniger seine Form, Struktur oder Handlung. Von der Erstarrung der Form im Karagöz war bereits die Rede. Selbst die Improvisation bleibt in den Grenzen dieser Erstarrung. Die formal abgekapselte, in sich geschlossene Handlung und das gleichbleibende Eingliederungsprinzip sind mit der offenen Form unvereinbar. Der Hinweis auf Ansätze zur offenen Form bleibt dennoch bestehen. Der Struktur des Karagöz liegt also eine formale Paradoxie zugrunde. Die stereotype Eingliederung ist, genauso wie die Improvisation, auf die fehlende schriftlich fixierte Literatur zurückzuführen.

Die überlieferten Stücke wurden seit Anfang dieses Jahrhunderts von manchen Forschern aufgezeichnet. Das einheitliche Konstruktionsschema folgt also nicht unbedingt aus einer dramaturgischen Notwendigkeit, sondern die Notwendigkeit des Auswendiglernens und des leichten Improvisierens determinierten die Dramaturgie des Karagöz. Es entstand dadurch eine Einheitsform, die leicht zu lernen, zu behalten und zu überliefern war. Die volkstümliche Erzähltradition der Türkei beeinflußte dabei die Ausprägung dieser Form. Die Ein- und Ausgangsformeln der türkischen Märchen und Legenden finden im formelhaften Prolog bzw. Epilog des Karagöz ihre Entsprechung.

Das epische Theater, wie Brecht es geschaffen hat, ist durch seinen parabolischen Aufbau und durch seine dialektische Struktur ein politisch relevantes Theater. Brecht sagt: »Es ist nicht genug verlangt, wenn man vom Theater nur Erkenntnisse, aufschlußreiche Abbilder der Wirklichkeit verlangt. Unser Theater muß die Lust am Erkennen erregen, den Spaß an der Veränderung der Wirklichkeit organisieren.«

Die Dramaturgie des Schattenspiels Karagöz genügt allein der ersten Forderung. Karagöz erregt die Lust am Erkennen, doch sobald die Lichtquelle hinter der Leinwand erlischt, verflüchtigt sich auch die Reflexion. Daher ist die Dialektik im Schattenspiel anderer Art.

Die Gleichnishaftigkeit des Karagöz-Spiels hat keine Parabel-Struktur zur Folge. Die bereits erwähnte satirische Kritik bleibt daher lediglich lustspielhafte Entladung.

Die Satire bleibt passiv, ohne einen das Publikum kritisch aktivierenden Impuls. Als Ergebnis unserer Betrachtung kann man festhalten, daß das türkische Schattenspiel Karagöz zwar seit Jahrhunderten Elemente, Kunstmittel des epischen, des absurden und grotesken Theaters enthält, aber selber weder episches noch absurdes oder groteskes Theater ist. Es stellt in der Theatergeschichte eine eigene, selbständige Spezies dar.

Der Wert des Karagöz als historisches Kulturgut ist unumstritten. In ihm wurde in der Türkei eine der bedeutendsten und wichtigsten Formen des zeigenden Theaters entwickelt und jahrhundertelang gepflegt. Es gibt heute in der Türkei und in Griechenland Bestrebungen, es auf museale Art und Weise weiterzupflegen. Als historisches Anschauungsmaterial aufgefaßt, ist gegen eine derartige Konservierung nichts einzuwenden. Wichtig ist nur, daß man es bewußt konserviert und nicht versucht, es zu restaurieren. Daran scheiterten bisher in der Türkei alle Versuche, Karagöz wiederzubeleben. Denn es gibt eine lange, schwerwiegende Unterbrechung in der Entwicklung des Karagöz. Das heißt, es ist schon lange von den türkischen, bürgerlichen ›Intellektuellen‹ für tot erklärt worden.

Die bürgerlichen Bürokraten, die im neunzehnten Jahrhundert das europäische Theater auf primitive Weise nachzuahmen begannen, verachteten und vernachlässigten sowohl das Karagöz als auch das Volksschauspiel Orta Oyunu, die türkische Commedia dell'Arte, und das volkstümliche Einmannspiel Meddah, das sich auf die türkische Märchen- und Erzählertradition stützte. Man bezeichnete diese Theaterform als volkstümlich, derb und grob. Vor allem seine Volkstümlichkeit führte zu dieser bürgerlichen Verachtung des Schattenspiels.

Die fehlgeschlagenen Versuche, das Karagöz in unserem Jahrhundert neu zu beleben und zu modernisieren, sind in erster Linie darauf zurückzuführen, daß man unter Modernisierung einige oberflächliche Veränderungen verstand, wie etwa die Einführung der elektrischen Birne statt der Kerze als Lichtquelle, oder die Einführung einiger neuer sozialer Typen. Diese Versuche führten immer zu einer Restauration, die als zeitgemäße Form des Karagöz deklariert wurde. An ihnen beteiligte sich auch ein so bedeutender Satiriker wie Aziz Nesin.

Nesin hält das Karagöz für tot. Er ließ seine preisgekrönten Stücke daher nicht als Schattenspiele aufführen, sondern bearbeitete sie für die Bühne. Er behielt das klassische Konstruktionsschema bei und gliederte seine Stücke in Prolog, Dialog, Handlung und Epilog. Er übernahm auch die klischeehaften Formeln und die gewohnte Atmosphäre des Karagöz. Die Abweichung dieser Stücke gegenüber dem klassischen Schema liegt in dem Versuch Nesins, die Handlung parabolisch aufzubauen und die sozial-politische Satire der Handlung auch auf die anderen Teile auszudehnen. So konnte die harte Trennung zwischen den einzelnen Teilen geschwächt und die formale Erstarrung teilweise aufgelöst werden. Dennoch können diese Stücke Karagöz nicht zu einem Durchbruch verhelfen. Man merkt ihnen an, daß es Nesin weniger um das Karagöz selbst ging als darum, gute Stücke nach klassischen Mustern zu schreiben.

Der Versuch, Karagöz mit seinem ganzen Ensemble lebendig auf die Bühne zu bringen, liegt etwas weiter zurück als bei Aziz Nesin. Bereits in den dreißiger Jahren wurde ein derartiger Versuch von bedeutenden türkischen Schauspielern unternommen. Trotz des großen Publikumserfolges schlug jedoch auch dieses Unternehmen fehl. Denn sobald das Karagöz sein Medium verläßt, verliert es seine Eigenständigkeit. Und der Wechsel von der Leinwand zur Bühne, von den leblosen Figuren zu den lebendigen Menschen, die sich wie die Karagöz-Figuren kostümieren und ihre Bewegungen nach den Gelenkbewegungen der echten Karagöz-Figuren stilisieren und rhythmisieren, bedeutet einen Wechsel des Mediums.

Einen noch stärkeren Mediumswechsel stellt die Adaptation der Karagöz-Stücke für den Rundfunk dar. Seit den vierziger Jahren werden sie von den türkischen Sendern als groteske »Hörspiele« gesendet, haben aber weder mit der Gattung des Karagöz noch mit der des Hörspiels etwas zu tun. Es handelt sich dabei lediglich um ins Mikrofon gesprochene klassische oder neuere Karagöz-Texte. Selbst der deutsche Rundfunk sendet seit einigen Jahren im Ramadanmonat in seinem Programm für türkische Arbeiter in der Bundesrepublik Karagöz-Texte. Die Situation des anatolischen Menschen in einem fremden, westeuropäischen Land gibt auch Anlaß zu kleinen im Karagöz-Stil geschriebenen und gesprochenen, grotesken Szenen.

Es ist bekannt, daß das moderne Theater zahlreiche Mittel und Elemente des Puppen- und des Stegreiftheaters übernommen und weiterentwickelt hat. Jarry und Ionesco wurden in diesem Zusammenhang bereits genannt. Viele bekannte Theatermänner wie Antonin Artaud, Jean Louis Barrault, Bertolt Brecht, Paul Claudel, Jacques Copeau, Edward Gordon Craig und Yeats haben sich für das östliche Theater interessiert. Brecht beispielsweise hat in Bezug auf die Technik der Verfremdung des Zeigens durch die Schauspieler und die Einbeziehung der Zuschauer viel vom chinesischen Theater gelernt.

Man kann Karagöz nicht unverändert auf die Bühne bringen. Und auf der Bühne ist es kein Karagöz mehr. Aber das moderne Theater kann sich verschiedene Kunstmittel des Karagöz aneignen und weiterentwickeln.

Zeitgenössische türkische Dramatiker wie Nazim Hikmet, Aziz Nesin, Haldun Taner, Güngör Dilmen, Sermet Çağan zeigen in ihren Stücken deutlich den Einfluß des Karagöz. Sie glauben zwar nicht an die Neubelebung des Karagöz, sehen aber in seiner Technik und seinen Kunstmitteln Material für das eigene Theater. Selbst die Stockschläge des Karagöz erhalten beispielsweise in der Groteske *Hat es Iwan Iwanowitsch überhaupt gegeben?* von Nazim Hikmet eine neue Funktion. Zwar schreibt Yvan Goll in seinem Vorwort zu *Methusalem*: »Aristophanes, Plautus, Molière hatten es gut: sie erreichten die stärkste Wirkung durch einfachste Mittel der Welt: durch Stockschläge. Diese Naivität ist uns verlorengegangen.« Doch setzt Hikmet den Stockschlag des Karagöz nicht als Stockschlag, sondern als ein neues zeigendes Mittel ein. Die permanente Paradoxie ist zur Existenzbedingung des modernen Dramas und Theaters geworden. So mußte auch in den letzten Jahrzehnten nach neuen, zeitgemäßeren Formen, nach einem neuen Rahmen und sogar nach einer neuen Funktion des Theaters gesucht werden, da das bürgerliche Theater mit seinem ganzen feierlichen Rahmen nicht mehr akzeptiert wird.

Wir stellen dennoch fest, daß die wesentlichen Eigenschaften der neuen Versuche, des Happenings, des Mitspiels, des Straßentheaters, auch im Karagöz und gerade im Karagöz stark vorgeprägt worden sind: die Einbeziehung des Publikums in das aktive Spiel, die Improvisation, das Spiel mit und in der Sprache. Nach dem epischen Theater Brechts, dem grotesken und absurden Theater Jarrys, Ionescos und Becketts können auch die neuesten Versuche nicht auf die Elemente und Kunstmittel der alten volkstümlichen Theaterformen, unter anderem des Karagöz, verzichten.

Das Medium des Karagöz ist heute veraltet. In den Zeiten ohne Fotografie, Film und Fernsehen war das Schattenspiel ein zeitgemäßes, dem Bewußtsein adäquates Medium, eine Entsprechung der heutigen technischen Künste und Massenmedien. Das der Form, der Atmosphäre und der Philosophie des Karagöz am meisten entsprechende zeitgenössische Medium ist das Fernsehen. Ich sehe in ihm eine Möglichkeit, das Schattenspiel als modernes, volkstümliches Schauspiel auf den Bildschirm zu transponieren. In unserer technischen Welt kann es Versuchen wie dem Straßentheater nicht gelingen, breitere Schichten der Bevölkerung zu erreichen. Eine derartige Wirkung bleibt heute z. B. dem Fernsehen vorbehalten.

Es bleibt abzuwarten, ob es dem Medium Fernsehen gelingen wird, neue Formen zu entwickeln, die an die Kunstmittel des alten, volkstümlichen Theaters und des Schattentheaters anknüpfen.

Tips zum Weiterlesen

Ritter, Hellmut: *Karagöz. Türkische Schattenspiele.* Band 3. Mainz 1953.
Karagöz, das türkische Schattenspiel. In: Mitteilungen der Deutsch-Türkischen Gesellschaft (Bonn). 1959, 31.
Nesin, Aziz: *Ein Schiff namens Demokratie.* Politische Satiren und ein Stück aus der Türkei. Übersetzung aus dem Türkischen: Brigitte Schreiber-Grabitz. Berlin 1978.

Übersetzungen ins Deutsche:
Titel und Porträts

Eine vorläufige Bestandesaufnahme soll Auskunft über die Rezeption türkischer Literatur im deutschen Sprachraum geben, über die Konzepte der Übersetzer und über die Wechselwirkung zwischen der Beschäftigung von türkischen Arbeitern und den übersetzerischen Aktivitäten. Dieser Bericht erhebt keinen Anspruch auf Vollständigkeit und auf eine erschöpfende Darstellung, dies gilt insbesondere für den Bereich der DDR.

Die »Zeitschrift für Kulturaustausch« des Instituts für Auslandsbeziehungen in Stuttgart brachte 1962, in Form eines Doppelheftes, eine Sondernummer über die Türkei heraus, in der sich auch eine Bibliographie der Übersetzungen türkischer Literatur ins Deutsche befand. Sie umfaßt genau dreizehn Titel für den Zeitraum nach dem Zweiten Weltkrieg. Ich werde mich ebenfalls auf diesen Zeitraum beschränken. Ferner möchte ich in erster Linie die Buchpublikationen berücksichtigen.

Zu den 13 Titeln, die in der »Zeitschrift für Kulturaustausch« Heft 2–3, 1962 bibliographiert sind, kommen 50 weitere Titel hinzu, die inzwischen erschienen sind. Auffallend ist, daß lediglich 12 Titel in den sechziger und 31 in den siebziger Jahren übersetzt und veröffentlicht worden sind.

Die Bibliographie in der »Zeitschrift für Kulturaustausch« enthält lediglich zwei Titel aus den vierziger Jahren:

1. Yakub Kadri: *Flamme und Falter (Nur Baba)*. Ein Derwisch Roman. Übertragen von Annemarie Schimmel. Gummersbach 1947. 2. Otto Spieß (Hg.): *Das Geisterhaus*. Türkische und ägyptische Novellen. Kevelaer 1949.

Elf Titel fallen auf die fünfziger Jahre: 1. *Lyrik des Ostens*, hrsg. von Wilhelm Gundert, Annemarie Schimmel und Walter Schubring. München 1952. Diese Anthologie enthält neben der türkischen Lyrik auch die anderer Länder. – 2. Sabahattin Ali: *Anatolische Geschichten*. Deutsch von Herbert Melzig. Berlin 1953. – 3. *Türkische Schattenspiele, Karagöz*, von Hellmut Ritter. 3 Bd., Bd. 3. Mainz 1953. – 4. Annemarie Gabain und Werner Winter: *Türkische Turfantexte*. 8–10. Berlin 1954–59 (Abhandlungen d. Deutschen Akademie der Wissenschaften zu Berlin, Kl. f. Sprachen, Literatur und Kunst. 1952, 7. 1956, 2. 1958, 1.) – 5. Nazim Hikmet: *Türkische Telegramme*. Gedichte. Berlin 1956. (Antwortet uns! 3)

frid Brands. Allein fünf von den elf Titeln, die ich in den sechziger Jahren ausmachen konnte, hat er übersetzt und herausgegeben. Damit setzte in der Übersetzungsarbeit aus dem Türkischen eine neue Phase ein, sowohl die Auswahl als auch das Übersetzungsverfahren und -verständnis betreffend. Zum ersten Mal wurden Werke und Autoren der Nachkriegszeit übersetzt und dem deutschen Leser vorgestellt. Während die Übersetzer der fünfziger und sechziger Jahre, nicht zuletzt bedingt durch ihre Auswahl, mehr oder weniger zur Nachdichtung neigten und in ihrem Sprachduktus auch häufig altertümelten – als Beispiel die Gedichtübersetzungen von Annemarie Schimmel –, bewahrte H. Wilfrid Brands eine stärkere Texttreue auch in seinem Verhältnis zur Sprache. So versuchte er gleichermaßen die Lyrismen in den episch ausgedehnten Schilderungen von Yaşar Kemal zu übertragen wie die manchmal jargonhafte und grobschlächtige Umgangssprache der Dörfler bei Fakir Baykurt. Seine Übersetzungsarbeit wurde durch die Leistung bei der Übersetzung von Nazim Hikmets *In jenem Jahr 1941* (Şu 1941 Yilinda) gekrönt. *In jenem Jahr 1941* ist das dritte Buch von Hikmets Hauptwerk *Menschenlandschaften*. Seine ganze Verskunst und der ihm eigene freirhythmische Fluß werden verschmolzen mit einer narrativen Struktur zu einer neuen Form – wie Nazim Hikmet selbst einmal gesagt hat: über Lyrik, Prosa und Geschichtsschreibung hinaus.

Die überaus gelungene Übersetzung, die nicht nur Nazim Hikmets Eigenheiten hinübertrug, sondern diese zu einer ebenso wirksamen ästhetischen Ganzheit zusammengefügt hat, wurde von dem bekannten deutschen Hörspiel-Regisseur Heinz von Cramer mit großer Liebe und Hingabe als Hörspiel eingerichtet und beim Süddeutschen Rundfunk inszeniert. Das Stück wurde über mehrere deutsche Sender jahrelang wiederholt ausgestrahlt, oft zu Anlässen wie der Woche der Brüderlichkeit oder des Friedens oder an einem Adventstag. Ich erwähne das deshalb, weil hier die tiefe Menschlichkeit Nazim Hikmets erkannt und gewürdigt wurde, während er in seinem eigenen Land ob seiner marxistischen Weltanschauung sogar vom Parlamentspult aus verschiedentlich als Landesverräter verschrien wurde.

Am Anfang von Brands' Übersetzungszeit standen zwei Romane von Yaşar Kemal: *Ince Memed* (Scheffler, Frankfurt 1960), *Anatolischer Reis (Teneke)* (Scheffler, Frankfurt 1962). Dann folgte 1963 im Luchterhand Verlag das bereits erwähnte Buch Nazim Hikmets *In jenem Jahr 1941*.

Im gleichen Jahr war Brands zunächst Mitherausgeber des Sammelbandes *Die Pforte des Glücks – die Türkei in Erzählungen der besten zeitgenössischen Autoren* (Erdmann, Herrenalb): eine erste Anthologie, die mit 38 Erzählungen von 27 modernen türkischen Autoren die Prosakunst der Türkei dem deutschen Leser zugänglich machte. Es ist eine Anthologie der republikanischen Türkei, sie umfaßt also neben den Erzählern der zwanziger und dreißiger Jahre auch die der vierziger und fünfziger Jahre. Das Buch kam 1969 in einer zweiten, bearbeiteten und erweiterten Auflage heraus, deren alleinige Auswahl und Redaktion nun H. Wilfrid Brands besorgte. Diesmal waren 31 türkische Autoren mit 45 Erzählungen vertreten. Mit den neu aufgenommenen Namen wie Nezihe Meriç, Tarik Dursun, Nevzat Üstün wurden auch die sechziger Jahre in der zweiten Auflage teilweise berücksichtigt. Die einzige zuverlässige Quelle in deutscher Sprache, die moderne türkische Erzählkunst bis zu den sechziger Jahren betreffend, ist dieser Sammelband bis heute geblieben, wenn man einmal von dem bei Suhrkamp unter meiner Herausgeberschaft angekündigten Sammelband *Der große Rausch*, absieht, der nur Erzähler berücksichtigt, die in der Republik, d. h. nach 1920 geboren wurden. Sehr viele Erzählungen in *Die Pforte des Glücks* hat H. Wilfrid Brands selbst übersetzt, aber auch andere Übersetzer haben sich an dieser Aufgabe beteiligt.

Als das fünfte und letzte Buch, das Brands in den sechziger Jahren übersetzte, folgte der Roman des damals jungen, aber in der Türkei bereits namhaften Fakir Baykurt: *Die Rache der Schlangen* (Erdmann, Herrenalb 1964.) Die Ausgabe enthielt die beiden damals vorliegenden Bücher einer Trilogie: *Die Rache der Schlangen* und *Irazcanin Dirliği* (wörtlich vielleicht als »Die Ordnung der Mutter Irazca« zu übersetzen; in dieser Ausgabe einfach: »Zweites Buch – Irazca«). Inzwischen ist auch das dritte Buch der Trilogie in der Türkei erschienen: *Kara Ahmet Destani* (Das Epos von Kara Ahmet). Die Trilogie, einschließlich dieses dritten Buches, wurde in drei Bänden vom Ararat Verlag (Berlin 1981 und 1982) neu verlegt. Für diese Neuausgabe überarbeitete Brands seine Übersetzung, während der dritte Band von Brigitte Ersen-Rasch erstmals übersetzt wurde.

Fakir Baykurt (geb. 1929) erhielt mit seinem Roman *Die Rache der Schlangen* 1958 den Roman-Preis der Tageszeitung *Cumhuriyet*. Die Handlung ist im südanatolischen Dorf Karataş angesiedelt und erzählt, von einem Schlangengleichnis ausgehend, von den Untaten der herrschenden Schlangen, die in der dörflichen Gesellschaft schon beim zweiten Ratsmitglied beginnen und über den Dorfvorsteher bis zum Korporal und Bezirksvorsteher der Partei in der Kreisstadt reichen. Selbst die kleinen Schlangen versauern dem Volk das Leben, also auch dem Schwarzen Bayram und seiner Familie. Doch Mutter Irazca, die anatolische Matrone, nimmt den Kampf gegen sie auf. Fakir Baykurt, der prominente Vertreter der »Dorfliteratur« (was nichts anderes bedeutet, als daß diese Literatur in der dörflichen Sozialstruktur Anatoliens angesiedelt ist), geht mit dem Sohn, dem Schwarzen Ahmet, im dritten Buch in die Stadt und vollzieht mit ihm den leidvollen Prozeß vom Bauern zum Industriearbeiter nach und konfrontiert uns mit einer andern Sorte von Giftschlangen, die es auf die Arbeiterklasse abgesehen haben. Ob aus der Trilogie eine Tetralogie entstehen wird, wird die Zukunft zeigen. Denn Baykurt kam 1979 aus der türkischen Großstadt in die Bundesrepublik und ließ sich in Duisburg nieder. Aus dieser Zeit sind uns Kurzgeschichten und Kindererzählungen bekannt. Die letzteren sind unter dem Titel *Barış Çöreği* (Die Friedenstorte) in der Übersetzung von Petra Kappert im Ararat-Verlag in Berlin 1980 erschienen. Die Kurzgeschichten sind 1982 zunächst in der Türkei veröffentlicht worden; eine deutsche Auswahl von ihnen ist beim Unionsverlag Zürich geplant. (Vgl. auch das Kapitel »Gastarbeiter in der Literatur«.)

Ich begnüge mich, nachdem die Arbeit und Leistung von H. Wilfrid Brands, der dem Jahrzehnt als Übersetzer moderner türkischer Literatur seinen Stempel gab, kurz umrissen und gewürdigt wurde, mit der Aufzählung der restlichen mir bekannten fünf Titel dieser Jahre:

Aziz Nesin: *Der unheilige Hodscha*. Türkische Humoresken. (Wien-Berlin-Stuttgart, 1962). Die Auswahl und Übertragung der Erzählungen aus dem Türkischen besorgte Sepp Finger. Sieht man einmal von dem Untertitel »Türkische Humoresken« ab, so stellt diese Auswahl die erste, relativ repräsentative und sprachlich relativ adäquat übersetzte Ausgabe des großen Satirikers Aziz Nesin im deutschen Sprachraum dar. Die Qualität der Übersetzung muß auf dem Hintergrund der Übersetzungen aus den letzten zwei, drei Jahren gesehen werden. Auf dieses meines Erachtens schwerwiegende Problem möchte ich noch zu sprechen kommen. 1965 erschien dann ein Roman Aziz Nesins auf Deutsch: *Zübük*, (Rütten & Loening, Leipzig) mit einem Nachwort von Herbert Melzig. *Zübük* bedeutet so viel wie Gauner. Mit dem Modell einer halbfeudalen Provinzstadt, in der Demokratie gespielt wird, bringt Aziz Nesin mit dem Provinzpolitiker Zübükzade Ibraam Bey die politischen Gaunereien und Hochstapeleien der Großen, Unzugänglichen von der Hauptstadt in die unmittelbare Nähe der wirklich Leidtragenden, des Volkes. Eine ähnliche »Verfremdung« zeigt sich auch im Stil. Der anatolische Mensch kann erzählen. Auch Nesin läßt die Bewohner der Kreisstadt erzählend auftreten.

Von Nazım Hikmet erschienen zwei Dramen in einem Band: *Josef in Ägyptenland* (Yusuf Ile Menofis) und *Legende von der Liebe* (Ferhat Ile Şirin) (Ins Deutsche übertragen und mit einem Nachwort versehen von Prof. Alfred Kurella. Reclam, Leipzig 1961). Die Aufführungsrechte lagen beim Berliner Henschelverlag Kunst und Gesellschaft. Bei diesem Bühnenverlag lagen auch die deutschen Übersetzungen der Stücke *Damoklesschwert* (Demokles'in Kilici), *Von allen vergessen* (Unutulan Adam), *Ein komischer Mensch* (Enayi), *Hat es Iwan Iwanowitsch überhaupt gegeben?* (Ivan Ivanovic var miydi, yok muydu?) als Bühnenmanuskripte vor. Von Nazim Hikmet erschien ferner 1968 das Märchenbuch *Die verliebte Wol-*

ke. Wie seine in Berlin erschienenen Gedichtbände und seine Dramen ebenfalls aus dem Russischen übersetzt, diesmal von Günther Löffler. Dieses Buch erschien in gleicher Übersetzung 1980 unter dem Titel *Wie sich der Rabe einen Splitter eintrat* beim Elefanten Press Verlag Berlin. (Der Übersetzer wird nicht genannt. Ich nehme an, ein Kollektiv zeichnet für diese Übersetzung.) Illustriert wurde diese Ausgabe von Hanefi Yeter. Der Ararat Verlag brachte in seiner zweisprachigen Reihe das Märchen *Allem Kallem* 1980 in meiner Übersetzung und mit Zeichnungen von Abidin Dino heraus.

Es folgte eine zweisprachige Ausgabe der Gedichte Orhan Veli Kaniks in der von Hans Magnus Enzensberger herausgegebenen Reihe »Poesie« in der Übersetzung von Helmut Mader und mir. Frankfurt 1966. Zu Orhan Veli siehe auch S. 92–102)

1969 enthielt die 19. Mappe von »Luchterhands Loseblatt Lyrik« Gedichte von Nazim Hikmet, Orhan Veli, Oktay Rifat, Melih Cevdet, Metin Eloğlu und Mehmet Kemal, wobei die letztgenannten vier Gedichte von Sezer Duru übersetzt wurden. Vollständigkeitshalber sei noch eine kleine Gedichtemappe unter dem Titel *Die Liebe von der Liebe* erwähnt, mit Gedichten von mir und Zeichnungen von Franz Handschuh in einer durchgehend nummerierten und signierten Auflage von 500 Exemplaren; Stuttgart 1968.

Das wäre die gesamte Ausbeute der sechziger Jahre, alles in allem elf Titel!

Ungleicher Austausch

Im gleichen Jahrzehnt erschienen allein von Kafka elf Bücher in türkischer Übersetzung, mehrere Neuauflagen nicht mitgerechnet. Der Dichter Behçet Necatigil konnte in den sechziger Jahren für einen Forschungsbericht ferner fünf Buchpublikationen aus der Sekundärliteratur über Kafka ausmachen. In den sechziger Jahren bibliographiert Necatigil allein zehn Buch-Übersetzungen aus dem Werk Brechts. Dazu kommen unzählige Übersetzungen in Zeitungen und Zeitschriften oder für Bühnenaufführungen. Allein zwischen 1966 und 1968 wurden acht Bücher von Heinrich Böll ins Türkische übersetzt und veröffentlicht. Bedeutende Dichter und Erzähler wie Behçet Necatigil, Zeyyat Selimoğlu und Kâmuran Şipal nehmen sich der deutschen Literatur an und verhelfen deutschen Dichtern und Autoren oft zur gleichen Wirkung wie in ihrer eigenen Sprache. Unvergeßlich bleibt das literarische Erlebnis, welches die junge Generation von türkischen Intellektuellen in den fünfziger Jahren durch Rilkes *Die Aufzeichnungen von Malte Laurids Brigge* (Malte Laurids Brigge'nin Notlari) in der Übersetzung von Behçet Necatigil hatte. Lange Zeit trug man dieses Buch in der Jackentasche bei sich und man identifizierte es gleichsam mit dem Übersetzer Necatigil.

Ich will den Vergleich mit der ins Türkische übersetzten deutschen Literatur nicht weiterführen. Es ist müßig, ungleichmäßige, einseitige Interessen miteinander zu vergleichen. Denn auf die elf Titel aus der türkischen Literatur, die in den sechziger Jahren ins Deutsche übersetzt wurden, kommen mindestens zehn deutsche Titel in türkischer Übersetzung in einem Jahr. Ich bezweifle, daß dieses Zahlenverhältnis auch das Qualitätsverhältnis reflektiert. Der einzige Grund muß wahrscheinlich darin liegen, daß die türkische Literatur die Literatur eines wirtschaftlich und politisch unteremanzipierten Landes ist. In Bündnissystemen kann man über dieses wirtschaftlich schwächste Glied in allen Belangen verfügen, aber man braucht es nicht zu achten, sich nicht um seine Kultur und seine sonstigen Qualitäten zu kümmern. Das sind Worte, die so bitter nicht sind, wie sie vielleicht klingen. Die Spitze richte ich ganz bewußt gegen uns. Denn nur wir können uns von solcher Abhängigkeit befreien, und dazu kann unsere Literatur einiges leisten. Zum anderen aber kann Überheblichkeit nicht gezwungen werden, an unseren Werten teilzuhaben. Selbstherrlichkeit und Vorurteile werden die Menschen immer zu einem Leben mit erheblichem Defizit verurteilen.

Es gibt natürlich auch wenig sachkundige und literarisch versierte Übersetzer aus dem Türkischen. Aber es ist eine Tatsache, daß ein H. Wilfrid Brands viel mehr übersetzt hat als die genannten fünf Titel, allerdings für die Schublade ...

Das deutsche Verlagswesen ist in die freie Marktwirtschaft des Landes eingebunden. In der Regel haben die Verleger kein Interesse an einer Literatur, deren Land und Volk auf wenig Interesse und Gegenliebe stößt. Übersetzer schaffen ohnehin für einen Hungerlohn. Wenn allzuoft die Schwerarbeit nur für die Schublade getan ist, dann braucht man sich auch nicht über die geringe Zahl der Übersetzer zu wundern. Herr Brands, der sich an der Universität über Arbeit nicht beklagen konnte, zog sich von dieser Liebhaberei, der Übersetzertätigkeit, nicht zuletzt wegen des Desinteresses der Verlage frühzeitig zurück.

Denn auch die wenigen Titel der fünfziger und sechziger Jahre sind entweder von einem Fachverlag für Orientalistik oder von einem staatlich subventionierten Verlag oder eben in einem Klein- oder Selbstverlag herausgegeben worden. Man kann fast sagen, daß die einzige Ausnahme dabei meine Ausgabe von Orhan Veli bildet, die bei einem großen renommierten deutschen Literaturverlag erschien.

Die deutsch-türkischen Beziehungen traten seit Beginn der sechziger Jahre in eine neue Phase. Im Jahre 1962 kamen die ersten offiziell vermittelten türkischen Arbeiter in die Bundesrepublik. Die Nachfrage der deutschen Industrie war so groß, daß in Istanbul eine gemeinsame deutsch-türkische Arbeitsvermittlungsstelle und Auswahlkommission gebildet wurde. Als der damalige Arbeitsminister Bülent Ecevit 1964 seine Landsleute in der Bundesrepublik aufsuchte, hatte ihre Zahl bereits die 100 000er-Grenze überschritten. Bis Ende des Jahrzehnts waren es 300 000. Mit den Familienangehörigen der Arbeiter zusammen lebten fast eine Million Türken in der Bundesrepublik und in Westberlin. Die Tendenz hielt bis zum Anwerbestopp im Dezember 1974 an. Seitdem leben hier zusammen mit denjenigen, die sich ohne Arbeits- und Aufenthaltserlaubnis im Land aufhalten, mehr als 1,5 Millionen Türken. Nach den Deutschen bilden sie die zweitstärkste Volksgruppe, Türkisch ist die zweithäufigste gesprochene Sprache. Man hätte erwartet, daß dies auch die Übersetzung türkischer Literatur ins Deutsche positiv beeinflußt hätte. Wir haben gesehen, daß dies in den sechziger Jahren noch nicht der Fall war.

Aufschwung in den siebziger Jahren

Ich habe die Jahre nach dem Weltkrieg auch durch die Namen derjenigen Übersetzer gekennzeichnet, die als kulturelle Vermittler die Hauptinitiative trugen: Otto Spieß und Annemarie Schimmel, in den sechziger Jahren H. Wilfrid Brands.

In den siebziger Jahren habe ich selbst die Übersetzungen aus dem Türkischen wesentlich mitgestaltet, vor allem was die moderne türkische Lyrik betrifft.

Nachdem ich 1966 Orhan Veli zugänglich gemacht hatte, brachte ich 1971 den in seiner Art ersten Sammelband moderner türkischer Lyrik heraus (Erdmann, Tübingen-Basel, 1974). 52 Dichter, der älteste Yahya Kemal Beyatli (1884–1958), der jüngste Ismet Özel (geb. 1944), wurden mit über 200 Gedichten und einem umfangreichen Einführungsessay vorgestellt, mit ihnen das lyrische Schaffen der republikanischen Türkei.

1972 folgte dann: Behçet Necatigil, *Gedichte* (Texte in zwei Sprachen türkisch-deutsch, Hattusa, Stuttgart. Ausgewählt, übersetzt und mit einem Einführungsessay von mir.) 65 Gedichte aus allen Schaffensperioden des Dichters sollten ein repräsentatives Bild zeichnen.

1974 erschien bei Jugend & Volk in München und Wien das von mir verfaßte Kinderbuch *Utku oder der stärkste Mann der Welt*. Und zwar nicht nur in einer türkisch-deutschen Ausgabe, sondern in vier weiteren: griechisch-deutsch, italienisch-deutsch, spanisch-deutsch und serbokroatisch-deutsch. 1976 folgte die Anthologie *Der Drachen im Baum*, nicht nur für jugendliche Leser, sondern auch für Erwachsene zusammengestellt. Im Untertitel heißt es: Gedichte, Erzählungen, Märchen, Spiele (Jugend und Volk, München-Wien). Dreißig türkische Dichter, Erzähler und Dramatiker, teilweise mit Originalbeiträgen für diesen Band, haben Platz darin. Der 1978 verstorbene türkische Maler Orhan Peker hat die Zeichnungen geschaffen.

Diese Anthologie war zwei Jahre zuvor 1974 beim gleichen Verlag, Jugend und Volk, München und Wien mit dem Titel *Ağaca Takılan Uçurtma* im türkischen Original veröffentlicht worden. Vielleicht war dies ein erstes Zeichen dafür, daß man mittels der Literatur einen Einblick in den sozio-kulturellen Hintergrund ausländischer Arbeiter nehmen wollte. Im Hintergrund stand die Initiative einer engagierten Verlegerin. Sie wurde dabei von keiner offiziellen oder inoffiziellen Stelle unterstützt. Sie publizierte, neben den beiden Bänden, *Der Drachen im Baum*, eine Reihe von 13 Kinderbüchern jeweils in fünf zweisprachigen Ausgaben, wo auch mein Kinderbuch *Utku* erschien. Dann kam die Rezession, so wurde das kaum geweckte Interesse zurückgeworfen.

Später übersetzte ich die Gedichte und zwei Essays von Bülent Ecevit: *Ich meißelte Licht aus Stein* (Işığı Taştan Oydum. Klett-Cotta, Stuttgart 1978.) Ecevits Buch fand in der deutschsprachigen Presse großes Echo. In den »Stuttgarter Nachrichten« vom 29. August 1978 schrieb Ulrich Viehöver: »Was interessiert den Mitteleuropäer die fremde Welt der türkischen Lyrik und Poesie? Da sind überraschend viel Berührungspunkte: Einmal ist es die lyrische Redeweise, die plastischen Wortbilder, Metaphern und Gleichnisse in Ecevits Poesie, einfühlsam übertragen von Yüksel Pazarkaya, der nicht nur die Inhalte aus dem Türkischen übersetzt, sondern auch die poetische Struktur erhalten hat. Die zweite Überraschung für den Europäer sind die religiösen und historischen Parallelen in der türkischen Lyrik zur christlichen Geistesgeschichte. Da ist etwa die Lehre von der Dreieinigkeit, die in der islamischen Mystik (genannt Tasavvuf-Mystik um 800) überliefert ist. Ähnlich wie in der christlichen Lehre dreht sich im Denken eines Tasavvuf-Dichters alles um das Ein-Wesen. Die Grundvorstellung ist, daß der Weg der Wahrnehmung über drei Erkenntnisstufen notwendig ist, um die Selbstidentifizierung mit dem Ein-Wesen zu vollenden.« (1982 erschien davon eine Taschenbuchausgabe).

1979 übersetzte ich für eine zweisprachige Ausgabe drei Kurzgeschichten aus meinem 1977 in Istanbul erschienenen Erzählband *Oturma Izni* (Aufenthaltserlaubnis). Inzwischen wurden diese Kurzgeschichten in verschiedene deutsche Schul- und Lesebücher aufgenommen. In den letzten Tagen der siebziger Jahre erschienen die Übersetzung von Orhan Veli Kanik *Das Wort des Esels* (Eşeğin Sözü) und die Verserzählungen Orhan Velis von Nasreddin-Hodscha-Geschichten (beide Ararat, Berlin). Die vor

30 Jahren erschienene türkische Vorlage war bisher das beste Nasreddin-Hodscha-Buch. In der Übersetzung bemühte ich mich, nicht nur die Tonlage Orhan Velis, sondern auch die silbenzählenden Metren und sein Reimschema wiederzugeben.

Wenden wir uns nun den anderen Übersetzungen aus der türkischen Literatur in den siebziger Jahren zu.

1971 erschien Mahmut Makals *Mein Dorf in Anatolien* (Bizim Köy), (Frankfurt 1971, aus dem Türkischen von Nermin Faruki). Dieses Buch, dem in der türkischen Prosa der Stellenwert eines Meilensteins zukommt, wurde 1981 von Express Edition in Berlin mit dem Titel *Unser Dorf in Anatolien* in einer neuen Übersetzung von Sanem Alacakaptan veröffentlicht. Unverständlich ist nicht nur, warum trotz Nermin Farukis guter Übersetzung die Notwendigkeit für diese neue Übersetzung bestand, sondern vor allem das Verfahren der neuen Übersetzerin. Sie hat die Vorlage Farukis, abgesehen von wenigen, nicht immer sinnvollen Änderungen, fast ganz übernommen und als eigene Übersetzungsarbeit ausgegeben. Die neue Ausgabe enthält zusätzlich ein Vorwort des Autors, der seit einigen Jahren in Berlin als Lehrer tätig ist, sowie ein neues Kapitel »Unser Dorf 1975«. Dieser Zusatz ist insofern interessant, als die Veränderungen der letzten dreißig Jahre durch einen erneuten Besuch des Autors im Jahr 1975 ausgemacht werden. Die frappierende Feststellung: es hat sich kaum etwas geändert.

Dann folgte ein Kinderbuch von Sadik Fehimoğlu: *Pascha und der Frechdachs* (Horoz Paşa), eine »heitere Geschichte aus dem Orient«. (Bearbeitung und deutsche Fassung: Christel Dedy-Bröll. 1973, Balve / Sauerland.)

1953 waren Sabahattin Alis *Anatolische Geschichten* in Berlin erschienen. 23 Jahre mußten vergehen, bis ein zweiter türkischer Autor mit seinen Erzählungen in einem eigenen Band vorgestellt wurde. Es handelt sich um eine Erzählerin, Füruzan, eine der erfolgreichsten der letzten Jahre, auch wenn es in letzter Zeit um sie etwas still geworden ist. Der Band *Frau ohne Schleier*, Türkische Erzählungen (Europa, Zürich-Wien 1976) enthält drei relativ lange Erzählungen, die wohl zu den besten im Werk Füruzans zählen: *Der Konak, O du schönes Istanbul, Die Fassade* (Haraç, Ah ... Güzel Istanbul, Bir Evin Dıştan Görünüşü). Eine Taschenbuchausgabe folgte 1980. Dieses Buch übersetzte Adelheid Ochsenbauer-Uzunoglu. Eine Bemerkung zu ihrer Arbeit: Es ist schade, daß sie sich syntaktisch wie ausdrucksmäßig eines vereinfachenden Verfahrens, also der strukturellen Zerteilung und der Auslassung, bediente.

Dann wurde wieder ein Kinderbuch übersetzt, für mich wohl eine der schönsten Übersetzerleistungen: *Gülibik, der Hahn* von Çetin Öner, mit Bildern von Orhan Peker. (Aus dem Türkischen übertragen von Cornelius

Bischoff. Aurich, Modautal-Neunkirchen 1977.) Ein in jeder Hinsicht sehr gelungenes Buch. Die Bilder des Meisters Orhan Peker sind eine Augenweide, sie runden das Buch erst ab.

1976 wurde von Burhanettin Muz in Mainz im Selbstverlag ein Band türkische Erzählungen herausgegeben, mit dem Titel *Der neue Mensch in der Türkei*, der wohl allein durch seine Tendenz eine Erwähnung verdient. Es handelt sich um die einzige tendenziöse Auswahl in deutscher Übersetzung. Während sonst alle Autoren, die seit dem Zweiten Weltkrieg ins Deutsche übersetzt wurden, in erster Linie unter literarisch-ästhetischem Gesichtspunkt, oder zumindest auch unter diesem Gesichtspunkt ausgewählt wurden, legt Burhanettin Muz seiner Auswahl ein anderes, ein weltanschauliches Kriterium zugrunde. Er stellt vier junge türkische Erzähler der konservativen Ecke mit je zwei Erzählungen vor. Es sind Şevket Bulut, Sevinç Çokum, Fahri Oğuz, Sabahat Emir. Namen, die im breiten türkischen Leserpublikum kaum Resonanz haben, die – vielleicht mit Ausnahme von Sevinç Çokum – kaum jemand kennt, müssen in dieser Auswahl für den neuen türkischen Erzähler stehen, werden als Autoren des neuen türkischen Menschen präsentiert. Aber das Buch hat aus dem engen Kreis um den ehemaligen türkischen Konsul in Mainz, den Herausgeber Burhanettin Muz, kaum heraustreten und -wirken können.

Die Phase des Engagements

Wäre die Übersetzungsszene aus dem Türkischen gegen Ende der siebziger Jahre nicht in Bewegung geraten, so hätten wir für dieses Jahrzehnt kaum zehn Titel zusammentragen können. Doch die sozialen Ereignisse blieben nicht ohne Folgen, die langfristige Anwesenheit von 1,5 Millionen Türken begann wie in jedem Lebensbereich, so auch auf dem Gebiet der Kunst und Literatur sich auszuwirken. Vor allem die heranwachsende zweite Generation und ihre Probleme waren in dieser Wirkung ausschlaggebend.

Ein neuer Verlag in Berlin, »edition der 2«, begann 1977 eine Serie mit den Werken von Aziz Nesin, leider in der stilistisch fragwürdigen Übersetzung aus dem Türkischen von Brigitte Schreiber-Grabitz, die die spontan wirkende, doch auch literarisch nachhaltige Wirkung der Originale verfehlt und dementsprechend auch nicht in der Lage ist, Aziz Nesin in der deutschen Lesergunst die Beliebtheit etwa eines Ephraim Kishon zu verschaffen, mit dem Nesin durchaus zu vergleichen ist. (Wenn man mich fragt: er ist ihm sogar überlegen.)

In dieser Reihe konnten nur zwei Titel erscheinen, weil die Edition aufgehört hat, zu existieren:

Wie bereitet man einen Umsturz vor? (Politische Satiren aus der Türkei, 1977). Und: *Ein Schiff namens Demokratie*, (Politische Satiren und ein Stück aus der Türkei, 1978).

In der gleichen Edition erschien 1979 in Berlin die deutsche Übersetzung des Erstlingsromans des in Berlin lebenden jungen türkischen Autors Güney Dal. *Wenn Ali die Glocken läuten hört* ... ist der deutsche Titel einer bearbeiteten Fassung seines Romans *Iş Sürgünleri* (Die zur Arbeit Verbannten), der sich unter den türkischen Arbeitern in der Bundesrepublik abspielt, und ebenfalls von Brigitte Schreiber-Grabitz übersetzt wurde. (Vgl. dazu auch das Kapitel über die Deutschland-Thematik in der türkischen Literatur. S. 195–209) Güneys zweiter Roman *Europastraße 5* wurde 1981 beim Buntbuch-Verlag, Hamburg, von Carl Koß übersetzt.

Als Nachfolger der »edition der 2« brachte der ikoo Buchverlag, Berlin, 1981 als drittes Buch in der Aziz Nesin-Reihe den satirischen Roman *Der einzige Weg* wiederum in der Übersetzung von Brigitte Schreiber-Grabitz heraus. Hier kann zwar der Übersetzerin größere Sorgfalt als bei den vorangegangenen Büchern bescheinigt werden, dennoch findet sie auch hier kaum die Aziz Nesin adäquate Stil- und Sprachebene. Anhand der Biographie eines kleinen, unfreiwilligen Betrügers, Paschazade, dem durch die widrigen Umstände immer wieder der Betrug als »einziger Weg« übrigbleibt, übt Nesin eine ironisch beißende, doch auch traurig und nachdenklich stimmende Kritik an den Verhältnissen in der Türkei.

1978 begann ein kleiner Hamburger Verlag, der Reents Verlag, Nazim Hikmets Hauptwerk *Menschenlandschaften* in der Übersetzung von Ümit Güney und der literarischen Überarbeitung von Norbert Ney (so das Impressum) mit Illustrationen von Abidin Dino zu veröffentlichen. Das erste Buch des aus fünf Büchern bestehenden Werks erschien 1978, das zweite 1979, das dritte, das vierte und das fünfte 1980, während sich der Verlag zu »Buntbuch« umbenannte. Alle Bücher erreichten inzwischen auch die zweite Auflage.

An sich lag das dritte Buch in der 1963 erschienenen, schon lange vergriffenen Übersetzung von H. Wilfrid Brands vor. Dies fordert zu einem Vergleich heraus, und ich muß an dieser Stelle wiederholen, daß H. Wilfrid Brands die Tonlage, den besonderen rhythmischen Fluß, die Redeweise Nazim Hikmets besser trifft als die neue Übersetzung von Ümit Güney und Norbert Ney. Dennoch ist es als ein Verdienst anzusehen, daß endlich einmal dieses große Werk vollständig ins Deutsche übersetzt ist. Wie schon das dritte Buch in Brandsscher Übersetzung richtete Heinz von Cramer auch das erste und das zweite Buch als Hörspiel ein. Am 1. und 2. Weihnachtstag 1981 wurden sie mit überragendem Erfolg gesendet.

Eine neue, um zahlreiche Gedichte erweiterte Ausgabe der Gedichte

Nazim Hikmets erschien 1971 unter dem neuen Titel *Und im Licht mein Herz* (Rütten & Loening, Berlin). Wie in der von Annemarie Bostroem herausgegebenen Ausgabe handelt es sich auch bei diesem Band um Nachdichtungen von Annemarie Bostroem, Stephan Hermlin, Heinar Kipphardt und Paul Wiens, wobei Hermlin und Kipphardt nach russischen Übersetzungen der Gedichte Nazim Hikmets nachgedichtet haben. Den Nachdichtungen von Annemarie Bostroem und Paul Wiens lagen Interlinearübersetzungen aus dem Türkischen von Herbert Melzig zugrunde. An diesen Gedichten, obwohl durchaus ehrenwerte und namhafte Nachdichter am Werke gewesen sind, wird die Problematik sowohl der Übersetzungen aus der Drittsprache, als auch nach einer interlinear übersetzten Vorlage deutlich. Die Originalstrukturen gehen verloren, sachliche Übersetzungsfehler schleichen sich leichter ein.

Auch in dem Katalog zur Nazim-Hikmet-Woche im Herbst 1977 finden wir neben anderen manche dieser Gedichte wieder. Zu erwähnen ist hier vor allem die Erstübersetzung eines der bekanntesten Werke Nazim Hikmets *Das Epos vom Scheich Bedreddin* (Şeyh Bedreddin Destani) durch Gisela Kraft.

In der Reihe der »Zeit-Gedichte« von kürbiskern, München, gab Bernd Jentzsch 1976 als drittes Heft 30 Gedichte Nazim Hikmets heraus, von welchen 28 den beiden in Berlin erschienenen Bänden entnommen sind. Zwei Gedichte, *Polemik* und *Die großen, schweren Regentropfen*, sind Erstdrucke in deutscher Übersetzung.

Gegen Ende des Jahres 1977 wurde in Stuttgart ein neuer Kleinverlag gegründet: Der Ararat-Verlag, der sich zum Ziel setzte, ausschließlich türkische Literatur in deutscher Übersetzung zu publizieren. Ein Türke, der in Deutschland und in der Türkei Architektur und Kunstgeschichte studiert hat, ist der Lektor und Geschäftsführer dieses Verlages: Dr. Ahmet Doğan. 1980 siedelte Ararat nach Berlin über. Hier ist die Bilanz seiner bisherigen Bemühungen, und dies im Dschungel des fast ausschließlich kommerziell ausgerichteten deutschen Verlagswesens. Ich zähle auf:

Vasif Öngören: *Des Märchens Kern* (Masalin Asli, 1. Band. Aus dem Türkischen übertragen von Ahmet Doğan. Bilder von Erkal Yavi, 1978). – Vasif Öngören: *Des Märchens Kern* (2. Band. Aus dem Türkischen übertragen von Ahmet Doğan. Bilder von Erkal Yavi, 1978).

Diesem Auftakt folgten zwei Romane, ein Klassiker der Moderne und ein neueres Werk. Zunächst das letztere: Adalet Ağaoğlu, *Die zarte Rose meiner Sehnsucht* (Fikrimin Ince Gülü, aus dem Türkischen von Wolfgang Scharlipp, 1979). – Der Klassiker der türkischen Moderne: Orhan Kemal, *Murtaza oder Das Pflichtbewußtsein des kleinen Mannes*. (Aus dem Türkischen übertragen von Carl Koss, unter Mitarbeit von Kemal Kozanoğlu, 1979.) – Dann die bereits erwähnte Trilogie Fakir Baykurts: *Die Rache der*

Schlangen, Mutter Irazdscha und ihre Kinder (1981), und *Das Epos von Kara Ahmet* (1982).

Öngörens *Des Märchens Kern* ist ein Kinderbuch, das die historisch-materialistische Entstehungsgeschichte der heutigen Gesellschaftsformen in zehn Märchen erzählt. Öngören, der sich als Dramatiker und Regisseur einen Namen machte, lebt wie viele andere türkische Autoren seit einigen Jahren in Berlin.

Von Ağaoğlus *Die zarte Rose meiner Sehnsucht* wird im folgenden Kapitel die Rede sein. – Orhan Kemals *Murtaza* ist eines seiner Hauptwerke. Es erzählt von der Entfremdung des Arbeiters Murtaza, er erlebt sie auf tragische Weise. Der Roman lebt vom Dialekt, der dem inneren Rhythmus und Temperament Murtazas entspricht und dies sprachlich lebendig reflektiert. In der Übersetzung geht er jedoch verloren, und damit auch die Originalität und innere Stuktur des Romans.

Der Ararat-Verlag setzt sein Programm mit Übersetzungen aus der türkischen Literatur 1982 mit Nazim Hikmets *Das Epos von Scheich Bedreddin* in meiner Übersetzung sowie mit dem einzigen Erzählband Yaşar Kemals *Gelbe Hitze* in der Übersetzung von Brigitte Ersen-Rasch fort.

1979 startete der Verlag gleichzeitig die Reihe »Texte in zwei Sprachen« (Iki Dilde Yayinlar), die mit meinem bereits erwähnten Erzählbändchen eröffnet wurde: *Heimat in der Fremde?* (Yaban Sila Olur mu?).

Es folgten neun weitere Titel. Orhan Veli Kanik: *Das Wort des Esels* (Eşegin Sözü), Nazim Hikmet: *Allem Kallem*, Fakir Baykurt: *Die Friedenstorte*, Yusuf Ziya Bahadinli: *Zwischen zwei Welten* (Erzählungen, 1980. Aus dem Türkischen übertragen von Carl Koss). Gülten Dayioğlu: *Beiß die Zähne zusammen* (Prosa, 1981. Aus dem Türkischen übertragen von Viktor Augustin, Kemal Kurt und Edith Giere Kurt). Habib Bektaş: *Belagerung des Lebens* (Gedichte und Geschichten, 1981. Aus dem Türkischen von Yüksel Dazarkaya). Von den letzten drei Büchern wird im nächsten Kapitel die Rede sein.

Als einziger nicht-türkischer Titel der Reihe erschien 1979 *Fünf Geschichten* von Mustapha El Hajaj, mit Zeichnungen des türkischen Künstlers Yunus Saltuk. Die Originalität dieses Titels liegt in der türkischen Übersetzung, die von einem Kollektiv arbeitsloser türkischer Jugendlicher in München gemacht wurde.

Auch Zülfü Livanelis Band *Lieder zwischen Vorgestern und Übermorgen* stellt eine Besonderheit in der Reihe dar. Das Buch enthält Texte von Yunus Emre (13. Jahrhundert) bis Refik Durbaş (geb. 1944), mit den Noten von Zülfü Livaneli, dem auch in Europa bekannten türkischen Musiker, die er in der Saz-Tradition komponierte. Ich besorgte auch hier die Übersetzung ins Deutsche (1981).

Schließlich ist noch Aras Örens 1979 in dieser Reihe erschienenes Buch

Alte Märchen neu erzählt zu erwähnen. Ören dichtet hier drei alte türkische Volksmärchen nach. Zum ersten Mal konnte man hier Texte Örens in seiner Originalsprache lesen. Petra Kappert übersetzte die Märchen ins Deutsche. Inzwischen sind aber von Ören auch in der Türkei zwei Bücher erschienen, sowie 1982 beim Rotbuch-Verlag, Berlin, sein erster Band mit Erzählungen: *Der Gastkonsument – Konuk Tüketici*, in Deutsch und Türkisch. Die bewährten Kemal-Übersetzer Helga Dağyeli-Bohne und Yildirim Dağyeli haben auch diese Kurzgeschichten ins Deutsche übertragen.

Da ich auf Ören, den erfolgreichsten Wahlberliner unter den Türken, und sein inzwischen elf Titel umfassendes Werk im nächsten Kapitel eingehe, begnüge ich mich an dieser Stelle mit der Aufzählung der noch nicht genannten Titel: *Disteln und Blumen* (Gedichte, Berlin 1970). *Der Hinterhof, U-Bahn* (Erzählungen, Berlin 1972).

Der Durchbruch gelang Ören erst mit dem Titel: *Was will Niyazi in der Naunynstraße* (Ein Poem. Aus dem Türkischen von Achmed Schmiede und Johannes Schenk, Rotbuch, Berlin 1973). Dieses Buch erlebte bis heute mehrere Auflagen, ebenso die folgenden Titel von Aras Ören: *Der kurze Traum aus Kağithane* (Ein Poem. Aus dem Türkischen von Achmed Schmiede, bearbeitet von Jürgen Theobaldy. Rotbuch, Berlin 1974). *Privatexil* (Gedichte. Aus dem Türkischen von Gisela Kraft. Rotbuch, Berlin 1977). *Deutschland, ein türkisches Märchen* (Gedichte. Aus dem Türkischen von Gisela Kraft. Claassen, Düsseldorf 1978). *Die Fremde ist auch ein Haus* (Berlin-Poem. Aus dem Türkischen von Gisela Kraft. Rotbuch, Berlin 1980). *Mitten in der Odyssee* (Gedichte. Aus dem Türkischen von Gisela Kraft. Claassen, Düsseldorf 1980). *Bitte nix Polizei* (Kriminalerzählung. Aus dem Türkischen von Cornelius Bischoff. Claassen, Düsseldorf 1981). Örens erster Roman ist für 1983 angekündigt.

Gisela Kraft, die sich zunächst als Ören-Übersetzerin einen Namen machte, begann 1981 im Selbstverlag (Harran, Berlin) mit zwei Titeln die eigenen Übersetzungen aus dem Türkischen zu verlegen: Yunus Emre / Pir Sultan Abdal: *Dağlar Ile Taşlar Ile / Mit Bergen, mit Steinen*. Fazil Hüsnü Dağlarca: *Komm endlich her nach Anatolien*. Ausgewählte Gedichte (siehe auch S. 103–112).

Der Übersetzungsarbeit aus der türkischen Literatur haben zunächst die Türkologen ihren Stempel aufgedrückt. Otto Spieß, Annemarie Schimmel, H. Wilfrid Brands leisteten hervorragende Pionierarbeit, nicht zuletzt deshalb, weil sie auch dichterische Intentionen besaßen. Doch unbewußt wurde auch viel Unfug mit der türkischen Literatur getrieben, gerade durch Türkologen, die an Dichtung nicht einmal mit der Sorgfalt vorgingen, die auch für die Übersetzung von Kochrezepten notwendig ist. Ich rede nicht von der guten oder weniger guten Qualität der Übersetzungen, sondern in diesem Falle von reinen Ausdrucksfehlern. Werden solche Fehler bei der Übersetzung von Kochrezepten gemacht, kann es zur Vergiftung beim Essen führen. Um das mit ein paar Schlaglichtern zu veranschaulichen, will ich Beispiele anführen.

»Hanimeli« (das Geißblatt) wird »die Hand der Dame« übersetzt; »saat gece bir sulari« (nachts etwa um eins) wird »in den Wassern der ein Uhr nachts« übersetzt; »sitma« (Fieber) wird mit »Feuerung« übersetzt; schwierige Konstruktionen werden zerhackt, in der Satzstruktur vereinfacht; Redewendungen, Sätze werden ausgelassen ... Ich will damit nicht sagen, daß Übersetzungen absolut fehlerlos sein müssen. Abgesehen von Mehrdeutigkeiten, die durch die Entscheidungskompetenz des Übersetzers nur unvollständig übersetzt werden können, können sich vereinzelt auch klare Fehler einschleichen. Wenn sich das aber häuft, zudem die Willkür des Übersetzers die strukturellen und stilistischen Reize und Besonderheiten des Originals zunichte macht, dann würde ich meinen – trotz des guten Willens, den ich keinem Übersetzer abstreite –, man solle lieber die Hand davon lassen.

In der Übersetzungsproblematik aus der türkischen Literatur scheint jedoch gegen Ende der siebziger Jahre eine verheißungsvolle Wende erreicht zu sein. Die Zahl junger Übersetzer steigt ständig – die Zeit wird weisen, wie fähig sie sind. Nicht nur das: kongeniale Übersetzungsleistungen haben in den letzten Jahren höchst erfreulich überrascht. An ihrer Spitze ist das Übersetzerpaar Helga Dağyeli-Bohne und Yildirim Dağyeli zu nennen. Yaşar Kemals Prosa zählt wohl zu den schwierigsten, aber auch reizvollsten Aufgaben für einen Übersetzer. Soweit ich es beurteilen kann, möchte ich diesen Übersetzern bescheinigen, daß sie Yaşar Kemals Romane bisher ganz ohne Verlust der literarischen Qualität ins Deutsche übertragen haben. Das gilt auch für ihre Übersetzung der Kurzgeschichten Aras Örens.

In den letzten Tagen der siebziger Jahre kündigte der Zürcher Unionsverlag an, daß Yaşar Kemal nun auch im deutschen Sprachraum gebührend präsentiert werden solle. Die 1960 bzw. 1962 übersetzten Romane *Ince Memed* und *Anatolischer Reis* waren trotz mehrerer Lizenzausgaben lange vergriffen. Der Unionsverlag legte 1979 als ersten Titel in der Übersetzung von Helga Dağyeli-Bohne und Yildirim Dağyeli *Das Lied der Tausend Stiere* (Binboğalar Efsanesi) vor. Eine überarbeitete Neuauflage der Brandsschen Übersetzung von *Ince Memed* folgte unter dem Titel *Memed, mein Falke* (1980). 1981 erschien dann, wiederum von Helga Dağyeli-Bohne und Yildirim Dağyeli hervorragend übersetzt, *Die Ararat-Legende* (Ağridaği Efsanesi). Weitere Werke Yaşar Kemals sollen übersetzt werden. Als nächster Titel erscheint der zweite Band des Romans *Memed, mein Falke*.

Auch der Buntbuch Verlag in Hamburg läßt es nicht bei den *Menschen-*

landschaften Nazim Hikmets bewenden. Neben verschiedenen Publikationen über die und aus der Türkei werden auch andere türkische Autoren in deutscher Übersetzung vorgestellt. So z. B. 1980 die Filmgeschichte *Die Herde* des weltbekannten türkischen Filmemachers Yilmaz Güney. Ein Buch mit Kurzgeschichten der bekannten Erzählerin Sevgi Soysal erschien 1981, übersetzt von Aliye Yener, der Mutter der jungverstorbenen Erzählerin, unter dem Originaltitel *Tante Rosa* sowie im gleichen Jahr Serpil Akillioğlus *Der kleine Nasrettin*, von Yücel Erten ins Deutsche übertragen. Das Verlagsprogramm sieht als nächstes ein Buch mit den Kurzgeschichten der seit zwei Jahren in Berlin lebenden Erzählerin Aysel Özakin vor, sowie ihren Roman »Die Preisvergabe«.

Schließlich sind die Reportagen des seit einiger Zeit in Köln lebenden Dursun Akçam zu erwähnen, die 1982 beim Lamuv Verlag in Bornheim bei Köln zweisprachig erschienen sind: *Deutsches Heim Glück allein – Alaman Ocaği*. Der Verlag stellt dieses Buch mit den Worten vor: »Die Türken, die in der Bundesrepublik leben, haben etwas zu sagen: sie haben Schmerzen, Sympathien und Sehnsüchte! Was denken also die Menschen, die seit Jahren das Ziel von Angriffen sind, wie haben sie die deutsche Gesellschaft, in der sie leben und den deutschen Menschen bewertet? ... Dies ist, kurz gesagt, das Anliegen dieses Buches.«

Angetrieben von der Tatsache, daß heute in der Bundesrepublik und in Westberlin 1,5 Millionen Türken nicht nur arbeiten und in ihren Ghettos leben, sondern allmählich sich auch anpassen, akklimatisieren oder in die deutsche Gesellschaft integrieren, wie immer das auch genannt wird, findet auch für diese Menschen ein Sozialisationsprozeß statt. Auch im literarischen Bereich bleiben die Folgen nicht aus. Allein in den siebziger Jahren wurden mehr Titel aus dem Türkischen ins Deutsche übersetzt als in den zwei Jahrzehnten davor.

Natürlich sind die vorgestellten Titel, die in den siebziger Jahren ins Deutsche übersetzt wurden, absolut gesehen nicht viel. Aber verglichen mit dem Jahrzehnt davor bedeutet diese Zahl eine mehr als 200%ige Steigerung. Und dies ohne jede Förderung und trotz der andauernden Ignoranz der marktbeherrschenden deutschen Verlage.

Im Türkischen gibt es eine volkstümliche Redewendung: *Kendi göbeğini kesmek* – Sich selbst abnabeln. Im Falle der Übersetzungen aus dem Türkischen ins Deutsche ist dies, so glaube ich, in den siebziger Jahren geschehen. Das Kind wird bald großwachsen. Es ist nämlich ein gesundes, starkes Kind.

In den achtziger Jahren werden sich mehr deutschsprachige Verlage um die türkische Literatur kümmern müssen, mehr Übersetzer sich in diesen Dienst stellen, mehr Titel erscheinen, mehr deutschsprachige Leser werden sie lesen. Nicht nur das. Die achtziger Jahre gehen auch mit etwas anderem schwanger. Aus den Reihen der zweiten und dritten Generation werden sich junge türkische Autoren in Deutschland und junge deutsche Autoren mit türkischen Namen, türkischer Herkunft hervortun. Sie werden uns etwas zu sagen, zu vermitteln haben. Man wird sie nicht nur in Deutschland und in der Türkei mit Genuß und Gewinn, mit Vergnügen lesen, sondern auch in vielen anderen Ländern der Welt. Sie werden die gegenseitige Verständigung, die Integration und die Achtung voreinander, die Toleranz und das friedliche Zusammenleben durch ihre Werke fördern. In diesem Sinne sehe ich der Zukunft entgegen.

»Gastarbeiter« in der Literatur:
»Ohne die Deutschen wäre
Deutschland nicht übel…«

Obgleich die türkische Migration in Europa erst zwei Jahrzehnte zurückreicht, gibt es heute eine ziemlich umfassende Literatur über dieses Phänomen. Themenbezogen wird sie in der Türkei als »Deutschland-Literatur« bezeichnet, beziehungsweise als *gurbet edebiyati,* also »Literatur über die Fremde«.

Warum schreiben türkische Autoren über die Migration?

Die Migration hat für die anatolische Gesellschaft – in der Heimat wie in der Migration – verändernde Auswirkungen und veränderte Lebensbedingungen zur Folge. Es ist nur natürlich, daß sie sich mit all ihren Problemen und Fragestellungen in den Texten eines Autors widerspiegelt, der die Migrationszeit seit den Anfängen – im Herkunfts- wie auch im Aufnahmeland – nicht nur beobachtet, sondern auch miterlebt, somit auch die qualitativen und quantitativen Merkmale der erwähnten Veränderung wahrnimmt. Das gleiche gilt auch für einen Autor, der im Herkunftsland, in unserem Falle in der Türkei, lebt, weil die verändernde Wirkung der Beziehungen der Migranten zum Ursprungsland auch für diesen Autor nicht nur unübersehbar, sondern auch am eigenen Leben zu spüren ist.

Da aber ein Autor nicht alles schreibt, was er gewahrt und erlebt, muß doch nach den Gründen gefragt werden, warum er über die Migration schreibt. Im Grunde ist jede Veränderung, die man beim Menschen und in der Gesellschaft ausmacht, Grund genug zum künstlerischen Gestalten, damit auch zum Schreiben. Insbesondere wenn diese Veränderung im Werden erfaßt und künstlerisch gestaltet werden kann.

Die Veränderung als Folge der Migration ist eine vielschichtige. Ihr liegt die Begegnung unterschiedlicher Kulturen und Lebensformen zugrunde. Wenn nun zu den Bedingungen unterschiedlicher Kulturen auch noch eine epochale Phasenverschiebung in den Produktionsmitteln und -verhältnissen zweier Gesellschaften hinzukommt, irritiert und befremdet die Begegnung den einzelnen auf beiden Seiten, führt zur Ablehnung und Abstoßung.

Symbolisch gesprochen: für den einzelnen gilt es, eine tiefe Schlucht zwischen den Epochen zu überwinden, wenn er vom »Holzpflug« als seinem Produktionsmittel per Flugzeug binnen weniger Stunden in einer Gesellschaft mit »Microprozessoren« ausgesetzt wird.

Das ist nicht zu bewerkstelligen: ohne Zerkratzung im Gemüt des Menschen, ohne Zerknitterungen in der Gefühls- und Gedankenwelt ist dies nicht zu leisten.

Das ist andererseits doch zu leisten: Wenn der Mensch, der Epochen schafft, gezwungen wird, die Wirklichkeit von mehreren Epochen in einem einzigen Leben kennenzulernen, kann er mit seinem Kreativvermögen, mit der grenzenlosen Kapazität seines Geistes zweifelsohne zwei Epochen auf einmal aufarbeiten und aus deren Synthese zu unerwarteten, ungekannten Möglichkeiten und Lösungen gelangen.

Der Mensch in der Migration durchlebt also gleichzeitig eine Unmöglichkeit und eine grenzenlose Möglichkeit; er zeigt dabei wichtige qualitative Wandlungen und Sprünge. Er gewinnt verändernde Wirkung auf die Gesellschaft, in der er lebt, und auf die des Ursprungslandes, mit welchem er den Kontakt nicht abreißen läßt.

Wenn man von der Migration spricht, zumal heute, wo neue Generationen in der Migration heranwachsen, steht im Mittelpunkt des Phänomens der Mensch. Ein Mensch, der individuell wie gesellschaftlich, ideell wie materiell durch die neuen subjektiven und objektiven Bedingungen der Migration in höchstem Grad herausgefordert wird.

Ein Schriftsteller, der sich in dieser Entwicklung, innerhalb des Phänomens selbst befindet oder den betroffenen Menschen aus unmittelbarer Nähe miterlebt, was sollte er denn sonst beschreiben als diesen Menschen?

Durch die Werke türkischer Autoren und Künstler müßte eigentlich inzwischen jedem klar geworden sein, daß mit den Menschen aus vielen Ländern nicht nur neue, frische Produktivkräfte der deutschen Wirtschaft erschlossen worden sind, sondern zugleich kulturelle Impulse, welche für die Aufnahmegesellschaft nicht minder nützlich sind als die Arbeitskraft dieser Menschen. Mehr noch: auf lange Sicht wird die Aufnahmegesellschaft, zum Beispiel die deutsche, letztlich in bleibender Weise, von diesen Kulturimpulsen, von der vielfältigen kulturellen Befruchtung nur profitiert haben, wenn die »fremde« Arbeitskraft längst nicht mehr von der einheimischen wird unterschieden werden können.

Unter den widrigsten äußeren Lebensbedingungen lassen »Ausländer« beispielsweise in der Bundesrepublik menschliche Werte wieder kraftvoll emporsprießen, die von der vermaßten, verordneten Industriegesellschaft überrumpelt worden sind. Liebe, Freundschaft, Toleranz, Solidarität, herzbeklemmendes Fühlen, Sehnsüchte, Hoffnungen, Leid und Freude, Bescheidenheit und menschlicher Stolz sind auch in den Werken türkischer Künstler als die eigentlichen Werte und Eigenschaften des Menschen und der Gesamtheit der Gesellschaft sichtbar geworden.

Die Migration reift zum Thema

Der folgende Überblick kann nur der Versuch einer ersten Zwischenbilanz sein, die in groben Umrissen davon unterrichtet, wie und in welchem Umfang sich die von ihren Landsleuten oder ihnen selbst erlebte deutsche Wirklichkeit in den Werken zeitgenössischer Autoren niederschlägt. Da es sich aber dennoch, unter historischen Gesichtspunkten, um eine sehr junge Entwicklung handelt, beurteilen auch die türkischen Autoren selbst diese Art von Reflexion eines sozialen und kulturellen Phänomens eher bescheiden. So etwa hat Ümit Kaftancioğlu (1935–1980), der Erzähler, der zu den Mordopfern des politischen Terrors der letzten Jahre gehört, seine Skepsis einmal so formuliert: »Wenn man über Deutschland schreibt, sollte man ein gewichtiges, ein bedeutendes Werk vorlegen, das von sich reden macht ... Damit ein solches Werk geschrieben, geschaffen werden kann, muß man das Phänomen im Unterbewußtsein des Autors, meine ich, lange genug reifen lassen.« (In der Sondernummer »Deutschland in der türkischen Literatur« der Zeitschrift *Eleştiri*, 1. Nov. 1979.)

Allerdings sind nicht nur Schriftsteller, sondern auch türkische Leser der Meinung, daß die Zeit des Reifens bisher noch zu kurz war, um zu verbindlichen Erkenntnissen gelangen zu können. Dennoch lassen sich schon heute umfangreiche Bibliographien zu dem Thema erstellen, und in ihnen können auch bereits sehr ansehnliche Werke verzeichnet werden. Eine methodische Betrachtung dieser Publikation läßt zwei Kategorien erkennen:

– Werke, die in der Türkei, als Produkte also der Beobachtung aus der Ferne, entstanden sind;

– Werke der »Insider«, das heißt: türkischer Autoren, die inmitten ihrer Landsleute, aber auch in engem Kontakt mit Einheimischen in der Bundesrepublik Deutschland und in West-Berlin leben und arbeiten.

Viele Autoren der erstgenannten Kategorie schrieben ihre Werke nach kurzen Besuchen und Aufenthalten in Deutschland, aber ohne genaue Kenntnis der deutschen Wirklichkeit; Kaftancioğlu hat dafür die Formulierung gefunden, daß »diejenigen, die über Deutschland geschrieben haben, ›primär Autoren‹ sind und deshalb schreiben können«. Er stellte ferner fest: »Ein weiterer wichtiger Tatbestand ist, daß ein Großteil der Texte über Deutschland auf der Grundlage unserer eigenen Vergangenheit in unserem Land, in unserer Region, mit unserem Lebens- und Erfahrungspotential entstand.«

Vom befremdlichen Leben in einem anderen Land

Der autobiographische Roman *Die Türken in Deutschland* (1966) von Bekir Yildiz kann recht eigentlich als Ausgangswerk der »Deutschland-Literatur« in der Türkei, zumindest innerhalb der erzählenden Prosa, gelten (Türkler Almanya'da, Istanbul 1966). Der Held des Buches, Yüce, kommt als Absolvent der Gewerblichen Druckereischule in Istanbul nach Deutschland, um dort zu arbeiten und sich mit seinen Ersparnissen eine Setzmaschine kaufen zu können; unschwer ist zu erkennen, daß es sich bei diesem Yüce um ein Selbstporträt des Autors handelt. Yildiz (Jahrgang 1933) nämlich kehrte seinerzeit auch mit einer Setzmaschine nach Istanbul zurück; mittlerweile arbeitete er sich zu einem namhaften Erzähler hoch. Sein Roman, dem noch alle formalen Schwächen eines literarischen Erstlings anhaften, der überdies auch kaum ein Echo gefunden hat, behandelt die Schicksale einiger Türken, die Yüce im Zug kennenlernte. Nicht nur der Personenkreis, der aus den allerersten türkischen Arbeitern in der Bundesrepublik Deutschland besteht, sondern auch der Roman selbst ist noch völlig in der Türkei verwurzelt. Nur die Tatsache, daß der Autor seine Beobachtungen und Erlebnisse »als Gastarbeiter« verwertet, geben im Buch die Rahmenbedingungen für den Handlungsverlauf in einem fremden Land, inmitten einer fremden Kultur.

Seinen Ruf als Erzähler verdankt Yildiz allerdings weder diesem Erstlingswerk noch seinen späteren, in Deutschland angesiedelten Erzählungen; bekannt wurde er vielmehr durch die Geschichten, die im Südosten der Türkei, der Heimat des Autors, spielen und in den sozialen Gegebenheiten dieser wirtschaftlich vernachlässigten Grenzregion ihre Dynamik finden. 1974 veröffentlichte Bekir Yildiz einen Band Erzählungen unter dem Titel *Deutsches Brot*. Die in diesem Buch erkennbar werdenden Perspektiven bezeugen ein ideologisch verblendetes Vorurteil des Autors und eine penetrante Voreingenommenheit gegenüber dem Westen; die außerdem auch noch kompositorisch völlig reizlosen Erzählungen lassen Yildiz als einen dem Mitmenschen verschlossenen, fast schon inhumanen Parteistrategen erkennen. In einem späteren Artikel verstieg er sich sogar dazu, seine in Deutschland arbeitenden Landsleute als die »vom Wurm des kapitalistisch-imperialistischen Systems der Bundesrepublik Deutschland befallene Hälfte des Apfels« – das heißt: der türkischen Arbeiterklasse – zu beschimpfen.

Eine ähnliche Tendenz – wenngleich geschickter getarnt – stellen wir auch in den beiden Büchern der bekannten Erzählerin Füruzan (geb. 1935) *Neue Gäste* (1977) und *Die Gastgeber* (1981) fest. Die Autorin lebte mit einem DAAD-Stipendium ein Jahr in Berlin und war dann zu ein paar kurzen Aufenthalten vor allem in Nordrhein-Westfalen. In Form von Reportagen, Interviews und Reiseeindrücken versucht sie sich in dem für sie neuen Thema. Im ersten Buch stellt sie die Situation der türkischen Arbeiter in Deutschland dar; im zweiten gar wagt sie sich an den deutschen Menschen und erleidet damit fast in jedem Satz, in jeder Zeile Schiffbruch. Schuld daran ist auch bei ihr eine oberflächliche und voreingenommene »Systemkritik«. Hinzu kommt, daß sie diese vermeintliche Kritik – unter ständigen Beteuerungen (die einem Schuldbekenntnis gleichkommen), daß sie ganz ohne Vorurteile an die Sache herangehen möchte – auf die Gesellschaft und auf den einzelnen Menschen anwendet. Unter Objektivitätszwang schwärmt sie gleichzeitig von früheren Größen der deutschen Literatur und Kultur, als wären diese einst aus menschen- und gesellschaftsleerem Boden gewachsen. Diese Abspaltung einer Kultur von der Nation, die sie damit vorgenommen hat, ist nicht nur höchst fragwürdig, sondern auch suspekt. Bedenkt man manche ihrer Äußerungen über die Deutschen in der DDR, so zeigt sich neben der Deutschfeindlichkeit auch noch eine allgemeine Lieblosigkeit gegenüber dem Menschen.

Zur Verdeutlichung dieser Tendenz sei hier kurz aus Füruzans Buch *Die Gastgeber* zitiert: »›Schade, ohne die Deutschen wäre dieses Deutschland eigentlich gar nicht übel‹, könnten Sie denken. Das erste, worüber Sie sich beklagen werden, ist die Grobheit der Deutschen. Aber ist das etwas Neues? Die Deutschen wissen selbst, daß sie grob sind. Um das feststellen zu können, muß man zudem nicht unbedingt die Klänge Istanbuls beim Sonnenuntergang oder die Feinheit und Zartheit der höfischen Musik genossen haben. Für alle übrigen Völker Europas sind die Deutschen grob. Eine Eigenschaft, die nicht jeder Nation zugesprochen wird.«

Dann will sie das Ganze umkehren, eben scheinbar umkehren unter dem Objektivitätszwang, indem sie fortfährt: »So beginnend können Sie eine große Haßliteratur entwickeln. Dies mit Zitaten von bekannten deutschen Autoren zu belegen und zu sagen, sie gestehen es ja selbst ein, ist nicht schwierig.« Dennoch wird daraus im folgenden Textverlauf keine echte objektivierende Umkehr, sondern der Tenor des ersten Teiles stellt sich mal stärker, mal schwächer immer wieder ein.

Als Nachfolger Furuzans bekam der Erzähler und Dramatiker Haldun Taner (geb. 1915) das DAAD-Stipendium für einen Berlin-Aufenthalt im Jahre 1981. 1982 folgte ihm die Erzählerin Tezer Kiral. Von Taner ist bisher eine ironisch-humorvolle Erzählung zum Thema Türken in Deutschland erschienen. In dieser Erzählung zeigt er überzeugend, daß man dem Phänomen auch zutiefst menschliche Züge abgewinnen kann.

Im allgemeinen lassen sich in den Berichten und Reportagen türkischer Autoren über Deutschland kaum Verständnis, keine objektive Perspektive gegenüber der sozialen, durch die Anwesenheit von 1,5 Millionen Türken geformte Entwicklung in der Bundesrepublik feststellen. Diese Entwicklung wird ja schließlich durch das Zusammenleben von Volksgruppen mit unterschiedlicher soziokultureller Verankerung mitgeformt. Das Ziel müßte die Integration der Türken bei gegenseitiger Achtung und Bewahrung der kulturellen Identität und Eigenständigkeit sein. Für diese objektive Forderung der Zeit im Blick auf das Zusammenleben von Türken und Deutschen in der Bundesrepublik Deutschland scheinen türkischen Autoren, die in der Türkei leben, sich nicht verantwortlich zu fühlen und sie auch nicht für nötig zu erachten. Selbst ein so bedeutender Schriftsteller wie Aziz Nesin bildet hierbei keine Ausnahme, wobei ihm – im Gegensatz zu Yildiz und Füruzan – immerhin noch sein Metier, die literarische Satire, zugute gehalten werden kann. Im Dezember 1980 und Januar 1981 veröffentlichte er zum Thema eine Artikelserie in der Tageszeitung *Milliyet*.

Der Reisebericht *Die Herren von Deutschland*, von Nevzat Üstün (1924–1979), konzentriert sich stärker auf die türkischen Arbeiter in der neuen, fremden Umgebung. Die Situation des anatolischen Menschen, seine Hilflosigkeit, seine Fähigkeit zu erfinderischer Selbsthilfe und manche Besonderheit des fremden Landes kommen bei Üstün besser zum Ausdruck als bei den bisher erwähnten Autoren. Üstün zählt, da er gern und oft reiste und viele Landsleute auch aus seinem kleinen inneranatolischen Heimatort in der Bundesrepublik besuchte, mit zu den ersten Autoren, die über die Türken in Deutschland geschrieben haben. So trägt schon 1965 ein Erzählungsband von ihm den Titel *Almanya Almanya* (Deutschland Deutschland, Istanbul 1965). Die Titelgeschichte dieses Buches erzählt die Deutschland-Erlebnisse des türkischen Arbeiters Riza. Dieser, verliebt in die Tochter Edda seines Vermieters, vergißt Frau und Kinder, die er in seinem anatolischen Dorf zurückgelassen hat. Die notleidende Familie lockt Riza durch ein Telegramm mit falschem Inhalt zurück: »Deine Frau gestorben, komm schnell!« Über das Ereignis eher froh, weil nun einer Heirat mit Edda nichts mehr im Wege steht, fährt Riza zusammen mit Edda in sein Dorf. Als er seine Frau Elif sieht, verschlägt es ihm die Sprache. Wenige Tage später kehrt er mit Edda wieder nach Deutschland zurück, für immer.

Wie Nevzat Üstün behandelten im letzten Jahrzehnt zahlreiche türkische Erzähler und Dichter die Deutschland-Thematik in einzelnen Gedichten und Erzählungen. Fazil Hüsnü Dağlarca, Behçet Necatigil, Tarik Dursun K., Zeyyat Selimoğlu, Orhan Duru, Leyla Erbil, Gülten Dayioğlu sind nur einige von ihnen. Erbils Erzählung *Gott* behandelt die psychischen Auswirkungen der Fremde am Beispiel einer Türkin, für die die Fremde identisch wird mit einer Nervenheilanstalt.

Im Bereich der türkischen Lyrik habe ich die Deutschland-Thematik als erster aufgegriffen, sie findet sich auch in meinen bisher erschienenen fünf Lyrik-Bänden. Mein Erzählungsband *Oturma Izni* (Istanbul 1977) be-

YÜKSEL PAZARKAYA
Gastarbeiter

sehr gastfreundlich
sind wahrlich diese deutschen
sie tauften uns
gastarbeiter

aus anatolien kamen wir und ließen uns nieder
für drei für fünf für lebensjahre
in ihren baracken ohne wasser und klo
arbeitet befahlen sie wir arbeiteten
am band an unserem traum

in ihren zechen straßen fabriken
diese arbeit ist dreckig sagten sie
mach du sie ausländer
diese arbeit ist schwer
diese billig
du gastarbeiter

vor hunger stank dein atem
bevor du kamst sagten sie
als freiwild sahen sie
sahen und sahen mich an
überdrüssig des sehens sagten sie dann
an seiner werkbank arbeite ich nicht
von seinem fraß esse ich nicht
in mein haus in mein café lasse ich ihn nicht

sehr gastfreundlich ja sehr sind diese deutschen
übermäßig lieben sie den gast des arbeiters
für wen lebe ich für wen arbeite
bin ich gast bin ich arbeiter
wie bin ich doch ratlos

richtet in 23 Geschichten vom Leben der Türken in Deutschland. Drei
Erzählungen sind daraus 1979 zweisprachig im Ararat Verlag, Berlin erschienen. Sie wurden in der Bundesrepublik in verschiedene Schullesebü-
cher aufgenommen.

Zurück aus der »Arbeitskur« in der Fremde

Der perspektivische Unterschied in den Werken dieser Autoren, die in der
Türkei, nach gelegentlichen kurzen Aufenthalten in der Bundesrepublik
oder auch ohne einen solchen Aufenthalt, über das Phänomen schreiben,
liegt in erster Linie darin, daß sie die Migration auch heute noch als einen
vorübergehenden, reversiblen Prozeß ansehen, das heißt, daß sie nicht imstande sind, den verhängnisvollen Begriff »Gastarbeiter« in Frage zu stellen. Wie eine Arbeitskur oder eine Art »Militärdienst« sehen sie die Arbeit
in der Fremde an, von der die Menschen gereifter und wohlhabender,
durch die Fremde geprüft und ein bißchen weiser zurückkehren werden.
Es sei denn, man beschäftigt sich mit den Zurückgelassenen, Hinterbliebe-
nen, mit deren aus der Fremde beeinflußten neuen Lebensbedingungen,
Denk- und Gefühlsgewohnheiten. Solange sich die türkischen Autoren in
ihren Werken den zurückgebliebenen Familienmitgliedern der türkischen
Migranten zuwenden, vermögen sie die veränderte Situation in der türkischen Gesellschaft zu reflektieren. Dies ist aber nur selten dann der Fall,
wenn sie sich aus der Distanz heraus der Lebens- und Arbeitssituation der
Türken in der Bundesrepublik nähern wollen. So z. B. in *Beiß die Zähne
zusammen* von Gülten Dayıoğlu oder meinem Kinderroman *Das Minarett, das zum Mond fliegt* (Istanbul 1980, Ararat, Berlin 1981).
 Das zeigt sich in der Stoffwahl ebenso wie bei der literarischen Verarbei-
tung des Stoffes deutlich. Bei den aus der Ferne schreibenden Autoren sind
in der Regel abstrakter oder abstrahierter Stoff und sprachliche Konkretisierung vorherrschend, wohingegen bei den in Deutschland lebenden türkischen Autoren für gewöhnlich das Gegenteil zu beobachten ist.
 Um dafür ein Beispiel zu geben, sei Fazil Hüsnü Dağlarca genannt; er
reduziert das Phänomen der Arbeitsemigration aus seiner großen Entfernung zum Prozeß heraus auf ein »Straßenkehrer-Dasein«, wie zum Beispiel in seinem Gedicht *Unsere Straßenkehrer in Deutschland*. Denn vor
dem Hintergrund seiner Distanz zum Thema ist eine Konkretisierung der
Einzelheiten bei den Beziehungen der Türken untereinander, zu ihrer Arbeit, zu ihrem neuen Dasein und zu der deutschen Gesellschaft schier nicht
möglich. Die in der Wahl abstrahierte Thematik erfährt bei ihm nur in der
sprachlichen Gestaltung eine Art Konkretisierung.
 Anders verläuft der »Erkundungs-Prozeß« beispielsweise bei dem in

ARAS ÖREN: *Bahnhöfe*

Wo sind
auf Bahnhöfen Pauken und Trompeten?
Sie spielen nicht
sind nicht da.

Oberflächlich gesehen:
Landsleute umarmen,
von Einkauf und Teuerung,
von Lohn und Verdienst
zu reden,
kommt man hin.

Was man sagen will und nicht sagen kann
hinter gehemmten Gesprächen
und unflätigen Gelächtern
den Kopf in eine Zeitung hineingesteckt,
immer wieder darin versinkend,
steckt aber:
jene unzerstreubare Einsamkeit,
jene Verlassenheit, Verstoßung und Zerrissenheit
am schlimmsten aber
Bedrückung und Haß
bestehen dahinter.

All dies zu beseitigen
genügen doch nicht
der gesammelte Lärm der Bahnhöfe,
das Aufundab und die Koffer in den Händen
und Huren mit krampfadrigen Beinen,
kokette Strichjungen,
Sparbücher
und Überweisungsscheine;

Sie genügen nicht zu zügeln
die unbändigen Fohlen mit blutschäumenden Mähnen in ihnen ...
Wo sind
auf Bahnhöfen Pauken und Trompeten?
Sie spielen nicht
sind nicht da.

Auf Bahnhöfen
aufgescheuchte Menschenmasse,
ohne Fahrkarte
für ihre Zukunft ...

Berlin lebenden Aras Ören (geb. 1939). In seinem Gedicht *Poem einer Berliner Julihitze* zum Beispiel – aber auch in seinen anderen Gedichten – wird die unzertrennliche Zusammengehörigkeit des Erlebten und des Literarisch-Fiktiven nicht nur in der Konkretisierung der hintergründigen Einzelheiten deutlich, sondern auch in den Beziehungen des lyrischen Ichs zu seinem Gegenstand, zu dem lyrischen Rahmen. Aus dieser Konkretheit des Stoffes kann Ören dann in der lyrischen Redeweise zu Motiven wie der Todesangst oder der Freudlosigkeit abstrahieren.

In seinen Büchern *Bitte nix Polizei* (Claassen, Düsseldorf 1981) und *Der Gastkonsument* (Rotbuch, Berlin 1982) gestaltet Ören zwei der wichtigsten Aspekte des Lebens in der Migration literarisch eindrucksvoll. *Bitte nix Polizei* durchleuchtet in Form einer Kriminalerzählung die Identitätswirrungen, und *Der Gastkonsument* korrigiert in der Titelgeschichte den irreführenden Begriff »Gastarbeiter«.

Selbst ein Aufenthalt von nur einigen Monaten in der Bundesrepublik Deutschland kann einem Dichter, der für das Phänomen schon von seinem vorangegangenen Werk her sensibilisiert ist, ein konkretes Eindringen ermöglichen, wie das bei Behçet Necatigil (1916–1979) zu beobachten ist. Der Grund für diese Sensibilisierung liegt aber auch in seiner bewußten Verwurzelung in der türkischen Tradition, in welcher gerade die Volksdichtung das Motiv der Fremde über Jahrhunderte immer wieder thematisiert, nämlich das Leben in dieser Welt als ein Leben in der Fremde mystisch verklärt, den Menschen als Fremdling darstellt, wie z. B. in den bekannten Versen von Kemalettin Kamu (1901–1948): »Nicht ich bin in der Fremde, die Fremde ist in mir.« Drei Monate lebte der Dichter im Sommer und Herbst 1972 in Stuttgart. Unter anderem sind in dieser Zeit auch einige Gedichte zum Thema der Migration entstanden. Necatigil hatte selbst, wenn auch nur für kurze Zeit, das Ausländerdasein nicht nur am eigenen Leib erfahren, sondern auch die Situation der »eigentlichen Gastarbeiter« unmittelbar erlebt. Für einen Dichter, der sich in die Einsamkeit der nächtlichen Straßen einer fremden Stadt flüchtet, muß es ein besonderes Erlebnis gewesen sein, daß ein hilfloser Ausländer ihn auf der Straße ansprach und um Hilfe bat. Der des Deutschen unkundige ausländische Arbeiter ersuchte den Dichter, die Telefonnummer auf dem hingehaltenen Zettel anzurufen und zu fragen, ob er das freie Zimmer bekommen könne. Der Dichter kommt mit seinem ungeübten Deutsch dieser Bitte nach und hört auf der anderen Seite des Kabels die barsche Stimme einer Erzschwäbin, die um neun Uhr nachts nicht gestört werden will, schon gar nicht von einem Ausländer, und unwirsch auflegt.

Solche Erlebnisse müssen wohl auch die beiden kurzen Gedichte von Necatigil angeregt haben: »*Epos der Trennung* / / *Hungrige Trappen im Flug* / *Ließen ihre Jungen zurück.* / *Hacer halbes Istanbul* / *Ali halbes*

Deutschland. / Sand und Kiesel in Beton erstarrt / Ich komme, etwas Geld, geh mir aus dem Weg! / Esma halbes Deutschland / Ismail halbes Istanbul.« Hacer und Esma sind weibliche, Ali und Ismail männliche türkische Namen. Bei der einen Familie mußte der Mann, bei der anderen die Frau in die Fremde, wie eben gerade Arbeitskräfte verlangt wurden. (In: *Zebra*, Istanbul 1973, und *Kareler Akler*, Ankara 1975.)

Das andere Gedicht trägt den Titel *Gastarbeiter*. »*Schnell trocknet Sommer / im Zimmer hänge ich / Die Wäsche auf / Leise durch Türen trete ich / Vielleicht kommt ein Rüffel. / / Ausländer gehen nachts aus / Leere Straßen gehören uns / Ein Lied im Dunkeln / Am Tag nicht zu sehen. / / Diese Bedrückung abends / Ist Heimweh, Rache der Heimat / Verloschen, ergraut / Kehren wir eines Tages zurück.*«

Gleichfalls aus eigenen Erlebnissen nähren sich die Deutschland-Erzählungen und der Roman *Seitenstiche* von Necati Tosuner (*Sanci...Sanci...*, Istanbul 1977). Der körperbehinderte Tosuner versuchte Anfang der siebziger Jahre sein Glück in Deutschland und erfuhr gerade in dieser industriell-kapitalistischen Gesellschaft alle möglichen Arten von Mißachtung und Einsamkeit. In *Halber Apfel* wartet er als türkischer Arbeiter am Bahnhof vergeblich auf das mit ihm verabredete deutsche Mädchen. In *Unsere Schwägerinnen* wird er als ein türkischer Junge mit verkrüppelter Hand von seiner deutschen Schwägerin abgelehnt. Auch in seinem Roman verwebt Tosuner von der Perspektive des einzelnen her die konkreten, alltäglichen Erlebnisse, die das epische Ich – das in dieser Gesellschaft Fremde, das auch noch einer sozialen Randgruppe angehört – über sich ergehen lassen muß, unter denen es leidet, ohne sich der totalen Niederlage auszuliefern.

Von der Entblätterung eines Helden, der keiner ist

In dem Roman *Die zarte Rose meiner Sehnsucht* von Adalet Ağaoğlu (Ararat, Stuttgart 1980) greift die Autorin einen interessanten Aspekt des Phänomens auf: die Veränderung eines anatolischen Landmenschen, der zum Broterwerb in die bundesrepublikanische Fremde verschlagen ist, unter den für ihn ungewohnten Konsumbedingungen. Seine seitherige Armut und Unterworfenheit glaubt er durch den Konsum überwinden zu können, er glaubt durch den Konsum an seiner persönlichen Vergangenheit Rache nehmen zu können.

Ağaoğlu siedelt die Handlung ihres Romans *Die zarte Rose meiner Sehnsucht* weder in Deutschland noch in der Türkei an, sondern dazwischen. Der »Held« des Romans, Bayram, fährt mit einem funkelnagelneuen Auto heimwärts in Urlaub, vermeintlich mit einer völlig neuen Identität, eben durch die Luxuslimousine gewonnen, mit der er sich total identifiziert. Seine ursprüngliche Identität wird von dem Versuch der oberflächlichen Einbindung in die Konsumkruste der neuen Gesellschaft, in die er doch nicht einzudringen vermag, ausgezehrt, abgeblättert. Der Konsum überwältigt ihn, sein einfaches Gemüt gerät aus den Fugen, die neue Persönlichkeit ist nichts anderes als die Identifikation mit dem nagelneuen Mercedes als dem Statussymbol des Konsums überhaupt; die Verdinglichung des Ichs endet mit dem abgrundtiefen Sturz, indem nämlich das Identitätsobjekt eine Böschung hinabfliegt.

Was ihm am Ziel, das keins mehr ist, übrigbleibt, ist nicht einmal das Bewußtsein seines Identitätsverlustes. Apathisch, niedergeschlagen sitzt er da, nachdem er auch sein Auto bei einem Unfall verloren hat. Die Langatmigkeit, mit der die innere Handlung strukturiert wird, gerät in eine epische Grad- und Einlinigkeit, der sich auch die Übersetzung beugen mußte.

Neue Perspektiven, möglicherweise neue Formen der literarischen Ausdrucksweise in bezug auf das Phänomen der Migration können von den in der Türkei ansässigen Autoren schwerlich erwartet werden. Dazu ist eine echte Synthese erforderlich, wozu nicht nur die profunde Kenntnis beider Kulturen, sondern gleichsam eine Art Fleischwerdung des Lebens auch mit deutscher Kultur, Geschichte und Gegenwart notwendig ist. Von niemandem kann eigentlich eine solche Synthese erwartet werden, wenn er Deutschland nicht zu seiner zweiten Heimat, die deutsche Kultur zu seiner zweiten Kultur gemacht hat. Es ist das gewiß eine gewagte These, die den Lesern aus beiden Kulturkreisen möglicherweise ganz und gar unmöglich erscheinen mag, wenn sie von der vulgären Theorie der Unvereinbarkeit der beiden Kulturen ausgehen. Wer aber global denkt, Menschheitsgeschichte und Menschheitskultur als Einheit aus Verschiedenem und Verschiedenartigem erkennt, kann großartige neue Synthesen aus den Federn der in die Bundesrepublik Deutschland »eingewanderten« türkischen Autoren erwarten, sei es auf türkisch, sei es auf deutsch. Erste Anzeichen für beides gibt es bereits. Wir beschränken uns aber auf die türkisch schreibenden türkischen Autoren.

Güney Dal (geb. 1944), wie Ören ein Wahlberliner, trat mit Erzählungen und zwei vielbeachteten Romanen hervor: *Wenn Ali die Glocken läuten hört* (Berlin 1979) und *E-5* (Hamburg 1981). Das sind realistische und von Detailkenntnis zeugende Beobachtungen eines Insiders in der Arbeits- und Alltagswelt türkischer Arbeiter in ihrer – hier noch nicht ausgeprägten – Einbindung in die neue soziale Umgebung. Im ersten Roman webt Dal die verschiedenen Handlungsstränge um den einen, hauptsächlichen, der von einem großen Metallerstreik ausgeht, an dem sich türkische Arbeiter an der vordersten Front beteiligen. Zum zweiten Mal wird in *E-5* – erstmals geschah das in *Die zarte Rose meiner Sehnsucht* von Ağaoğlu – die

Habib Bektaş
Krank in Deutschland

> *»In Deutschland nehmen*
> *seelische Krankheiten zu.«*
> *aus der deutschen Presse*

1
du verwünschst deine einsamkeit
in einer dichtbevölkerten deutschen stadt
und zum zunder machst du deine hilflosigkeit
an einem tisch mit grünem filztuch
es bleibt dir im hals stecken das brot das du nicht
hinunterwürgen kannst
die verdammteste der niederlagen steckst du ein
die mit dir spielen kennen nicht einmal
die regeln dieses hasardspiels

2
die einsamkeit lieben
die natur umarmen
– soweit sie zu finden ist –
und von den 365 nächten
weder die längste
noch die kürzeste
die unzuverlässigste die ungerechteste
  herauspicken
ob sie so
ob sie wohl so beginnen
die krankheiten in deutschen landen

berüchtigte *Europastraße 5* als roter Faden der linear entwickelten Handlung benützt. Bei Dal bildet der illegale Transport einer Leiche von Berlin nach Çanakkale den Handlungsstrang. Der alte Vater von Sümbül besucht die Tochter und ihren Mann Salim in Berlin und stirbt dort. Um dem bürokratischen Papierkrieg zu entgehen und den Verstorbenen in der heimatlichen Erde bestatten zu können, wird die Leiche in den Karton eines Farbfernsehers verpackt und auf dem Dachträger des Wagens transportiert. An diesem Handlungsgerüst rankt das geschäftig pulsierende, das rastlose, unruhige, das aufregende oder beglückende Leben mit immer wieder unerwarteten Ereignissen empor. Diese Romanfiktion ist zugleich ein Dokument aus dem Leben türkischer Arbeiter, aufgerollt zwischen zwei Ländern, zwischen Mühsal und Hoffnung, im Spannungsfeld gesetzlicher und gesellschaftlicher Maßregelungen.

Literatur ist für türkische Schriftsteller in der Türkei und in Deutschland ein Medium der Reflexion individueller und gesellschaftlicher Phänomene. Neben den hier erwähnten Autoren gibt es inzwischen eine ganze Reihe anderer, die entweder in der Türkei schon bekannt waren, bevor sie nach Deutschland übersiedelten – wie Fakir Baykurt, Ömer Polat, Mahmut Makal, Dursun Akçam, Haluk Aker und andere – oder sich aus den Reihen jüngerer Generationen rekrutieren und zum erstenmal in Deutschland zu Wort melden.

In *Die Friedenstorte* (Ararat, Berlin 1980) läßt der bekannte, inzwischen in der Bundesrepublik ansässige Erzähler Fakir Baykurt sechs Kinder in sechs Kurzgeschichten von ihren Erlebnissen in Deutschland erzählen. *Zwischen zwei Welten* von Yusuf Ziya Bahadinli (geb. 1927) enthält zwei Erzählungen, in denen es um die alten Hoffnungen und die neuen Widersprüche im Leben der Menschen in der Fremde, in der Spannung zwischen »zwei Welten« geht. Die einfache, manchmal simple Erzählweise läßt beide Bücher leicht lesen. Gerade in Baykurts Kurzgeschichten scheinen anatolische Verhaltensmuster unverändert übernommen, wie beispielsweise der Prototyp der verwitweten Großmutter in der Titelgeschichte *Die Friedenstorte*. Die Verhaltensmuster aber bleiben von der erschütternden Veränderung der äußeren Lebensbedingungen fast unberührt. Baykurt veröffentlichte 1982 in der Türkei seinen ersten Erzählungsband mit den in der Bundesrepublik entstandenen Kurzgeschichten unter dem Titel *Gece Vardiyasi* (Nachtschicht). Der Autor stellt in ihnen die anatolischen Menschen so dar, als sei ihre Welt allein geographisch verändert.

Habib Bektaş (geb. 1950), seit zehn Jahren in Deutschland, ist einer von den jungen Autoren, die erstmals in der Migration aufgetreten sind. Sein Band *Die Belagerung des Lebens* (Gedichte und Prosa, zweisprachig, Ararat, Berlin 1981) ist ein Zeugnis der Betroffenheit durch die Migration.

Aber auch aus der zweiten Generation melden sich schon deutschspra chige türkische Autoren zu Wort. Von Akif Pirinçci etwa wird viel gesprochen. 1960 geboren, kam er mit neun Jahren in die BRD und schrieb mit neunzehn Jahren einen Roman unter dem Allen Ginsberg entlehnten Titel *Tränen sind immer das Ende* (München 1981). Seine Sprache ist Deutsch, er ist nicht fähig, seinen Roman selbst ins Türkische zu übersetzen. Dafür legt er einen überraschenden Erzählimpetus an den Tag. Schon wird der Roman des deutschschreibenden türkischen Twens als moderner »Junger Werther« gepriesen. Ein namhafter deutscher Verlag brachte den Erstling gleich als Taschenbuch heraus, die Verfilmung des Stoffs ist beschlossene Sache. Auch der Lyriker Levent Aktoprak (geb. 1959) schreibt deutsch (vgl. Anadil, 4/1981, Stuttgart).

Seit Dezember 1980 haben die türkischen Autoren in Deutschland auch eine eigene Literaturzeitschrift. *Anadil* enthält auch deutsche Seiten, erscheint alle zwei Monate in Stuttgart und gibt Interessierten laufend Einblick in die Werkstatt türkischer Autoren in der BRD und in Westberlin.

Man kann wohl sagen, daß die literarische »Erschließung« der Migration noch in den Anfängen steckt. Ein so umwälzendes, Menschen und Verhältnisse veränderndes Phänomen kann nur allmählich seine künstlerischen Formen finden. Weitere, darunter sicher auch bedeutende Werke sind in den nächsten Jahren zu erwarten.

Zu den Gedichtbeispielen: Pazarkayas Text erscheint hier zum ersten Mal. Örens *Bahnhöfe* erschien in Anadil, Stuttgart 5/81.
Das Gedicht von Habib Bektas stammt aus *Die Belagerung des Lebens*, Ararat Verlag, Berlin. Die Übersetzungen besorgte Yüksel Pazarkaya.

Tips zum Weiterlesen

Förderzentrum Jugend schreibt e. V. (Hg.): *Täglich eine Reise von der Türkei nach Deutschland*. Texte der zweiten türkischen Generation in der Bundesrepublik. Verlag Atelier im Bauernhaus, Fischerhude 1980.
Christian Schaffernicht (Hg.): *Zu Hause in der Fremde*. Ein bundesdeutsches Ausländer-Lesebuch. Verlag Atelier im Bauernhaus, Fischerhude 1981.

Über den Autor

Yüksel Pazarkaya wurde 1940 in der ägäischen Hafenstadt Izmir als erstes von fünf Kindern geboren. Seine Eltern waren aus dem inneranatolisch-ländlichen Sivrihisar bei Ankara ausgewandert, um in der Großstadt ein besseres Leben zu suchen. Die Einkünfte des Vaters als Änderungsschneider reichten jedoch nur zu einem bescheidenen Durchschnitt.

Nach dem Abitur im Sommer 1957 erhielt Yüksel Pazarkaya ein Stipendium für ein Chemie-Studium in der Bundesrepublik Deutschland. Von Februar 1958 bis Mai 1959 studierte er am Auslands- und Dolmetscherinstitut der Universität Mainz in Germersheim am Rhein, bevor er an der Universität Stuttgart das Chemie-Studium aufnahm. 1966 schloß er das Chemie-Studium mit Diplom ab. Im gleichen Jahr schrieb er sich in Stuttgart für ein Studium der Germanistik, Linguistik und Philosophie ein, welches er 1972 mit Promotion beendete.

1961 gründete er die Studiobühne im »studium generale« der Universität Stuttgart und leitete sie von 1963 bis 1969. Seit 1972 ist er Fachbereichsleiter in der Volkshochschule Stuttgart. Er lebt mit seiner Familie in Stuttgart.

Als freier Schriftsteller und Journalist veröffentlicht er seit 1960 in türkischen und deutschen Zeitungen, Zeitschriften, bei Verlagen, Rundfunk- und Fernsehanstalten. Er schreibt Gedichte, Erzählungen, Essays, Kritiken, Theaterstücke, Hörspiele, Drehbücher und macht Übersetzungen aus beiden Sprachen.

Bücher in türkischer Sprache

Koca sapmalarda biz vardik (auf großen irrwegen, Gedichte). Izlem, Istanbul 1968. – *Umut dolaylari* (gegenden der hoffnung, Gedichte). Y, Stuttgart und Istanbul 1969. – *Aydinlik kanayan çiçek* (blumen, die licht bluten, Gedichte). Dost, Ankara 1975. – *Oturma izni* (Aufenthaltserlaubnis, Kurzgeschichten). Derinlik, Istanbul 1977. – *Incindiğin yerdir gurbet* (fremde ist, wo du gekränkt wirst, Gedichte). Şiir-tiyatro, Ankara 1979. – *Aya uçan minare* (Das Minarett, das zum Mond fliegt, Kinderroman). Derinlik, Istanbul 1980. – *Saat Ankara* (zeitzeichen, Gedichte). Derinlik, Istanbul 1981. – *Sen dolaylari* (du-gegenden, Gedichte). Yazko, Istanbul 1982.

Übersetzungen ins Türkische (u. a.): *Alman Şiiri* (Zeitgenössische deutsche Lyrik). In: Ülke Ülke Çağdaş Dünya Şiiri. Milliyet, Istanbul 1979.

Bücher in deutscher Sprache

die liebe von der liebe – gedichte mit zeichnungen von franz handschuh. Stuttgart 1968. – *Die Dramaturgie des Einakters.* Kümmerle, Göppingen 1973. – *Utku – und der stärkste Mann der Welt.* Illustrationen von Elif Söylemezoğlu. (Kinderbuch, türkisch-deutsch). Jugend und Volk, Wien-München 1974. – *Heimat in der Fremde?* (Kurzgeschichten, türkisch-deutsch). Ararat, Berlin 1979. – *Oktay lernt Atatürk kennen* (Kindererzählung, türkisch-deutsch). Uncu, Heilbronn 1982.

Übersetzungen:

Orhan Veli Kanik: Poesie. Deutsch-türkisch. Suhrkamp, Frankfurt 1966. (Übers. zus. mit Helmut Mader) – *Moderne türkische Lyrik – eine Anthologie.* Erdmann, Tübingen-Basel 1971. – *Behçet Necatigil: Gedichte.* Deutsch-Türkisch. Hattusa, Stuttgart 1972. – *Der Drachen im Baum.* Eine Anthologie mit Gedichten, Erzählungen, Märchen, Dramen und mit Illustrationen von Orhan Peker. Jugend und Volk, Wien–München, türkische Ausgabe 1974, deutsche Ausgabe 1976. – *Bülent Ecevit: Ich meißelte Licht aus Stein.* Gedichte und zwei Essays. Klett-Cotta 1978. Taschenbuchausgabe: Ullstein, Berlin 1982. – *Orhan Veli Kanik: Das Wort des Esels.* Geschichten von Nasreddin Hodscha mit Illustrationen von Abidin Dino. Deutsch-türkisch. Ararat, Berlin 1979. – *Nazim Hikmet: Allem Kallem.* Ein Märchen mit Illustrationen von Abidin Dino. Deutsch-türkisch. Ararat, Berlin 1980. – *Habib Bektaş: Belagerung des Lebens.* Gedichte und Geschichten. Deutsch-türkisch. Ararat, Berlin 1981. – *Zülfü Livaneli: Lieder zwischen Vorgestern und Übermorgen.* Deutsch-türkisch. Ararat, Berlin 1981. – *Nazim Hikmet: Das Epos von Scheich Bedreddin.* Illustriert von Abidin Dino. Ararat, Berlin 1982. – *Der große Rausch. Moderne türkische Erzählungen.* (Hg.) Suhrkamp, Frankfurt 1982.

Theater, Hör- und Fernsehspiele

Karlar Çözülürken (Schneeschmelze, Hörspiel). Radio Izmir 1961. – *Ohne Bahnhof* (Schauspiel). Stuttgart 1967. – *Alaban Tanrisi* (Der Gott von Alaban, Schauspiel). Istanbul 1968. – *Das Minarett, das zum Mond fliegt* (Kinderhörspiel). SDR 1979, Rias Berlin 1982. – *Im Himmel gesucht, auf Erden gefunden* (Kinderhörspiel). SFB 1980. – *Die zweite Generation.* (12-teiliges Fernsehspiel). Bavaria/WDR, 1982; Sendetermin 1983.

Namenregister

Am 21. Juni 1934 verabschiedete die Große Nationalversammlung in Ankara das Gesetz zur Einführung von Familiennamen. Damit mußte jede Familie innerhalb von zwei Jahren einen türkischen Familiennamen annehmen. Zuvor hatte nicht jede Familie einen Familiennamen gehabt, viele trugen zu ihrem Eigennamen den des Vaters als zweiten Namen.

Im folgenden Register wurden die türkischen Namen, soweit nach 1934 angenommen, nach den Familiennamen alphabetisch angeordnet, sonst nach dem ersten Namen. Entsprechend der Tradition benützen viele türkische Autoren in ihren Veröffentlichungen den nach 1934 angenommenen Familiennamen nicht. So z. B. Nazim Hikmet und Yaşar Kemal (Ran bzw. Göğceli). Daher ist Nazim Hikmet unter N, Yaşar Kemal unter Y registriert.

In Vorbereitung:

Yüksel Pazarkaya

Aufsätze und Essays

Die Texte dieses Bandes kreisen um die Ursachen, Folgen und zukünftigen Entwicklungen der modernen Massenemigration und insbesondere um die Situation der Türken in Westeuropa. Untersucht werden die Chancen einer Begegnung verschiedener Kulturen, aber auch der Schock, der durch den Zusammenstoß unterschiedlicher Gesellschaften und Wirtschaftsformen entsteht.
Die sozialen und psychologischen Konflikte für den einzelnen im Spannungsfeld zwischen Identitätssuche und Identitätsverlust werden ausgeleuchtet. Pazarkaya geht den Anzeichen einer neu entstehenden Kultur nach, untersucht die Rolle der Literatur in diesem Prozeß, verfolgt die Motive und Erscheinungsformen der Ausländerfeindlichkeit. In einem speziellen Kapitel werden die Präsenz und die Darstellung der Ausländer in den Medien untersucht. Wege der Integration und Initiativen zum Abbau von Spannungen und Spaltungen werden vorgestellt und diskutiert.

(Erscheint im Frühling 1983)

Unionsverlag

Yaşar Kemal

Memed, mein Falke

In den abgelegenen Dörfern am Rande des anatolischen Taurusgebirges herrscht der Grundbesitzer Abdi Aga. Der Boden ist so elend, daß fast nur Disteln auf ihm wachsen. Und von jeder Ernte fordert der Aga zwei Drittel. Memed, der Bauernsohn, hat seinen Haß auf sich gezogen. Er wird zur Flucht in die Berge gezwungen. Aus dem schmächtigen, ängstlichen Knaben wird ein Räuber, Rebell und Rächer des Volkes. Auf ihn hoffen die Bauern, vor ihm verbarrikadieren sich die Grundherrn in ihren Häusern.

Im Kampf gegen den Aga hat Memed schließlich alles verloren: seine Mutter, seine Braut, den fruchtbaren Acker, den die Bauern ihm nach der Amnestie bereithalten. Aber von dem Tag an, an dem die Rache an Abdi Aga vollzogen ist, brennen die Bauern jedes Jahr die Disteln nieder, säen das Korn in die Asche und führen die Ernten in die eigenen Scheunen. Und bei dem Freudenfest vor dem Pflügen erscheint auf dem Berg, hinter dem Memed verschwunden ist, eine Feuerkugel.

Dieser Roman wird in den türkischen Cafés vorgelesen, wandernde Sänger erzählen ihn nach. Memed, die Romanfigur Kemals, ist selbst wieder zu einer Legende geworden. Auf Empfehlung der Unesco und des internationalen Pen-Clubs wurde dieser Roman in über dreißig Sprachen übersetzt.

340 Seiten, Fr. / DM 28,–

Unionsverlag

Yaşar Kemal

Das Lied der Tausend Stiere

Seit Jahrhunderten ziehen die türkischen Nomaden vom Stamm der Kara-çullu aus den Bergen hinunter in die Ebene, um sich ein Winterquartier zu suchen. Aber wo sie einst mit Hunderten von Zelten, glänzend und bewundert in ihrem Reichtum, die Ebene überschwemmten, erstrecken sich jetzt Reisfelder und Baumwollplantagen bis an den Horizont. Wo sie einst ihre Herden weideten, bebauen jetzt seßhafte Bauern den Boden, dröhnen Lastwagen auf asphaltierten Straßen. Die feindlich gewordene Umwelt bricht über sie herein. Mit Steinhagel und Flintensalven werden sie empfangen. Großgrundbesitzer, korrupte Dorfpolizisten, doppelzüngige Agas pressen ihnen täglich neue Tribute ab. Noch für die steinigsten Rastplätze für die Nacht müssen sie bezahlen, bis sie schließlich nichts zu verkaufen haben als ihre kostbaren Teppiche, den jahrhundertealten Schmuck ihrer Frauen und schließlich ihren letzten Besitz, das Vieh.
Vielfältige bewegende Einzelschicksale verflechten sich in der Schilderung dieses erbitterten Überlebenskampfes. Im Zusammenprall zweier Lebensformen und Denkweisen, des Nomadenlebens mit der modernen Zivilisation, zeigt sich das wahre Gesicht eines neuen Zeitalters, in dem der Gastfreundliche ausgeplündert, der Ehrliche betrogen wird und in dem Großmut und Ritterlichkeit zu einem tragischen Anachronismus geworden sind.

300 Seiten, Fr. / DM 34,–

Unionsverlag

Türkische Literatur im Unionsverlag:

Yaşar Kemal

Die Ararat Legende

Mit der Klarheit und dem Reichtum traditioneller Volkssagen erzählt Yaşar Kemal eine Legende aus dem Ararat-Gebiet. Sie wird ihm zur Parabel politischer Hoffnung, aber auch menschlichen Unvermögens.
Eines Morgens steht unversehens ein prächtiger, reich geschmückter Schimmel vor Ahmets Hütte und will nicht weichen. Kein Bewohner des Berges Ararat würde jemals gegen die alte Sitte verstoßen und ein solches Geschenk Allahs wieder zurückgeben. Der Pascha aber will seinen Schimmel zurückerobern, er kennt weder Tradition noch überkommenes Recht. Sein Herrscherwahn findet schließlich eine Grenze: der Stolz der Menschen vom Ararat schlägt um in Revolte. Die Befreiung aber wird überschattet durch Mißtrauen, Mißverständnis und die Unfähigkeit zu lieben. Und im Hintergrund immer der Berg Ararat, der feuerspeiende, ewige Vulkan, ein Mahnmal der Brüchigkeit alles Bestehenden, eine Drohung gegen Herrscherwillkür, eins mit den Bauern, die ihn bewohnen, ein Schutz für die Liebenden, aber auch bereit, sie zu vernichten, wenn sie mit seinem Gesetz brechen.

Mit Zeichnungen von Abidin Dino

160 Seiten, Fr. / DM 22,80

Unionsverlag